Louise Brooks

Lulu in Hollywood

ハリウッドのルル

ルイズ・ブルックス

宮本高晴訳

国書刊行会

ハリウッドのルル　目次

凡例

＊映画題名は『』で表し、戯曲・書籍・雑誌・歌の題名は「」で表した。
＊映画題名について、日本で封切られているものはその邦題、未公開のものは原題の直訳か、一般的に知られている題名に従った。数字は本国公開年を表す。
＊小さい文字での本文内の注・脚注は訳者によるものである。

序文

ウィリアム・ショーン

映画女優が文章を書くからといって驚くことはないはずだ。しかし、通常私たちは〝筆の立つ映画女優〟を予想しないだけに、やはり驚いてしまう。しかもその女優が美の殿堂級の美神のひとりとなれば驚くだけではすまない。さらに、この女優の醸し出すエロスがこれまでスクリーンに現れたどの女優のより濃厚だと衆目が一致しているとなったら、驚きはいや増すばかりである。神々しいまでの美貌と濃厚なエロスを漂わせたうえに文章を書くことのできる女性の数はきわめて少ないと見なしていいだろう。その数がどのくらいであれ、私の見る限り、ルイズ・ブルックスがその筆頭に位置するのは間違いない。ルイズ・ブルックスは文章も書く女優であるけれど、女優でもある文筆家だともいえる。ずっと昔にはダンサーだった。その舞台を見た人たちは、観客の心を虜にするダンサーだったと証言しており、事実そうであったに違いない。何であれ、彼女においては、為すことひとつひとつが別物ではなく、つまりはその総体として、本人が芸術家であるということなのだ。ルイズ・ブルックスを理解するにはまず、彼女と彼女の最も有名な役柄――G・W・パプストによる一九二九年のサイレント映画『パンドラの箱』の主人公ルル――とを切り離さなくてはならない。これまでにも多くのルルがあった。ルルはドイツの劇作家フランク・ヴェデキントの二つの戯曲「地霊」「パンドラの箱」に出てくる人物だから、何人もの女優が舞台でこの役柄を演じてきた。またアルバン・ベルクはこの主人公の名を題名にした十二音オペラを作曲しており、やはり何人もの歌手がルルを歌い演じてきた。しかし、その原型を創造し、これぞ究極のルルといえるものを作り上げたのは、声を出さずその生身だけをぶつけたルイズ・ブルックスであった。年を経るにしたがって、ルイズ・ブルックス演じるルルはスクリーンの強固なイメージとなり、他のすべてのルルを背後から脅かす規範となった。ルイズ・ブルックスが彼女の創造物ルルとは別の存在であると考えるのはいまやむつかしい。パプストはこの二つを同一視しており、本人のルイズ・ブルックスですら時にそのような錯覚に落ちこんできた。ルイズの精神は、疑いもなく、ルルのそれに似通っている――罪の意識に煩わされぬ刹那的な快楽主義者で、彼女が通り過ぎたあとには男の亡骸《なきがら》が山を成している。もちろん相違点もある。ルルは愛人のひとりを殺してしまうが、ルイズはファム・ファタールではあっても人の命までは奪わない。ルルには良心はかけらも窺えないが、ルイズには人目につきにくく、それらしくは見えなくとも良心はある。またルルの気性は激しく、その知性は動物的であり、自己の行為を反省したり思考したりしないのに対し、ルイズは反省と思考の人間である。それにルルは本を読まないが、ルイズは本の虫であり、何よりも文章を書けないルルに対してルイズは文章が書ける。

ルイズ・ブルックスの決定版的紹介文（本書巻末に収録）の筆者、故ケネス・タイナンはフランスの批評家アド・キルーの次のことばを引用している。「ルイズ・ブルックスはどのような映画でも傑作に変貌させてしまうおよそこの世でただひとりの女優だ……ルイズは完全なる幻影、夢の女であり、もしその存在がなければ、映画ははなはだつまらぬものになってしまうだろう」映画女優としてルイズ・ブルックスは何ものも包み隠さず、正々堂々と、姑息な手段を用いずキャメラに正対する。その結果得られるものは、まったく演技をしていないかに見える至高の演技なのだ。文筆家としての彼女もこれと似ている。腹蔵なく自らをスクリーンに差し出せる彼女の先天的な能力はそのまま文筆にも活かされている。何か伝えたいものがあると――彼女にはたいていの場合それがある――最適のことばを用いて最適の組み立てで文章を綴る。読者は、彼女の文章はそれ自体が目的であり、書き手は何も見返りを求めていないという心地よい感覚につつまれる。核心への切りこみ、真実への強い衝動、隠し事への嫌悪、そういったものが執筆の土台にあり、それが彼女に翼をあたえ、ペンをとった彼女は空高く舞い上がるのだ。ルイズはこの本のなかで自分の生き方について書いている。「そんなわけで私は、真実と理想の残酷なまでの求道者、まがいものを容赦なく断罪する者となって今日に至っており、自らの善なるものを解き放つために真実から目をそむけずにいられるごく少数の人たちを除いて、それ以外の人たちからは蛇蝎《だかつ》のごとく嫌われる人間となった」仮にこのワン・センテンス以外何も書き残さなかったとしても、私はルイズを文章家と讃えるだろう。文は美しい弧を描いて上下し、ことばは新鮮で、思想は純粋で嘘がない。しかし、彼女のことを〝一文で決める書き手《ワン・センテンス・ライター》〟ですませるわけには到底いかない。本書は第一章が書き下ろし、第二章以降は「サイト・アンド・サウンド」「フィルム・カルチャー」等の映画雑誌に書かれたエッセイを集めたものだが、文章家としての彼女の能力を証明して余りあるものとなっている。本人いうところの真実への傾倒が基本にあるのは事実として、同程度に重要なのは、人間性に対する洞察、並外れた観察力、機知、そして文体それ自体である。いかにしてかくも輝かしく衆人の注視を浴びる女性その人が、かくも鋭敏な観察者となったのか、私にはわからない。同様に、生まれながらに人の注目を集める、受け身的存在を運命づけられていたかに思われるこの女性が、いかにして幼年時代から自らのまわりに鋭い注意を払いつづけてきたのか、私には理解できない。でも、これだけはわかる——ルイズが練達の書き手であり、直接的で、優美で、簡勁で、厳格辛辣で、燦然たる独自の文体を持っているということを。

ウィリアム・ショーンは一九〇七年生まれの雑誌編集者。五二年から八七年までニューヨーカー誌の編集長をつとめた。トルーマン・カポーティ、J・D・サリンジャーの編集担当者としても知られている。一九九二年没。

ハリウッドのルル

ウィリアム・クセオに

第一章

カンザスからニューヨークへ

ブルックス家の先祖は十八世紀末、商船に乗ってアメリカへやってきた貧しいイギリスの農民だった。彼らはテネシー州北東部の高地にまず落ち着き、南北戦争ではテネシー州西部の、奴隷を所有する大農場主たちを相手に戦った。一八七一年、曾祖父ジョン・ブルックスは、息子のマーティンとその若い一家を伴い、幌馬車に乗ってテネシー州、アーカンソー州を横断し、ミズーリ州の端をかすめてカンザス州に到り、出発地から数千マイル離れた同州南東部の土地を購入して定住した。政府から所有を許されたのはバーデン村にほど近い百六十エーカーの土地で、一家はそこに縦十フィート横十二フィート（縦三メートル横三・七メートル）の丸太小屋を建て、家族十二人を詰めこんだ。ポーニー族、チェロキー族ら先住民はすでに南方、のちのオクラホマ準州の政府指定居留地に追いやられていて、大草原地帯に住む先住民の生き残りはというと、合衆国陸軍や騎兵隊相手に勝ち目のない闘いをつづけていた。その戦いで死ななかった者たちは、ほどなくひとまとめにしてコロラド州の居留地に逼塞させられることになる。一八七五年頃には、先住民の生活の糧であり一時は何百万頭といたバファローも、白人ハンターらによってほぼ狩りつくされていた。そういうところに入植者が続々と住みついていったのだ。

　私の父レナード・ポーター・ブルックスは一家がテネシー州を離れる前の一八六八年、八人兄弟の二番目として生まれた。長じて弁護士となり、一九〇四年三十六歳のとき私の母、当時十九歳のマイラ・ルードと結婚した。二人はカンザス州の小都市チェリヴェイルに引っ越し、父は同地でプレーリー石油会社の弁護士として働き、それはプレーリー石油会社がジョン・D・ロックフェラーに吸収されてしまうまでつづいた。母は四人の子どもを産んだ。一九〇五年に長男のマーティン、翌〇六年に私ルイズ、一二年に次男テオドール、一四年に次女ジューンと。

　黒髪豊かで小柄、物静かだが明るくて活力にあふれていた私の父には生涯を通じて愛情を傾けたものが二つあった——私の母と弁護士業だ。父の夢は合衆国の地方判事になることだった。しかしこの夢は実現すべくもなかった。酒を飲んでのドンチャン騒ぎ、女遊び、不徳な行ないを忌み嫌う父の性格では、当時の荒くれ政治家連に気に入られるはずはなかったからだ。一九一九年、私たち一家はウィチタに引っ越し、父はそこで弁護士として開業した。「L・P・ブルックスは正直清兵衛、実入りは秘書のほうがずっと上だ」と町の人たちは笑い話のように噂し合った。それでも八十歳近くなって父の誠実な人柄は報いられた。カンザス州の司法長官補に就任したのだ。父は一九六〇年九十二歳で他界した。

　母は一八八四年カンザス州バーデンで地元の開業医トーマス・ルードと妻メアリーの間に生まれた。トーマスは数マイル四方ただひとりの医師だったから、清教徒ぞろいの村民も、普通なら容赦しないいくつかの行ない——飲酒、喫煙、冒瀆的な発言、教会に足を向けないこと——を目にしても、彼の場合は黙って許すしかなかった。祖父（トーマス）は赤ん坊を取り上げ、折れた骨を療治し、死病の苦痛をモルヒネで緩和した。天気のよい日は馬車に乗って、悪天候のときは馬にまたがって往診した。吹雪《ふぶ》いて馬も道が見分けられない日は、歩いて患者の家に向かった。金が払える患者も少しはいたが、何人かは豚やトウモロコシで支払い、多くは何も差し出すものがなかった。

「自らの病身をむしろ楽しんでいた」ちっちゃな体の内気な祖母（メアリー）から最初に生まれた私の母マイラ・ルードは、下に五人の妹弟がいたために、本人いうところの「泣き騒ぐチビども」のお守りや世話に少女時代の大半を奪い取られた。結婚したときマイラは、あなたのおかげで私は自由になり好きなだけ芸術の世界に遊ぶことができると父に語り、生まれた子どもがどんなに泣き叫ぼうがそれは子どもたちの問題だと宣言した。そしてそのことばは実践された。母の自由の追求は、書評を書いてそれを婦人会で発表する、ワーグナーの「ニーベルングの指環」についての講演を行なう、ピアノを演奏するといったかたちであらわれ、このピアノ演奏がまたとりわけ見事だった。私と兄が兄妹げんかを始めると、父は三階の自室に避難して法律書を読むかバイオリンを弾くかしたものだが、間違いを正そうとか罰を下そうとかはハナから考えもしない独自の不条理感覚の持ち主である母は、ただ笑って放っておくだけだった。それでも私にダンサーの道を歩ませたのは母だった。私が十歳のとき、私も母も、私の将来は本格的なダンサーだというまったく同じ抱負をいだいた。それからしばらくの間、バックピット夫人という女性がインディペンデンスからチェリヴェイルまで八マイル（十三キロ）の距離を列車で通い、私にダンスレッスンをほどこした。私はちょっとしたプロのダンサーとなった。社交クラブ、地域のお祭り、その他カンザス州南部で開かれるさまざまな催し物の場で踊ったのだ。私は衣装が身に合わないの、テンポが間違ってるのとすぐつむじを曲げたけれど、私の衣装係兼ピアノ伴奏者の母はプロの落ち着きをもって平然とやり過ごした。舞台映えがするようにと、私の長い三つ編みの髪を床屋に命じてばっさり切らせ、その短髪をダッチボブに揃えさせたとき、父はまるで異星人を見るような目で私を見つめた。父は私のダンス精進については「くだらん」としかいわなかった。

ウィチタに引っ越してからはウィチタ音楽学校でダンスを勉強した。教師のアリス・キャンベルは他に発声法と話し方練習のクラスを担当していた。ミズーリ州カンザスシティ出身のミス・キャンベルは、カンザス州に関わるものはすべて軽蔑していた（かつての南北戦争の北軍側、いわゆる北部諸州にあたるところは、ネブラスカを除いてどこもかしこも、カンザス州を一段低く見ていた）。一九二〇年代はイサドラ・ダンカン、ルース・セント・デニス、テッド・ショーンらが本格的なダンス教授法をアメリカにもたらした時期だった。しかし、それ以外のダンス教師はハイキック、開脚坐《スプリッツ》、側転《カートウイールズ》といったアクロバティックな技や、タップダンス、もしくはロシアバレエの真似事を教えて、事足れりとしていた。ミス・キャンベルは糊の利いた白のミディ丈スカート、ひだのついた綾織りの黒のブルーマー、黒のタイツ姿で、バレエシューズをはいた足の五つの基本ポジションの模範を示したり、女性らしい几帳面さで、脚を上げてアラベスクのポーズをとったり、つま先旋回したりした。ウィチタ近辺では並ぶ者なきのプライドを持っていたのだろうが、私はミス・キャンベルのそのエセ芸術家ぶりを心底軽蔑した。そんな彼女の正体は、一九二〇年、毎年恒例の小麦祭りのさいシカゴのパヴリー＝ウクレンスキー・バレエが登場して、ウィチタ中に知られるところとなった。

ここで私は一生涯自分につきまとった自らの悪しき性《さが》について告白しなければならない。一九四〇年十二月、スコット・フィッツジェラルドは娘スコティに宛てた手紙のなかで次のように書いた。「（お前のお母さん）ゼルダはあらゆることに悲劇的なまでに卓越しているが、重要な一事において欠落している――社交上の配慮がまるでできないのだ」一九二五年、アーネスト・ヘミングウェイと初めて会ったゼルダは彼を「ペテン師」と呼んだ。ヘミングウェイはゼルダを「狂人」、スコットを破滅的アル中と大っぴらに書くことで復讐を果たした。その結果スコットとゼルダは友人のジェラルド・マーフィー夫妻から絶交を宣言され、さらにはリビエラ海岸の社交界から追放された。一年後、私の友人のタウンゼンド・マーティンは――パラマウントの脚本家であった彼はフィッツジェラルドとプリンストン大学の同窓で、毎年夏はパリとアンティーブで過ごすのをつねとしていたのだが――上流社交界の群集心理とはいかなるものか、その実相を初めて私に覗かせてくれた。一九二六年、フランスからもどった彼は、かつて尊敬していたフィッツジェラルド夫妻の振る舞いが「言語道断なものになってしまった」と嘆き、「もう誰も相手にしちゃいない」と告げたのだ。私自身の社交上の欠陥に関していえば、母は私がすぐに他人の仮面をひっぺがそうとする悪癖をつつしむようにと精一杯の努力をしてくれた。「いいこと、もっとまわりから好かれるようにしなさい」と母はいった。「人を怒らせてばかりじゃ駄目でしょ！」と。魅力あふれる美貌の母が、明るく笑って、相手をおだてよろこばせるのを私はよく目の当たりにしたものだが、自分には同じ真似はどうしてもできなかった。そんなわけで私は、真実と理想の残酷なまでの求道者、まがいものを容赦なく断罪する者となって今日に至っており、自らの善なるものを解き放つために真実から目をそむけずにいられるごく少数の人たちを除いて、それ以外の人たちからは蛇蝎のごとく嫌われる人間となった。

　自然の成り行きとして、ミス・キャンベルが私をダンス教室から追放する時がやってきた。理由は私がわがままで、癇癪持ちで、やたら人を見下すからだった。母の懇願も効果はなかった――「たしかにルイズは他人に厳しいところがあります」と母はミス・キャンベルにいった。「でも、あの娘は誰よりも自分自身にいちばん厳しいんです」私はこれが最後と精一杯蔑みの目でにらんでやったけれど、ミス・キャンベルは眉一つ動かさなかった。当時一九二一年の日記に私はこう書きとめている。「今回のことでは母は誰彼かまわず涙ながらに訴えたけれど、私自身は内心奇妙にもホッとした気持ちだ。これからもっと勉強しなくちゃいけない。もっと幅広くいろんなことを。自分が何を学びたいのか、こちらが教師に教えなくちゃいけないのはもううんざりだ」母は気づいていなかったが、私のようなミニ怪物を作り上げる土壌となったのは、真実がけっして懲らしめられない私たちの幸せな家庭だった。法律事務所や裁判所からもどって自宅にいるときの父は、温和な性格のままに、子どもたちとは口論沙汰にならないようにしていた。父は、母に似て、子どもたちのやんちゃな行ないをしばしば笑いごととしてかたづけた。ある夕食どき、兄のマーティンが家の裏の急階段から私を突き落としたと白状したとき、父は途中に踊り場があるU字型の正面階段のほうが安全だから、次はそっちで突き落とすんだなといった。母はほとんどの場合子どものしつけよりも自らの創造活動のほうに精力を傾けていた。ある日私は、ピアノに向かっている母のもとに駆け寄って、母が大事にしているアビランド陶器の茶碗をひとつ割ってしまったとあやまった。母は私に一瞥もくれず、「いいこと、お母さんがバッハの練習をしているときは絶対に邪魔をしないで」といっただけだった。家の中で嘘をつく必要の一度もなかった私は、何でもありのままにという習慣を身につけて外の世界に飛びこんでいった。その必然の結果、私の生き方のなかには嘘つきたちに共通するあの退屈な一律性がきれいに消し去られていた。嘘はどんな嘘でもすべて似通っている。自らの興味を追い求め断固突き進むという両親の姿勢はまた、私をはやくから自立した人間とさせ、のちにハリウッドの映画工場で働くようになってからは、隷属的な仕事に唯々《いい》諾々《だくだく》とは従えない人間とさせた。

　父も母も私には見習うべき模範となっていた。父は子牛革装幀の法律書で埋まった屋根裏部屋の自室で訴訟事件と格闘していた。母は、一九二〇年当時の中西部ではまだほとんど知られていなかったドビュッシーの、精妙なリズム感をマスターすべくピアノに打ちこんでいた。このときの母の無心の表情から、私は創造的努力のもたらすよろこびを初めて学んだのだ。

母に関して最後まで謎なのは、ピアノ演奏にかくも才能があったのに、ソロのピアニストとして公の場では一度もその妙技を披露しなかったことだ。「ニーベルングの指環」をテーマに講演し、書評を書き、舞台上で私のダンスのピアノ伴奏までしながら、自身では一度もピアノ・リサイタルを開かず、またなぜ自分の芸術的才能を世間にしめさないのか、その理由すら明かそうとはしなかった。一九三一年、ハリウッドで私がポール・ホワイトマン（ジャズバンドの指揮者）の家を借りて移り住んだとき、グランドピアノが置かれたままになっていて、それを仔細に眺めた母がこういった。「なんとまあ、ルイズ、そこらじゅうお酒が染みついていて、まるで酒樽でできたピアノみたい。調律なんて無理ね」母さえ望めば私はよろこんでまともなピアノを手配するつもりだったけれど、母は何の不平ももらさず、私たちがそこに住んでいた六カ月間、そのピアノを弾きつづけた。

ミス・キャンベルのブラックリストに名前が載り、ダンス教師のないままでいた一九二一年十一月、マーサ・グレアム、ベティ・メイ、チャールズ・ワイドマンらを従えてテッド・ショーンがクロフォード劇場でダンス・リサイタルを開いた。公演のあと母に連れられて楽屋に行き、ショーン氏と面会した。氏はまもなくニューヨークでダンス学校を開設する、よかったら来年の夏期コースに加わってみないかと勧めてくれた。父は弁護士業に負けず劣らず母のことを愛していたけれど、ダンス学校の授業料三百ドルとニューヨークでの夏の生活費を父から引き出させるのに、母は冬から春までのほぼ半年の月日を父の説得に費やした。そして、恰好のお目付役があらわれたことで、「まだ十五歳の幼い娘をひとりで大都会にやる」ことへの父の猛反対がくつがえった。それは三十六歳の、ずんぐりした体型の、メガネをかけた家庭の主婦アリス・ミルズで、彼女は無謀にも美貌のテッド・ショーンにひと目惚れし、彼のもとでダンスを学ぼうと意を決したのだった。彼女は私と一緒に列車でニューヨークに行き、そこで私と共同生活することを了承した。

そのようなわけで一九二二年の夏、可哀想なミルズ夫人はリバーサイド・ドライブに近い八十六丁目の安アパートの一室を住まいとし、夜は片時もじっとしない熱くほてった私の体と、ひとつベッドで休まなければならなくなった。ダンスレッスンの場所はブロードウェイの七十二丁目にほど近い教会の地下室だった。テッド・ショーンのレッスンは彼の創造したジャパニーズ・スピア（なぎなた）・ダンス、ポーズ・プラスティークなどに見られる比類無きバランス感覚とボディ・コントロールの、実演とその体得から構成されていた。彼の高弟チャールズ・ワイドマンが生徒の指導にあたった。うだるように暑い七月と八月の二カ月間、私は午前は十時から十二時、午後は一時から三時の計四時間から成るウィークデイ・クラスを受講した。バレエの練習になっても私たちは裸足のままだった。松材でできた床はあちこちに裂け目があったから、慣れない足だと痛みに耐えかねた。カンザスで夏の間は裸足で過ごしていた私は、他の生徒のように足の裏にひっかき傷や水ぶくれを作ったりはしなくてすんだ。でも、蒸し風呂のような暑さと厳しい稽古でとにかく汗をかきとおした。くたくたに疲れた男子生徒たちは頭のてっぺんから足のつま先まで、まるで水に浸かったように汗まみれ。何日も洗っていない黒のウールの練習着は異臭を放っていた。汗もかかず臭くもなかったのは、ただひとりの地元ニューヨークの女生徒だった。気立てはいいのだが太っていて友だちもいないこの娘は、三人しかいない男子生徒の誰かから声のかかるのを待っていたが、その声がついぞかかった試しはなかった。生徒の大半は中西部出身の女性たちで、私の付き添い役アリス・ミルズ同様、故郷にもどってデニショーン学校の支部を作るのを夢見ていた。私は自分もカンザス出身だったにもかかわらず、彼女たちのブラウスにスカートの野暮ったい恰好やマルセルウェーブの冴えないヘアスタイルを見るにつけ、またグラント将軍の墓や自由の女神を目にした喜びを語るその平板な中西部訛りを聞くにつけ、「このイナカ者！」と心中トコトン馬鹿にせずにはいられなかった。

ミルズ夫人のイナカっぽさは耐えられた。この人は私同様舞台に目がなかったからだ。私たちは連れだってあらゆるブロードウェイのショーに足を運んだ。私のいちばんのお気に入りは「ジーグフェルド・フォリーズ」だった。第一幕ではファニー・ブライスがパブロワの白鳥の踊りのパロディを演じ、ニューアムステルダム劇場に集まった満員の観客を抱腹絶倒させた。終幕では黒のベルベットのカーテンを背にしてすっくと立ち、やはり黒のベルベットの衣装に美しく着替えた彼女が、今度は「マイ・マン」を熱唱して観客の袖を絞らせた（三年後、フレージングのみで聴衆の情感に訴えるこの至芸を私は別の声にも見出した。ガーシュインの「ザ・マン・アイ・ラブ」を歌うヘレン・モーガンだ）。この二つの出し物を除けば、私の関心はすべてフォリーズ・ガールズに占められた。感銘を受けたわけではない。滑らかな黒髪と、ホテルのボーイの衣装によって一段と強調されたそのボーイッシュな体型が魅力の、アナスタシア・ライリーにだけは個性——つまり私が人間にいまだ求めてやまぬ、自然に背かぬありのままのもの——があらわれていたが、他のフォリーズ・ガールズはみな同じような笑みを顔に貼りつけていて、それは頭からかぶる巨大な羽根飾り同様ナンセンスきわまりなかったからだ。これを見て、舞台の上ではその気持ちにならない限り絶対に微笑むものかと、心に固く決めた。ダンス学校で毎日四時間汗水たらして稽古に励む小娘の心の内には、ニューヨークに対するあこがれが巣くっていた。何よりも渇望していたのは「ハーパーズ・バザー」や「ヴァニティ・フェア」のグラビアページに見るような、垢抜けた女性たちの洗練美だった。ウィチタにいたときから、母の許可を得て私はその種の高級雑誌を定期購読していた。

それが癪にさわってたまらぬ兄のマーティンはあるときこれらの雑誌を引き裂いて、居間の本棚のうしろに押しこんだものだったが。

話は前後するが、ウィチタにあった我が家——十四室に分かれた灰色の建物——は本の重みで文字どおり傾いていた。家の右側の土台は、三階の父の仕事部屋にある法律書の重みのせいで十一インチ（二十八センチ）沈んでいた。それぞれの寝室には新刊書があり、地下室には用済みとなった本、居間には未読の本、そして書斎には私の大好きな本が集まっていた。父が蒐集していたのは基本的にヴィクトリア朝期の英国文学で、ディケンズ、サッカレー、テニスン、カーライル、ジョン・スチュアート・ミル、それにダーウィンなど、アメリカの作家ではエマーソン、ホーソン、マーク・トウェインのもの、英語圏以外の大家ではただひとりゲーテが並べてあった。これらの本をことごとく、内容を理解できるかどうかなど気にもかけず、私はむさぼるように読んだ。文字に対する偏愛は、五歳の私に母が読んでくれる「子どものための詩の庭園」や「不思議の国のアリス」を、母の肩越しからのぞき、読み方をおぼえたときに始まった。母自身は本格的な文学はまともにとりあわなかった。書評に選んだのは「ニジンスキー」といったような本で、ダンサーの妻ロモラによって書かれたこの本の風変わりな性的含意は、その書評の講演を聴くお上品なご婦人方をおもわず興奮させる態のものだった。そういったご婦人方がしめす反応を、私と二人きりになったとき母は、「マイラ・ブルックスって教養豊かねえ」と彼女たちの表情と声音とともによく真似てみせた。

洗練されたニューヨーカーにとって〝教養〟は必要条件ではなかった。それどころか、教養は邪魔物だった。私に洒落たレストランや劇場、ナイトクラブといった世界を初めて味わわせてくれた裕福な男たちは、シェイクスピアと聞くと怠け者の中学生のように身を縮めたし、彼らにとってメトロポリタン・オペラやカーネギーホールのコンサートは退屈とおぞましさの象徴でしかなかった。

私には社交界名士やその関係者の噂話もできなければ、舞台や映画について論じる度胸もなく、さらには下卑たジョークや性的なほのめかしをゲームのようにやりとりするのは大嫌いだったので、たいていの場合男と同席していても口をつぐんだままにしていた。何年もあとになって衣装デザイナーのトラヴィス・バントンは、一九二五年にニューヨークきっての高級レストラン〈コロニー〉で別のテーブルにいる私に目がいったとき〝頭の空っぽな美人〟の標本がいると見てとった、と私に語った。映画女優から足を洗うまで、それが私の通り相場となっていく。

さて一九二二年、胸に思い描く理想の女性となるためには、私はカンザス訛りを拭い落とし、社交界エリートたちの礼儀作法を身につけ、ファッション感覚と優雅な着こなしを自らのものとしなければならなかった。といっても、話し方を教える名高い専門学校に行けるわけもなく、テーブルマナーを連れの男性にいちいち訊ねもできず、ましてや五番街のファッションデザイナーたちの知遇を得られるはずもなかった。そこで私は、それらのことに関して専門家ではあるが〝知られざる〟人々――社会的には下層にあってニューヨーカーの快楽追求に奉仕する人々――を見つけだし、彼らにじかに教えを請うことにした。英語の先生は、私がいつもファッジ・サンデーを頼むドラッグストアのソーダ・カウンター係で、彼は人を小馬鹿にする生きのいい青年だった。この青年がコロンビア大学の苦学生で模範的な英語を話すだけでなく、人の訛りをとらえそれをそのままに真似られるすばらしい耳の持ち主であることを知った私は、彼こそ放してはならぬ恰好の教師だと狙いを定めた。私には子役スターの魅力はなかったけれど、そのかわり優れた生徒となるべき全身全霊の集中力があった。そもそもこの全身全霊かつ途切れることを知らぬ集中力なしではダンスは学べない。ダンスは頭、首、胴体、腕、脚、足をどう配置してどう動かすか、体のあるゆる筋肉をどう用いるか、そういったことに関してつねに気を張っていなくてはいけないからだ。それにどんな不承不承の教師でも、注意を集中してくる生徒を前にして虚栄心をくすぐられない者はいない。ある日、ソーダ・カウンター氏が〝マルキング〟や〝キーヨウ〟といった私の発音を真似て居並ぶ客たちを大笑いさせたとき、「人のことを笑いものにするんじゃなくって、正しい言い方を教えたらどうなの?」と私は突っかかっていた。バナナスプリットを調合していた彼はピグマリオン役も満更でないと思ったのか、私がファッジ・サンデイを食べ終わる前にレッスンは開始となった。〝マルク〟は〝ミルク〟、〝キーヨウ〟は〝カウ(乳牛)〟となった。さらに「〝ウォーター〟ではなく〝ウォーター〟だ、〝ドーター(娘)〟というように。〝ヘップ〟なんて言い方があるか、この田舎者め、〝ヘルプ〟だ、〝ヘルプ!〟〝ヘルプ!〟」ファッジ・サンデーをひと月も食べつづけないうちに、ソーダ・カウンター氏は私の語彙を総ざらいし、おぞましいカンザス訛りをことごとく消し去ってくれた。初めから私は何々式の話し方というものを求めてはいなかった。例えばアイナ・クレアやルース・チャタートンら社交喜劇のスター女優が用いる舞台風のロンドン英語なんてごめんだった。求めていたのは何式でもないクリーンな、癖のない英語だった。ソーダ・カウンター氏の口から発せられるのがこのクリーンな英語だった。母は私が小さいときに、私の甲高いキーキー声を耳当りのいい中音域に矯正していた。おかげで私は、声は意識して操作するものであると、終生忘れないでいられた。

ルース・セント・デニス、テッド・ショーンに率いられたデニショーン舞踊団の巡業公演に初めて参加を許されたのは一九二二年から二三年のシーズンだった。その巡業公演が終わった二三年の夏、ニューハンプシャー州ピーターバラ近郊マリアーデンで開かれたデニショーンのサマースクールに加わった。そこで著名な舞台俳優リチャード・ベネットの十七歳になる娘バーバラと親しくなった。サマースクールが終わった九月、バーバラも私もニューヨークにもどった。彼女は家族の待つ家に、私は新しいシーズンに向けての稽古に。このニューヨークでは、バーバラからウォール街の株式仲買人たちを紹介され、この男たちが私を〈コロニー〉といった高級レストランのディナーに招待した。カンザスの田舎者の私はそこで初めて真っ赤なロブスターを見て怖気をふるい、手もつけないで皿を下げさせた。バーバラにロブスターのことを尋ねると、「バターに適当にからめて食べちゃえばいいのよ、バカね！」と答えが返ってきた。エミリー・ポストの「礼儀作法《エティケット》」を飛ばし読みしても得るものがなく、四十二丁目の公共図書館に行ってみた。そこで目にした雑誌にネルソン・ダブルデイ「礼儀作法教則《ブック・オブ・エティケット》」の紹介文があり、そのなかにまるで私のことを書いたような記述があった。娘が目を丸くしてメニューを見ている。「向かいにすわった男は笑みを浮かべている。娘が美人で、まわりの注目を集めているからだ。そして男は娘の注文をウェイターに告げる。なんと、チキンサラダだ。娘がチキンサラダを注文するのはこれが三度目になる。男は思うだろう。この娘は注文の仕方を知らないのか。メニューに載ったフランス語が発音できないのか。ナイフやフォークなどを上品に操れないのか。そう、できないのだ！」しかし、この本も役には立たなかった。ここにおいても、自分の見つけた教師からじかに教えてもらうよりなかった。

それから数日後の〈コロニー〉。若鶏の肉をナイフで切り分けようと格闘していると、鶏肉はかたまりのままつるっと滑って空中を遊泳し、床に着地した。給仕長のアーネストはそれをさっと拾い上げると、新しい若鶏を持ってきてサービステーブルの上でそれを切り分けた。私はその手並みをじっと見つめていた。そのときから私は、連れの男の顔色など斟酌せず、メニューに載っているすべての料理についてその食べ方をひとつひとつウェイターに指南してもらうことにした。ある日はカワマスの骨の抜き方を、別の日はカタツムリのフォークでの食し方を、また別の日はアーティチョークのさばき方を教えてもらったのだ。そうしてメニューの最後の項目にくるころには、デザートに並ぶフランス語の意味も読み方も習得できていた。すべてを習い終えて最初のディナーの夜、今日は私のいちばん好きなものをいただくわ、と宣言して、アーネストに薄切り薫製牛肉《チップト・ビーフ》のクリームソースがけを注文した。アーネストは給仕見習いをマジソン・アヴェニューのデリカテッセンに遣ってビン入りの薄切り薫製牛肉を取り寄せると、それを絶妙のチップト・ビーフ・イン・クリーム・オン・トーストに変貌させた。あの頰の落ちる美味しさはその後二度と経験していない。

ベネット夫人——女優エイドリアン・モリソンでもある——が娘のバーバラをマリアーデンのサマーキャンプに送ったのは、そのでかい扁平足とひょろ長い脚を鍛えさせようとしてだった。ひとつのキャビンを彼女と私、他に二人の女生徒で共有したのだが、バーバラはこの二人とは親しくならなかった。彼女が私を友だち扱いするようになったのは、私の妙な生活習慣が彼女には噴飯ものだったからだ。長テーブルが何列も並ぶ食堂では、バーバラ曰くの「胸の悪くなるような田舎風朝メシ」が毎朝出されたが、彼女は初日から私の隣にすわり、コーヒーをすすりながらトーストを少しずつかじり、私が部厚いアップルパイを何切れも平らげるのをじっと見ていた。何日目かの朝、彼女は私を見て微笑むと「おはよう、パイ面《づら》ちゃん」と呼んだ。それが友情の始まりとなり、自分の退屈な人生に何とか生気を吹き込もうとする彼女の猛烈な努力に、私も加担することになっていく。消灯時間九時の規則に反旗を翻すバーバラは地元ピーターバラの男の子たちをキャビンに連れこんだ。男連中はタバコやアップルブランデーを持ってきた。その返礼に、体こそ許さなかったけれど、バーバラは卑猥な歌や替え歌を次から次に歌って彼らをもてなした。それらの歌の文句はいまでも私の頭の中に一字一句そのままに残っている。

妖精の町では
上にはいかず
みんな下にいく
警察署長だって妖精よ（フェアリーは「ホモセクシャル」の意味もある）
あらまあ、いまのは内緒
いいこと、よく聞いて
ここじゃエレベーターだって
上りはなくて
下りばかり
まったくどうでしょう
妖精の町では
全身麻痺がおおはやり

私がセックスに関して危険なまでに無知であり、その態度、もの言いがすぐに人を怒らせてしまうのを見たバーバラは、おそらく彼女の情熱的で向こう見ずな生涯でただ一度、他人のためにひと肌脱ごうと決意した。まわりから「あのクソ不愉快なブルックス」と嫌われる私を守護し善導するために、家族や友人たちの前に立ちはだかったのだ。ファッション感覚と着こなしに関する私の教育課程は、九月にニューヨークにもどったあとで始まった。新シーズンの稽古以外は時間があり余っていた私はパーク・アヴェニューのベネット家をしばしば訪れた。ある朝玄関の扉を開けたのはベネット夫人で、まるで野良犬か何かを見るように私に視線を向けると「朝の八時に人の家を訪れるって法があって?」といった。私がワーッと泣き出すと夫人は私を家の中に入れ、ソファーにすわらせ、そこでバーバラが起きるまで待つようにと指示した。灰色の部屋着を無雑作に体に巻きつけた化粧っけなしの夫人は、疲れ切って寂しげに見え、「ヴォーグ」の写真に見るエレガントでファッショナブルな姿に通じるものはどこにもなかった。私が招じ入れられた美麗な居間——中国の水墨画のように全面真っ白のなかに所々灰色や黒がにじんでいる——は夫人が手ずから作り上げたものだった。金持ちの邸宅によくあるゴタゴタと物があふれた部屋は私には虫酸が走るものでしかないのだが、それとは趣をまるで異にしていた。それでもこの部屋は、やはり夫人同様、気遣いや愛情から見放された荒涼感で冷えこんでいた。

しばらくするとバーバラの美人の妹ジョーンが部屋に入ってきて、窓際の書き物机に腰掛けて教科書を開き始めた。バーバラにはやはり美人の姉コンスタンスがいて、ちょうど女優として売り出し始めた頃だったが、スキのない着こなしと高慢さですでに映画界きっての評判をとっていた。三姉妹はみな父リチャード・ベネットの広がった頬骨、きりっとした目元を受け継いでいたけれど、性格は三者三様まるで別物だった。長女のコンスタンスは金を愛した。彼女は亡くなる寸前まで現役で通していて、その没年一九六五年までトップスター並みのギャラを要求し、要求どおりの額を懐に収めていた。しかし、美貌とすぐれた演技力と美しい声も、何よりも大切な特性を欠いているために宝の持ち腐れも同然だった。彼女には心の広さ、すなわち観客に対する包容力がなかった。それがない限りどんな俳優も、他にどのような美点を持っていようとも、真のスターにはなれないのだ。三女のジョーンは経済力のある頼れる伴侶を愛した。彼女の結婚相手は映画界の実力者ばかりで、それが彼女の女優としての成功を盤石にした。次女バーバラは感情の赴くままの人生を生きた。仕事も結婚も長続きせず、無軌道な快楽追求と挫折と絶望のなかであがきつづけた。一九五八年五度目の自殺の試みによってようやく人生に幕が下ろされるのだが、それが唯一彼女の生涯で成功と呼ぶに値するものだったかもしれない。ほこりっぽく白茶けた居間にいると、ジョーンは歴史の教科書を読もうとしてメガネをかけた。「どうにもわからないわ」と私は彼女に話しかけた。「メガネなしじゃ丸きり見えないのに、あなた普段はかけてないでしょ」ジョーンは――彼女はいつも私にやさしかったが――かけたメガネを取るとにっこり微笑んでこういった。「なくっても少しは見えるのよ。例えば、あなたがいま着ている黒いドレスもね。お婆さんが着るような、そんな長くて妙ちきりんなもの、どこで手に入れたの？」

「ブロードウェイの店で店員にすすめられてね」と私が答えると、ジョーンは明るく笑った。

十一時になり、ベネット家の面々が目を覚まし始めた。バーバラを怒鳴りつけるコンスタンスの声が聞こえてきた。「今度私の白のシフォンを持ち出したら、喉を切り裂いてやるからね！」

「人生はすばらしい、ああ、生きるよろこびよ」の歌声とともに、青いブロケードの部屋着を着た父親のリチャード・ベネットが現れ、酒の並んだ棚に直行し、ウィスキーをキュッと一杯引っかけた。そして私のほうに向き直り「ジョーン、お前そんなひどいドレスどこで買ったんだ？」とあきれ顔でいった。目が悪いうえに酒が入っていると、彼はよく私をジョーンと取り違えた。ジョーンの髪はブロンドに染める前でこの頃はまだ黒かったし、私の髪も黒かったからだ。父親が自室に下がるのと入れ違いに、完璧に仕立てられたネイヴィーブルーのスーツに身を包んだコンスタンスが風のように居間と玄関を通り抜け、あっという間に外に出て行った。一瞬私に向けられた卑しいものでも見るような視線と香水のクチナシの香りが、しばらく居間のなかに漂って残っていた（世評においての感じの悪さでは同類項の私も、コンスタンスの敵ではない。マリオン・デイヴィスのビーチハウスでのこと、晩餐の席で私の真向かいにすわった彼女は、一瞥すらくれず、最後まで完全に私を黙殺してみせた)。ようやくバーバラが、コンスタンスのベージュのギャバジン・スーツを着こんで現れた。私たちはドラッグストアでチョコレート・ミルクシェイクをランチ代わりにたいらげたあと、バーバラの引率で高級理髪店〈サヴェリ〉に行った。マスターのサヴェリ本人が私の頭をあたった。彼は前髪を眉の上でまっすぐ切りそろえると、両サイドは頬骨の上に先端がくるようにし、後ろはシングルカットにした。バーバラは「パイ面ちゃん、これであんたも人並みね」と顔を輝かせた。

そうしてバーバラは私をウォール街の男たちに紹介し、この男たちが、贅沢な服飾品を買い求めるさいの資金源となった。彼らはみな経済力豊かな三十代の独身男性たちで、上流界の若い娘には背後で母親が糸を引いていると警戒し、舞台・芸能方面に若くて華やかな遊び相手を求めていた。ニューヨークのいわゆるカフェ・ソサエティの文化が隆盛に向かうのはちょうどこの頃だった。演劇界、映画界、社交界の面々がリッツ・ホテル毎月恒例のメイフェア・ダンス会で入り交じった。そこでは上流界の夫人連が自分たちの娘の競争相手にあたるショーガールたちをそれとなく観察しながら、機会があればしっかり侮蔑的な態度を見せつけるのを忘れなかった。裕福な男たちはみな友人同士で、完璧に内装されたパーク・アヴェニューのアパートやロングアイランドの実家に互いを招いては贅沢にもてなし合った。彼らは女たちを着飾らせるのに大金を注いだけれど、これも愉快な気晴らしのひとつにすぎなかった——誰の女がベスト・ドレッサー賞を取るかで競い合っていたからだ。ここではセックスが必須の交換条件になっていたわけではない。といっても、関係の深まるカップルが何組もできたのは事実だったが。しばらくのあいだ、バーバラはウィリアム・ラインランダー・ステュアートに囲われていた。彼女はステュアートからカルティエの四角いエメラルドをプレゼントされた。ある夜私と二人でカレブ・ブラッグのハウスボート(宿泊設備付きヨット)

〈マスカレーダー〉から夜の海に飛びこんだとき、このエメラルドが彼女の指から外れ、ロングアイランド海峡の底深くへと沈んでいった。バーバラはこの一件をステュアートには告げず、その闇商売が一部の事情通にしか知られていないデニス・スミスからこっそりと偽のエメラルドの指輪を購入すると、素知らぬ顔でそれをはめつづけた。プレゼントの贈り主たちは自分たちの贈り物のどのくらいが模造品や現金に化けてしまったか、もしそれを知ったとすれば腰を抜かして驚いただろう。たしかに、女たちにとってはボロもうけといえる部分があった。私もアーミン毛皮のコートをプレゼントしてくれた株仲買人のジョン・ロックには、その後ビルトモア・ホテルで開かれたお茶《ティー》の時間の舞踏会《ダンス》に一度エスコートさせただけだった。

一九二四年、自分ひとりの判断で衣服を買うのは身を滅ぼすもとであると思い知った。口のうまい売り子に口説かれると、私は何でも言いなりに買ってしまう。子どもっぽい、丈の短いピンクのドレスでは、それがもとでアルゴンキン・ホテルを追い出された。デニショーンのツアー公演を終えた五月からバーバラが私を無理矢理アルゴンキン・ホテルに住まわせていた。彼女はこういったのだ。「ここなら多くの有力者と知り合いになれるわ。あんただって巡業生活で一生を終えたくないでしょ？　衣装の洗濯やアイロンがけに追いまくられる毎日なんて」〝有力者〟に心が惹かれたわけではなかったが、薄暗い小部屋のなか、古ぼけた真鍮枠のベッドで寝起きするのにはもう飽き飽きしていた。アルゴンキンの支配人は上背のあるやせた中年男フランク・ケイスで、たいていの時間はロビーで泊まり客たちと談笑していた。ある日の午後、エレベーターを出ると、彼が待ち構えていた。

「ブルックスさん、あなたはおいくつですか？」ケイス氏は訊ねた。

「十七よ」

「十四歳じゃないんですね？」

「いいえ、十七よ」

「ご家族はあなたがここに滞在されているのをご存じですか？」

「知ってます」

「じつは」私と一緒に歩きながら彼はつづけた。「ジョージ・コーアン氏からついさっき電話をいただきましてね。昨日の夜、エレベーターの中で丈の短いピンクのドレスを着た十四歳の黒髪の少女と一緒になったというんです。深夜の二時にあなたはいったいどこへ行かれたんですか？」

「友だちのバーバラ・ベネットに会いに、テキサス・ギナンの〈エル・フェイ・クラブ〉まで」

「よろしいですか」ケイス氏はしかめっ面のまま、私を見下ろしながらいった。「あなたのことでこのホテルは大騒ぎになっています。それでその解決策ですが、あなたには東二十九丁目にある女性専用のきちんとしたホテル〈マーサ・ワシントン〉に移ってもらうよう手筈を整えました。あなたにとっても満足のいくお宿だと思います。いつ移られますか？」

「いますぐに」と私は答えた。

荷造りしながら私は自分にうんざりしていた。流行に合った洒落たドレスに帽子という恰好をしていれば、こんな恥さらしな追放処分は受けなかったのだ。

〈マーサ・ワシントン〉は寄宿舎然としたホテルだった。女性たちはみな短髪にスーツ姿、実用的な靴をはき、おそらく大半は事務所で働いていた。狭苦しい屋根裏部屋をあてがわれて二週間後、殺風景でガランとした食堂に入っていくと、驚いたことに、大テーブルにひとりぽつんとエキゾチックな映画スターで『異郷の露』（二三）に出ていたゼッタ・グーダルが腰掛けていた。私がアイスティーを飲みながらハムサンドを食べていると、若い女性の一団が入ってきてグーダルを取り囲み、彼女にプレゼントを渡し始めた。グーダルは手作りの白いウールのショールがことに気に入ったようで、すぐにそれを肩にかけた。

「ゼッタ・グーダルがこのホテルに住んでるの？」私はウェイトレスに訊ねた。

「ええ」

「今日はあの人の誕生日？」

「いいえ、ひと月に一度の会なんです。ファンがああやって集まるんですよ」

ゼッタ・グーダルのお茶の会についてはそれ以上情報を集めることはできなかった。その前に、私は〈マーサ・ワシントン〉から出るようにと命じられたのだ。このホテルを見下ろす周囲のビルの住人たちから、ホテルの屋上で若い女が「薄っぺらなパジャマ姿」で体操していると苦情が出たそうだ。服装のせいで、私は一カ月のうちに二度ホテルを追い出される羽目になった。今度は自分で見つけた、西四十六丁目の演劇関係者が多く住まいする地味なホテル〈ウェントワース〉に引っ越した。

衣服の問題は一刻の猶予も許されなかった。たいていの売り子は信用できなかった。バーバラがいつも着るような、スリムで足長のベネット姉妹に合う服は、私の短小ダンサー型ボディにはまるで似合わなかった。ある晩、舞台プログラムのなかに、目の覚めるようなイヴニングガウンをまとってポーズをとるジーグフェルドのスター、マリリン・ミラーの写真を見つけた。当時ブロードウェイと七十四丁目の交叉するあたりにあったファッションハウス、ミルグリムのイヴニングガウンだった。翌朝、私は現金で五百ドルを用意するとミルグリムに出向き、その店のセールスガール、ミス・リタに私の窮状を訴えてその金を差し出した。ブロンクス出身のミス・リタにとってドレスに関する無知をかくも正直に告白する客は初めてだった（その数年後の一九二六年に、私の写真がミルグリムの広告として舞台プログラムに載ることになろうとは、そのとき彼女も私も夢にも思わなかった)。しかし、ミス・リタはぽっと出のコーラスガールにしか見えない若い娘のなかに並外れて強靭な意志を感じ取った。彼女は、さまざまなモデルの着るイヴニングドレスを私に見せながら、その間に私の顔、姿かたち、身のこなしをじっくりと観察した。そして私のために、白水晶のビューグル・ビーズをちりばめたイヴニングガウンと、襟の部分が白キツネの毛皮になった銀色布地のイヴニングコートを選び出した。最初の寸法合わせのとき、威勢のいいイタリア人女性店員は、私の胸が小さく引き締まっているのを見てとると、イヴニングガウンをへそのあたりまでざっくり切り込み、背中の部分も大きく露出させた。これを着てレストランやナイトクラブのテーブルについていると、裸の自分を見られているような気がしたものだ。アフタヌーンドレスには、ミス・リタはサテンとシルククレープのパステル調のものを選んだ。スーツの仕立ても厳格で、仕立て師のガスは私がじっとしていないとピンを肌に刺してきた。このような過程を経て、私の愛する都会ニューヨークに、カンザス風でもブロードウェイ風でも、ハリウッド風でもパーク・アヴェニュー風でもない、ユニークで個性的なルイズ・ブルックスが登場することになった。一九二四年の後半に私は舞台「ジョージ・ホワイトのスキャンダル」のコーラスガールとなり、その翌年には「ジーグフェルド・フォリーズ」の一本立ちのダンサーとなった。

一九二五年にはパーク・アヴェニューの四十七丁目にあるアパートメント・ホテル〈マーゲリー〉の大きな部屋に移り住んでいた。窓から見下ろす中庭には三本のアメリカツガの木が穏やかに風に揺れていた。アーミン毛皮のコートをくれたあのジョン・ロックから乗馬用具一式と月謝をあたえられ、七十九丁目のダーランド乗馬教習所でレッスンをうけた。教師はドイツ軍騎兵将校の馬番だったというヒューゴで、その小柄で引き締まった体は馬の背におさまるために出来上がっているかに思われた。私の乗馬姿勢はそれに反して最悪で、ビューティという名のおとなしい雌馬が私を乗せて無事セントラルパークの乗馬道に入っていくたびに、ヒューゴはそれを奇跡と見なした。十二月のあるのどかな朝、乗馬道から町中へ向けて方向転換したところで、私はヒューゴに週に一度の贈り物であるブランデーのパイント瓶を手渡した。馬の傍から引き離されることに次いでヒューゴが恐れたのは、禁酒法下のこの国で酒の手持ちがなくなり、しらふの悲惨な状態に陥ってしまうことだった。彼の手にブランデー瓶が渡ったちょうどそのとき、馬自身のどんな事情があったのか、ビューティが突然走り出した。ヒューゴは私を助けようともせず大笑いしている。私を助けてくれたのは二人の騎馬警官で、ギャロップで両サイドから私に追いつくと、手綱をひったくってビューティを立ち止まらせたのだ。

同じ日の午前、マッサージ師のガード夫人に週に一度のマッサージをうけていて、いつまでも下手な私の乗馬ぶりとヒューゴの騎士道精神の欠如を二人で笑い合っていた。ガード夫人は私のことを好いてくれる稀な人間のひとりで、奇妙なことに私も彼女が好きだった。黒いコートにはちきれそうなその肥満体も、アイルランド人らしいやさしい赭《あか》ら顔も、鳥の羽根が飾りになった彼女の古風な帽子も、私は愛していた。私の頭を勢いよくひねって〝ポキン〟と首の骨を鳴らしてみせるやり方も、「かかとに突起ができますよ」と私の小さすぎる靴を案じてくれる気遣いもうれしかった。それでも彼女からは、他の有名な顧客の噂話はついぞ引き出せたためしはなかった――例えば、夫が映画スターのマリオン・デイヴィスと公然と同棲しているウィリアム・ランドルフ・ハースト夫人についても何も教えてくれなかった。また、彼女が汗水たらして蠱惑的なものとしているこの肉体を、私自身が粗略に扱っていることに関してもとくに悲しんでいる様子はみせなかった。とはいえ、椅子に無雑作にかけられた新しいビーバー皮のコートについて訊ねる彼女の声音にはどこか私を案じる響きがあった。「ああ、あれ」私は答えた。「ウォルター・ウェンジャーが送ってきたのよ」敬虔なカトリック信者であるガード夫人はウォルターが妻帯者なのを知っていた。そのとき私は水着美人の役で『美女競艶』（二六）という映画に出ている最中だった。撮影はロングアイランドにあるフェイマス・プレイヤーズ＝ラスキーのアストリア撮影所で行なわれていて、ウェンジャーはこのフェイマス・プレイヤーズ＝ラスキー（のちのパラマウント）ニューヨーク支部の重役だった。私は同社とちょうど五年契約を結んだばかりのところだった。

ある日、マッサージが終わり、カンファーオイルの匂いに包まれたままウールのバスローブをはおってベッドに腰掛けていると、電話が鳴り、フォトプレイ誌の専属ライター、ルース・ウォーターベリーの来訪を知らされた。パラマウント社ニューヨーク支部の宣伝広報はマスコミ対応の要領を私に指南してくれてはいなかった。私はコーラスガール時代から馴染みがあったニューヨークの記者たちとは問題なく付き合いができていた。しかし、ハリウッドからやってきたルース・ウォーターベリーとは、彼女が部屋に入ってきたとたん、ただではすまない予感を抱いた。私がベッドに腰掛けているのを見て、ウォーターベリーは驚くと同時に明らかに不快な表情を浮かべた。彼女は、私が取材場所をホテル内の瀟洒なレストランに移し、昼食で彼女をもてなすことを期待していたのだ。私は、風呂に入って汗を流しそれなりの服装に改めるまで彼女を待たせるわけにはいかなかったので、ここに昼食を運ばせようかと訊ねてみた。ウォーターベリーはお腹は空いていないといい、椅子をベッド脇に持ってきてそれにすわると、ハンドバッグから鉛筆とメモ帳を取り出した。若さという特権に恵まれ、尊敬しない人間の非難などものの数とも思っていない私は、一時間の取材のあいだ、彼女の敵意を平然と受け流すことができた。ウォーターベリーの取材手法は、宣伝部お仕着せのストーリー・パターンである〝ふってわいた幸運〟とそのすばらしさを私に懇々と説いたあと、ハリウッド行きに夢中になっている新人女優の型に私を当てはめて筆先で料理することだった。そんな彼女の筆が止まったのは、この娘はハリウッドの魅惑に心なぞ奪われていないと見てとったとき、そして私がジーグフェルドを離れたいと思ったことはなく、脚本家タウンゼンド・マーティンの懇請でやむなく『美女競艶』に出ただけだと語ったときだった。彼女は私のことを、自らに降りかかった世にも稀な幸運を理解できぬ頭の空っぽな〝コーラスガール〟と見なしただろうが、私からすれば彼女は、ダンスプロとしての十年間の修行が映画演技の最高の準備期間であったことも理解できぬ愚かな芸術音痴だった。『美女競艶』では小さな役だったのが、今度はコメディの若き天才監督マルコム・セント・クレアの『三日伯爵』(二六)に大きな役で出演、しかもあのアドルフ・マンジューの相手役におさまるとはすばらしい大躍進ですね、とウォーターベリーはいった。私は彼女に、ルース・セント・デニスとテッド・ショーンのダンスを見たことはあるか、「グリニッジ・ヴィレッジ・フォリーズ」でのマーサ・グレアムの衝撃的な舞台について知っているかと訊ねた。彼女は前者を見てはおらず、後者については何も知らなかった。このとき私は気づかなかったのだが、ルース・ウォーターベリーとのこの些細な文化摩擦は私の心に軽侮の念を抱かせた最初の事例にすぎなくて、胸に巣くったこの侮蔑感がもとで、いずれ自分はハリウッドから追放される運命となるのだった。

第二章

ビリー・ウェルマンとのロケ撮影

一九二五年の初秋、十八歳のとき、MGMとパラマウントの二つの映画会社がそれぞれ私に五年契約を提示してきた。ダンサーとして頂点をきわめるのが夢だった私はどう応じてよいか途方に暮れ、最も信頼できる友人ウォルター・ウェンジャーにアドバイスを求めにいった。その頃のウェンジャーは何と魅力的な男だったことか。聡明で陽気、若くして世間通、やさしい心は終始思いやりにあふれていた。「ジーグフェルド・フォリーズ」のダンサーだった私と知り合った彼は、この小娘の傲岸不遜な態度を見せかけと見破って以来、私を大きな庇護の翼で覆ってくれていた。彼には、黒白を基調にしたデカダンなビアズリー調のメイクの下にカンザス娘のそばかすが隠れているのが愉快であると同時に、スパンコールに輝く大胆なデコルタージュのドレスの奥に子どもっぽい不安な心がのぞいているのが無性にいじらしく思えたのだった。この決定的な時期に、私には映画向きの個性と演技力があるとウェンジャーが少しでも勇気づけてくれていたら、と思う。もしそうしてくれていたら、ブロードウェイやハリウッドに徘徊する人食いたちの魔手から私を救うことになっていたかもしれない。しかし実際のところ、私自身自らの容貌にも性的魅力にも何ら価値を置いておらず、それらを成功への足掛かりに用いようなどと夢にも思ってもいないのがウェンジャーには理解できなくて、かえって彼は、私の武器はその二つしかないというアドバイスをすることになった。

二社からの契約の話を持ち出したのはウェンジャーのアパートで夕食をとっているときだった。私は彼がパラマウントとの契約を勧めるに違いないと確信していたので、彼の答えの意外さに不意を突かれ、その驚きのなかでそのときの情景が鮮明に記憶に焼きついた。私はあつらえたばかりの黒のベルベットのスーツを着、カフスリンクはエメラルドで、どちらもが自慢だった。テーブルの上のガラス製の花瓶には香り豊かに朽葉色の菊が活けられていた。氷を浮かべた銀の鉢にはフルーツコンポート（シロップ漬けの果実）を盛った皿が載っていて赤や紫の色彩に映えていた。この果実漬けには結局最後まで手を触れなかった。

私がちょうどスプーンを取り上げたとき、ウェンジャーは「MGMとの契約にサインしたほうがいいね」といった。私は言葉を失い、椅子の背にもたれて泣き始めた。「わかるだろう。ぼくと友だちでいるせいで、君はパラマウント社内でどんなに危うい立場に身をおくかもしれないんだよ」彼はことばをつづけた。「君の契約はぼくが手をまわしたと誰もが考えるだろう。プロデューサーは全員その頭で君を扱いにかかるよ。MGMと契約すれば、君はまっさらなスタートをきれる。誰とも何の関わりももたず、君自身の力でね」

でも、私にはのみこめなかった。「あなた、私をパラマウントに入れたくないからそういうんでしょ」私は涙をすすりながらいった。「それに私を最悪の女優だと思ってるのよ」

彼は笑いながら私の言い分を打ち消した。「いや、いや、そうじゃない。君が自分の身を守れなくなるからだよ。要は君が結婚すればいいんだがな」

「結婚しろですって！」そういった途端、涙がまたどっとあふれ出てきた。マスカラの溶けた黒ずんだ涙が。「それご覧なさい。もう私のこと好きでもなんでもないじゃない」

ウォルターの忠告と警告を完全に誤解した当然の結果として、私はパラマウントと契約を結んだ。そして最初しばらくのあいだ、彼の予言は外れたかに思われた。いつオフィスに訪ねても彼は歓迎してくれ、私と会社との間に生じた諸問題は、根本的にというよりも、笑いのうちに解決された。

一九二六年七月、私が監督のエドワード・サザランドと結婚すると、ウォルターはカルティエの純銀のカクテル・セットをプレゼントして祝ってくれた。一九二七年、ロングアイランドのアストリア撮影所が閉鎖となり、私が友人に恵まれたニューヨークからハリウッド映画工場の冷ややかな環境に移らねばならなくなったとき、彼は心配する必要はないと強く励ましてくれた。しかし一九二八年の前半ウォルターはパラマウントを去り、私には会社との非情な契約だけが残された。西海岸撮影所のトップはB・P・シュルバーグで、私は一面識もなかった。彼はクララ・ボウと個人的に契約を結んでいたことから製作部長の地位に躍り上がった人物だった。一九二七年『人罠《ひとわな》』と『あれ』が公開され、クララがハリウッド随一の人気女優となったからだ。

一九二八年四月、私はエディ・サザランドと離婚し、大勢の友人たちを楽しくもてなしたローレル・キャニオンの美麗な住まいを出て、ベヴァリー・ウィルシャー・ホテルのスイートルームに移った。ホテルの窓からウィルシャー劇場の庇に輝く自分の名前を見下ろしていると、自分の孤独が大々的に宣伝されているかに思われた。いつの日かハリウッドを脱出してやる、と私は考えた。映画の撮影がひとつ終わるたびにハリウッドを飛び出す一時的な奔走ではなく、二度と帰ってこない永遠の脱出をと。

五月、ウィリアム・ウェルマン監督による『人生の乞食』の製作開始を目前にした撮影所は、私をつかまえるためにハリウッドからニューヨークへ、さらにはマイアミ、ハバナ、パームビーチ、そして最後にはワシントンへと人を差し向けねばならなかった。ワシントンで私はプロフットボール・チーム、レッドスキンズのオーナー、ジョージ・マーシャルを訪ねていた。まだ会ってもいない気まぐれな女優の捕獲を待ちつづけるなかで、ビリー（ウィリアム）・ウェルマンは不幸な結論に到達した。役が欲しくて会社をせっつく俳優連とは行動パターンをまったく異にするこの女優は、映画作りそのものが嫌いなんだと思いこんだのだ。私が映画女優として仕事を始めたアストリア撮影所ではおべっかは何の役にもたたなかったのを彼が知らなかったために、また私は私でハリウッドの俳優は打算的で、プロデューサーや監督、脚本家に媚びへつらうのが習いであるのを知らなかったために、ビリーと私のあいだに目に見えない壁ができあがってしまい、二人とも最後までその壁を打ちくずすことができなかった。それでも私は仕事には一生懸命にうちこみ、危険なスタントもすすんで行なったのだが、ビリーの私を見る目はいささかも変わらなかった。一九三二年、ニューヨークのレストラン〈トニーズ〉で彼は、「ルイズ、どうして君はいつも映画作りを忌み嫌っていたんだね？」と訊いてきた。このときが彼と話をした最後になるのだが、これより前、この複雑な男は『民衆の敵』（三一）にいい役があるよと私に声をかけた。ニューヨークに行くからダメといって断ると、その役はジーン・ハーロウに渡った。彼自身がハリウッドで成功していたために、ビリーには私がハリウッドという土地がたまらなく嫌だということが想像もできなかったのだ。

　彼と最初の顔合わせのとき、それはリチャード・アーレンとのテスト撮影のセットのなかだったのだが、ビリーが私を心からの歓迎というよりもどこか疑いの眼で迎えたのは意外でも何でもなかった。私のほうはテスト撮影に疑心暗鬼だった。それまでの映画では一度もテスト撮影など要求されなかったからだ。ビリーは次のように説明した。この映画の脚本家で製作者でもあるベンジャミン・グレイザーが、いつものボブヘアでない私は――私はこのなかでは少年に変装するのだ――額が〝高く〟映り過ぎるのではないかと危惧しているんだと。髪のかからぬ額のテスト撮りに、ビリーはディック（リチャード）と私が干し草の中でひと晩を過ごすシーンを選んだ。

二〇年代には、俳優に本物の涙を流させてこそ一流の監督であり、要求されれば本物の涙を自在に流せてこそ一流の俳優であるという考え方が流布していた。涙は顔をもみくちゃにしなくても流せなくてはいけなかったのだ！　幸いにも私はこの技を母から学んでいた。母は豆の焦げる匂いであれワーグナーの旋律であれ、悲しみの情を喚起されると、そのやさしい薄茶色の目に涙のしずくをあふれさせたものだった。しかし、ビリーがこのシーンで注文したのは私の涙だけではなかった。ディックにも泣くようにと指示が出された。が、ディックは涙を自由に出し入れできる役者ではなかった。彼はしっかりと汚れ古びた浮浪者の服装と、三日かけて伸ばしたヒゲ面でセットに意気揚々と現れたが、キャメラの前で涙は一滴も絞り出せなかった。照明の熱で干し草のほこらの中がまるでオーブンの中のようになるなか、ビリーはディックが泣き出すまで幾度も幾度も撮り直しをつづけた。たとえ丸一日費やそうとも の決意であり、事実それは一日仕事となった。六時を過ぎてどのくらい経った頃か、ディックの母親が死にそうだという作り話が効いて、ディックはついに涙を流した。じっさいこのシーンでみせたビリーの演出は巧みだった。おかげでテスト撮影のはずのものがそのまま映画に使われることになり、私の〝高い額〟の件は知らぬ間にうやむやになった。

製作に入って最初の十日間はスタジオ内に作られた家の中のセットでの撮影となった。私が演じるのは性悪な農夫に引き取られた身寄りのない娘の役で、映画はある夏の朝その農夫が朝食を持ってきた娘をレイプしようとするところから始まる。娘はショットガンをつかみ、男を撃ち殺す。娘が少年に変装して家を出ようとしているところに、若い浮浪者（リチャード・アーレン）が食べ物を分けてもらおうと玄関に現れる。娘はこの若者に何もかもを説明する。若者は娘に同情し、娘が殺人犯として指名手配されるなか、二人での逃避行が始まるのだ。『人生の乞食』のこの開巻部分をビリーは自信あふれる演出力で劇的にテンポ良く進行させるのだが、中盤以降は快活なペースが姿を消してしまい、遅滞するアクションにじりじりするばかりの映画になってしまう。製作者でもあるグレイザーが自らの重々しい脚本を重視したがためなのだ。浮浪者グループのボス、オクラホマ・レッド役のウォーレス・ビアリーが登場して映画は救われる。ビアリーの演技は周囲からの口出しをいっさい許さぬものだ。少年時代の一時期にじっさい浮浪者であった彼は真実の厚みをもった人物をそこに作り出していて、それは完璧な演技の一例といっていいものだ。

五月の最後の日、ウォリー（ウォーレス）は私を隣に乗せて車をカリフォルニア州ジャカンバへ走らせた。ジャカンバはジャカンバ山脈のメキシコ国境に接したあたりにある小さな町で、製作期間三十九日のうちの十六日をそこを基地にしてロケーション撮影する予定になっていた。私はその頃、車に乗っていて時速四十マイル（五十五キロ）以上を出されると脂汗がながれたものだったが、ウォリーの運転する黒のオープン・パッカードでうねうねと曲がる未整備の山道を猛スピードですっ飛ばすのは、生まれて初めて経験する快感だった。ウォリーはまるで車と一心同体となっているかのように楽々とハンドルを操った。一度犬をよけようとして車が横滑りしたときでも、私の鼓動は乱れもせず、そのことに自分自身が驚いた。

「運転のうまさじゃ世界最高ね、あなたは」と声をかけると、

「世界最高かつ、世界一安全さ」と彼は答えた。

ウォリーの豪胆さを確信した私はこういってみた。「あなたのこと臆病者っていう監督もいるわよね」

彼は平然と答えた。「スタントや格闘シーンを代役に譲ってやるからだよ。あんたにもロケ撮影用の代役はいるのかい？」

私にも代役はいると答えた。

「それじゃ、あのいかれウェルマンのいいなりになってスタントを自分でやらないこったな。あいつは自分でやるほうがずっと効果があるっていってくるぞ。だが大嘘なんだ。観客には代役かどうかなんて見分けはつかない。やるほうはひとつ間違えれば車いすか天国行きだというのにな」

ジャカンバ・ホテルの前に着いたのは夕方の六時。まだ猛烈に暑かった。ホテルは焼けただれたような灰色の二階建ての建物で、ポーチは傾いており、ロビーに入ったときはそのみすぼらしさにウォリーが思わずうなり声をもらした。私のロシア人のメイド、アンナが荷物と一緒に列車で先に到着していて、私たちは一階にあてがわれたバス付きの粗末な寝室の検分に行った。ロビーにもどると、ウォリーがホテルの人間とジャカンバの仮設飛行場のことを話し合っている。一九二七年『弥次喜多空中の巻』で共演したとき、ウォリーは飛行機の操縦を習い、自分でも一機飛行機を購入していた。ジャカンバ・ホテルで二週間も寝泊まりはできぬと早々に決断した彼は、毎朝ハリウッドからひとり飛行機で通うために、ここの飛行場を利用できるよう手配をすませたのだ。傾いたポーチにすわってウォリーを乗せたパッカードが走り去るのを見ていると、自分ひとりだけ見捨てられたような気持ちになった。ホテルのオーナー、ヴォーン氏は、撮影隊本体を乗せた車の到着までにはもう少し時間がかかるだろうと声をかけてきた。彼らは猛スピードですっ飛ばしてはこないからだ。

ヴォーン氏は三百エーカーに及ぶジャカンバの町全体の所有者であり、総計四百名の町民すべてに職をあたえていた。彼は一九一九年、インペリアル谷の農民たちが夏のあいだ砂漠地帯並みの灼熱から逃れ、鉱泉で湯浴みできるリゾート地としてジャカンバの町を作り上げた。サンディエゴとユマを結ぶ鉄道の通り道にあたるジャカンバは『人生の乞食』にとって理想的なロケ地だった。列車が通るのは一日に四回だけで、あとの時間は撮影用の貨車をいくらでもキャメラの前で行き来させることができたからだ。映像としても、深い峡谷のあいだを線路がうねうねと縫う情景はすばらしかった。

八時頃、監督のビリー・ウェルマンが夫人とディック・アーレンとを伴って会社の車で到着した。機材を積んだ何台ものトラックとクルーが着いたのは九時頃だった。さらに一時間して、一台のバスから残りの出演者の面々が降り立った。彼ら二十名の騒々しいホーボーたちは、映画のエキストラをなかば生業としている浮浪者たちのなかからビリーが選んだ者たちだった。ジャカンバの住民は、彼らホーボーたちがホテルの隣にある賭博場——そこの経営者であるカルロスは酒の密売も一手に担っていた——にすぐさま繰り出していくのを眉をひそめて見つめていた。〝カツドウ屋の連中〟はたしかに町に金を落としはするのだが、この連中が我が物顔で町を占拠するのを住民は露骨に忌み嫌った。ホーボーの集団は撮影隊の中にも対立の種をばらまいた。僻遠の小さな田舎町で社会的背景が水と油のように異なる者たちが四六時中顔をつきあわせれば、災いが起きないほうが不思議なのだ。ロケ撮影が終了するころには、誰からも悪い感情を持たれていないのは、それどころか尊敬の念で見つめられていたのは、撮影に使った機関車と貨車だけだった。

事実、最初の朝、食堂で朝食をとる私たちの耳に仕事の開始を知らせる長い汽笛と短い汽笛が二度ずつ聞こえたときから、機関車一〇二号は私たち全員の愛情の対象となった。寛大な一〇二号は私たちをあらゆる場所——機関車の排障器の上、有蓋貨車の中やその屋根の上、ゴンドラ車（大型の無蓋貨車）の中、屋根も側壁もない長物車の上——に乗せて運んでくれた。私が選んだのは車掌車だった。作り付け寝台があって気持ちよく、小さくて黒い丸形ストーブは山の冷気がしみる夜間になると赤々と輝いて心まで温めた。助監督の点呼で全員の確認が終わると、一〇二号は合図の鐘を鳴らし、ロケ撮影の中心地点カリゾ渓谷に向けて一時間の旅に出発する。日没頃に仕事が終わったときは、一〇二号は鐘や汽笛を景気よく鳴らし、浮き浮きと町にもどる。夜間まで仕事がつづいたときは、一〇二号が風を切って疾走するなか、みな長物車の床に寝そべって星のまたたく夜空を見上げるのだ。機関手も釜焚きの機関助手も補助車掌も一〇二号に誇りを持っていた。ビリーの巧みな指導により、一〇二号は速度の変化や、発車、停車、前進、後退の完璧なタイミングを習得した。自分たちの仕事が困難であっただけに、機関車乗務員は、過酷で危険、ときに向こう見ずともいえる私たち演技者や撮影クルーの仕事にも敬意をはらってくれた。暴走する貨車と車掌車がセカンド・キャメラを道連れに谷底に落ちていき、セカンド・キャメラマンがすんでのところで脱出したところ、ビリーに説得されて代役を断った私が滑走する貨車から飛び降り、あやうく車輪に巻きこまれそうになったところでは彼らは慄然としたはずだ。

演出するビリーの、とりわけ女性を扱うときの泰然とした加虐趣味に魅せられた私は彼の前歴調査に着手した。本人からは何も得るものはなかった。恥ずかしがり屋の彼は女性には極度に口数が少ないからだ。若くてスリム、ハンサムなビリーは、監督というよりは役に不慣れな俳優に似ていた。ビリーについての情報源は、『つばさ』(二七)で彼と何カ月も仕事をともにしているリチャード・アーレンとなった。ある日、他の面々より早く撮影を終えたディックと私は、日暮れてすぐの頃、一〇二号で先に町にもどってきた。ホテルのフロントで私が郵便物を受けとっているあいだに、ディックは賭博場にひとっ走りしてウィスキーをひと瓶仕込んできた。そして一緒に一杯どうかと誘って私を驚かした。驚いた理由は、彼が酒には手を出さないクリーンなイメージの俳優だったことがひとつ。もうひとつは、笑顔で覆い隠してはいても内心私を毛嫌いしているのは明らかだったからだ。なぜ嫌っていたのだろうか。おそらく一九二七年に『オール持つ手に』という映画で共演したとき、虚栄心の強い彼は私が彼の演技をバカにしているのを瞬時に見てとり、それが憎しみとなったのだろうと考えた。いずれにせよ、ビリーのことを聞き出したい私は、彼の誘いの理由も知りたくて、ロビーに置かれた、油汚れの目立つ茶色のカウチに二人で腰掛けた。ホテルの係が冷たい水の入ったピッチャーと二個のグラスを持ってきてコーヒーテーブル代わりに使われている古びたピアノ椅子の上に置いた。ディックは二つのグラスにウィスキーをなみなみと注ぎ、尊敬するビリーについて次のように語り始めた。

一九一七年、ヒーローにあこがれる同年配の若者たちと同様、十九歳のビリーは、第一次大戦時フランス側について戦い華々しく報道された、アメリカ人パイロットたちから成るラファイエット飛行中隊に魅了された。空の英雄たちの誇張された冒険譚はアメリカを参戦に導く策戦のひとつだったのだが、ビリーは大西洋を渡り、まずフランスの救急隊に入隊した。そこならばフランスに忠誠を誓いアメリカの市民権を放棄する必要がなかったからだ。フランスの飛行部隊に移されてパイロットとなり〝何機かの〟ドイツ機を撃墜したあと、ビリーは一九一八年にはアメリカに帰国、サンディエゴのロックウェル・フィールドで空軍の教官となった。戦後ハリウッド入りした彼は、ラファイエット飛行中隊出身かつ軍功十字章受章者という二つの名声の上にキャリアを築いていく。俳優から助監督へ、次いで西部劇の監督となったのち、一九二六年には第一次世界大戦を描く大作『つばさ』の監督に抜擢される。この映画の大成功によりビリーは第一級監督に躍り出ると同時に、その名前はラファイエット飛行中隊と分かちがたく結ばれることになった。

一九二七年九月、モーション・ピクチャー誌は〝空の勇士たち〟と題された『つばさ』に関する記事のなかで「ウィリアム・ウェルマンはかつてラファイエット飛行中隊のパイロットであり、戦闘中に負傷して勲章を得た」と書いた。一九五三年のエスクワイア誌三月号に〝MGMのローマ花火〟のタイトルでエズラ・グッドマンによるウェルマンのインタビュー記事が載る頃には、彼のラファイエット飛行中隊での活躍は破天荒の冒険的偉業となっていた。さて一九六四年にランダムハウス社からハーバート・モロイ・メイスン・ジュニア著「ラファイエット飛行中隊」という本が刊行された。この書物の本文にはどこにもウィリアム・A・ウェルマンの名前は出ておらず、ある一節でメイスンは「一九三一年までには四千人以上の男がラファイエット飛行中隊の栄光の分け前にあずかろうと、同隊に所属していたとの虚偽の主張を展開した」と述べた。同書の巻末には、ラファイエット飛行中隊以外のフランス軍の飛行隊に属して戦闘に加わったアメリカ人パイロットの名前が列挙されていて、そのなかに「ウィリアム・ウェルマン軍曹、飛行隊スパッド八七の一員でドイツ機二機を撃墜」と記載があった。ビリーの最後の監督作は一九五八年の、自ら脚本を書いた『壮烈！外人部隊』であった（原題は『ラファイエット飛行中隊』）。メイスンの著書が出版された二年後の一九六六年七月、ベヴァリーヒルズの雑誌「シネマ」にウェルマンのインタビューが掲載されたのだが、そのなかで自作『壮烈！外人部隊』について問われたビリーは、映画は実際のラファイエット飛行中隊とは何の関係もないと答え、あなたはあの有名なラファイエット飛行中隊の一員でしたかの質問には「自分はラファイエット飛行部隊のメンバーだった」と答えている。

それでも、ジャカンバのホテルでディックの語るウェルマンの来歴を聞いたときから、私はそれを鵜呑みにはしていなかった。英雄とは女性を虐待するような輩《やから》ではないと信じていたからだ。私にとって英雄とは、命をかえりみぬ行動の人物であり、ビリーの属した飛行隊スパッド八七のパイロットでいえばトミー・ヒッチコックのような男だった（ヒッチコックは一九四四年、操縦していた飛行機がポロ競技場に墜落して死んでしまう）。私がしらけた反応しかしめさないのを見たディックは、自分には空の英雄について語る資格が誰よりもあると証明したかったのか、彼自身第一次大戦では英国空軍（RAF）の戦闘機乗りだったといい足した。「冗談はやめて、ディック」と私は大笑いした。「信じられっこないでしょう。一九〇〇年生まれのアメリカ人のあなたが一九一八年の十一月に終わってる戦争でRAFのパイロットとして空を飛んでたなんて！」

　珍しく量を過ごした密造酒のせいもあったのだろうが、このことばに心の奥に押し隠していたディックの怒りが爆発した。あごの筋肉を痙攣させながら私に覆い被さるようにして顔を近づけると、独白を始めた。「エディ・サザランドのようないい奴と一緒になったのに、離婚するとはご愁傷さまだよ。エディの後ろ楯がなくなったんだ。みんなお前のクビがいつ飛ぶか楽しみにしているぜ。生憎、お前が経営陣のペットだってみんな知らないんだな」ここで彼はため息をもらす。「世の中不公平なものさ。オレはもうパラマウントで三年になる。しかも看板俳優としてな。なのに週給はたったの四百ドルだ。ところがお前はどうだ。〝黒繻子仕上げ〟のくそリンカーンなんか乗りまわしやがって。呆れるよ！　演技もできないくせして。おまけに美人でもない。両目の寄った大根女優だよ！」私と私の愛車をこきおろすと、ディックは立ち上がりざまウィスキーの瓶をひっつかみ、大威張りでロビーを出て行った。

　翌日、昼のあいだはディックも私も撮影の出番はなかった。町の中央部にあるセメント作りの巨大なプールで出会ったときには、彼のナイスガイ風笑顔は復活していて、前夜の出来事などまるでなかったかのようだった。自信のほどを見せつけるように、ジャック・チャピンと私がベンチにすわって眺める前で、飛び込み台から幾度もダイビングを披露したほどだ。ジャック・チャピンはビリー・ウェルマン夫人マージェリーの十七歳になる弟で、姉に似てすらりとした背恰好に綺麗な赤毛の青年だった。マージェリーがスクリプターとしてスタッフに加わっていたように、ジャックはホーボー役のエキストラのひとりを務めていたが、私の付き添い役を自任していて、私が撮影のないときは自分も仕事をしないと決めていた。他のホーボーたちは、監督の身内をかさに着たそんな彼の振る舞いを悪しざまにののしっていた。彼を青二才と見下していたのは私の代役スタントマン、ハーヴェイも同じだったが、そのハーヴェイがディックのダイビングの最中に私たちのベンチにやってきた。ディックの技倆のほどを横目で見て取ったハーヴェイは、飛び込み台のなかでもいちばん高い三十フィート（九・一四メートル）の高さにある台まで昇り、そこから鮮やかに身を翻してプールに飛び込んだ。彼の妙技が何回もつづくうち、ディックはすごすごと私たちのベンチに退散し、私はハーヴェイのダイビングの虜になった。顔つきも性根も野卑なハーヴェイだが、空中で見せる優雅なターンや体のひねりは空行く鳥の気ままな飛翔を思わせるものがあった。ディックを打ち負かして満足した彼はベンチに帰ってきてコカコーラをあおった。「どうして他のホーボーたちと一緒に撮影に行かねえんだ？」彼はジャックに訊いた。

ジャックは自分はホーボーじゃない、それに背中を痛めてもいるし、と答えた。

「そうかい？」ハーヴェイは嘲りの笑みをうかべてジャックの背中をこぶしでたたいた。「オレにゃどこも悪そうには見えないがな」

その日の夜、カリゾ渓谷の深い谷底のひとつに作られた〝ホーボー・キャンプ〟に私たちはいた。中央には大きな火が焚かれ、出番待ちや撮影を終えたエキストラたちがまわりに集まっていた。〝チビ《タイニー》〟という愛称の体重四百ポンド（百八十キロ）のホーボーが、火の近くの岩の上に座を占めていた。小回りの利かないその体のことを考えたビリーは、彼を火の番兼コーヒー係に命じていて、グリルの上に置かれた大きな琺瑯鉄器のポットの中にはコーヒーが常時煮立っていた。地獄耳の

〝チビ〟はまたゴシップの中継局でもあった。そのときも、賭博場の酒の値が高騰したことに怒ったホーボーたちがカルロスを玉突きのキューでしこたま打ち据えたという話をジャックや私たちの前で披露していたのだが、上方から誰かが「ジャック！　ジャック！」と大声で呼ぶ声が聞こえてきた。上のほうではまだビリーがウォリー・ビアリーを使って撮影をつづけている。監督の御用だと思ったジャックは急勾配の坂を昇り、アーク灯の強い光の見える方角に消えていった。ちょうどそれと入れ替わるように俳優のロバート・ペリーが現れ、火の傍らに腰を下ろした。めったに感情を表にあらわさないペリー（『人生の乞食』で見せた自分の好演にも彼は無関心だった）が、子どものようにほくそ笑んで上着のポケットからスコッチの大瓶を取り出した。

「国境の向こうのメヒカリでこいつを仕込んできたのさ」とペリーはいった。「盗っ人野郎のカルロスが賭博場を閉めたって、いくらも伝手《つて》はあるんだよ」一拍おいて、彼は狡そうな笑みを浮かべるといい足した。「メヒカリじゃあんたのピッカピカの写真も見てきたよ」

「どこにあったの？」

「淫売宿でね。メキシコ女のベッドの上に飾ってあったんだ。あんたの大ファンだっていってたぜ」

石や岩とともに何かがヒイラギガシの藪のなかに崩れ落ちる大きな音がして、みんなが振り仰いだ。よろめきながら降りてきたのはジャックで、上方からは男たちの「おーい、背中は大丈夫か、ジャッキー坊や！」とはやし立てる声が聞こえてきた。

数分後、ビリーとウォリーがコーヒーを飲みに降りてきた。ビリーは、ジャックが「足をひっかけやがったんだ、あいつら。汚ねえ奴らだ」と泣き顔でブツクサつぶやいているのをおもしろそうに眺めている。ウォリーは苦虫をかみつぶしたような顔だ。ウォリーはロケ現場で無用な事故を招きかねないいたずらの仕掛け合いが大嫌いだった。それに今回の騒々しい悪ふざけのせいで彼のショットがひとつおじゃんになっていた。仕事を離れていると大きなテディベアのごとき彼も、セットでは獰猛なヒグマに豹変する。このときも夜間の仕事を呪い、寒さをののしり、弁当のまずさに悪態をついた。ビリーはそれを見てすぐに今日の撮影はここまでと宣言した。賢明なビリーは一部の監督のようにウォリーを無理矢理抑えこもうなどとはしない。ウォリーには好きなように演技をさせるし、仕事時間もできる限り本人の意向に合わせようとするのだ。

今回のロケ中もっとも困難でもっとも危険なスタントシーンを撮影するにあたって、ビリーは機関手と機関車一〇二号が彼の指示に的確に反応できるようになるまでじっくり待っていた。それはゴンドラ車に隠れているところを車掌に見つかったディックと私が鉄梯子から手を放して列車から飛び降りるというシーンだった。ディックの代役にとっては比較的容易なスタントだった。自分の判断で手近なところに飛び降りればそれでよかったからだ。私の代役のハーヴェイは、ビリーの要請で、谷深くまで落ちていかなければならなかった。彼のスタントをさらにむつかしく危険にしたのは、梯子をつかんでいる手を車掌の警棒で叩かれたためにやむなく飛び降りるというように見せなければいけなかったことだ。ハーヴェイにしてみても、水中に向かってであれば百フィート(三十・五メートル)の高さからであろうと平ちゃらだったが、岩場の渓谷を二十五フィート(七・六メートル)滑り落ちるのは難物だった。このスタントを引き受けるにあたって彼はひとつ条件をつけた。これは一度きりのスタントにする。リハーサルもなし、撮り直しもなし、一回やったらそれきりだと。機関車一〇二号とともにビリーとハーヴェイは線路の軌道を行き来して落下するに最適の場所を物色した。場所が決まるとハーヴェイは何人かのクルーを従えて滑り落ちる箇所の岩をどけ、ヒイラギガシの藪を払い、体が横たわる地点の土を掘り起こして柔らかくした。次いで数台の貨車が一〇二号の後ろに連結され、キャメラマンのヘンリー・ジェラードがゴンドラ車に続く貨車の屋根にキャメラを載せた。そうやってから改めて列車を行き来させ、飛び降りる地点とスピードとタイミングの関係が計られた。一〇二号はその地点を通過するときに汽笛を鳴らす、それをうけてビリーが所定の数を数え、数え終わったところで「行けっ！」と声をかけ、ハーヴェイが飛び降りる、という段取りだった。はじめに、私が鉄梯子につかまっているところが同一の背景で撮影された。そして一〇二号がスタート地点にもどり、今度はハーヴェイを鉄梯子につかまらせて発車、スピードをぐんぐん上げた一〇二号は決められた場所で汽笛を鳴らした。秒を読んだビリーが大声で合図を送り、その瞬間空中に飛んだハーヴェイの姿は渓谷の下に消えていった。その地点に列車と一緒にもどってくるまで、私たちは全員黙したままだった。もどってみるとハーヴェイは崖の途中で横たわったままピクリとも動かない。「何てこった、奴を殺しちまった！」ビリーが思わず大声をあげた。その直後、大笑いしながらハーヴェイが立ち上がり、ホラこのとおりピンピンしているとばかり、両手を大きく振り回した。無事な姿で彼がゴンドラ車に帰ってくると、撮影中は禁酒の誓いをたてたビリーを除く私たち全員で、最難関ショットの撮影の成功を祝って乾杯した。乾杯はハーヴェイの卓越したスタント技術に、ビリーの熟練した演出力に、ハーヴェイの落下を捉えきったヘンリー・ジェラードと彼のキャメラに、そして機関手とわれらの愛する一〇二号を讃えてのものだった。

その夜、町にもどる長物車の上でジャックとハーヴェイの間で横になっていた私は、到着が近づいたことを知らせる機関車の鐘が聞こえたとき、ハーヴェイの耳元にささやいた。「今夜一時、私の部屋の窓のところに来て。ブラインドを上げて入れてあげるから」

翌朝となった。午前中、ビリーは貨物車だけを使っての撮影に出かけていった。私が朝食を終え、部屋にもどろうとホテルのポーチにさしかかったとき、数人のホーボーとたむろしていたハーヴェイが立ち上がり、近づきながら大きな声で話しかけてきた。「ちょっと待ちな、ブルックスさんよ。あんたに訊きてえことがあるんだ」片手で玄関の扉を閉め、もう片方の手で私の腕をつかんだ。「オレの仕事は健康第一だってことはわかるだろうね」そして私が会ったこともない撮影所重役の名前を挙げて、ことばをつづけた。「あんたがそいつのスケだってのはみんな知ってる。そいつが性病持ちだってこともな。オレが知りてえのは、あんたは性病持ちかってことなんだ」意味ありげに数拍おいたあと、最後にこういった。「なぜ知りてえかもうひとつの理由はな、オレの女が昼にやってくるのさ。ハリウッドまでオレを車で連れてってくれるんだ」ハーヴェイはこの一場の芝居の効果を見極めようとするかのようにホーボーたちを眺めわたしていたが、ロバート・ペリーが彼に向かってゆっくり近づいてくるのを見ると、すばやく私から離れていった。私は玄関ドアを開け、逃げるようにその場をあとにした。

昼過ぎの一時、他のみんながすでに食事を済ませているようにと祈りながら食堂に入っていくと、カウンターに二人を残して他には誰もいなかった——カウンターにいたのはハーヴェイと彼の女だった。女はだらしなく太っていて、黄色い部屋着を着ていた。ハーヴェイにこづかれた女は椅子をぐるっと回転させて私をしげしげと眺めまわし、ハーヴェイに何かささやかれて含み笑いをもらした。私がアイスクリームを食べ終わって早々に退散しようとしたところに、ロケ撮影を終えたビリーが入ってきて私のテーブルにすわり、昼食を注文した。ハーヴェイが暇乞いにビリーのところにやってきた。このとき、ビリーの耳にハーヴェイと私との薄汚い情事がすでに逐一——私の寝室の窓のことから今朝のポーチでの出来事まで——届いていることが判然とした。ビリーは私のほうにちらっと侮蔑の流し目をくれた。高慢なルイズ・ブルックス嬢大転落の一説！　それが映画の中のシーンなら彼は大喜びで演出したに違いない。

ロケ撮影の最終日、車掌車の簡易寝台でうたた寝をしていると太ももが燃えるように感じて目を覚ました。誰かが火のついたタバコを私のズボンのポケットに入れたのだった。キャンバスチェアに誰かがすわるのを見計らって燃えた新聞紙をこっそり下に置くのと並んで、これは現場では常習的に行なわれるいたずらのひとつだった。立ち上がってタバコをポケットからつまみ出し、「誰のしわざなの！」と声を上げるのと前後して車掌車の扉が閉じる音がした。と、反対側の扉が開いてロバート・ペリーが入ってきた。『人生の乞食』の撮影のあいだによき友人となっていた彼はお別れをいいに来てくれたのだ。私はジャックのことを思い出し、今日は彼の姿を見ていないがとロバートに訊ねた。

「あんたのボーイフレンドにゃちょっとした事故があってね――」とロバートはいった。

「ボーイフレンド？」怪訝そうにことばを挟むと、「本人はそう思ってるみたいだぜ」と彼は探りを入れるような顔をして答えた。〝ボーイフレンド〟の詮議はともかく、私は事故のことをまず知りたかった。ロバートの話によるとこうだった。前日ジャックがたまたま機関車の蒸気の噴き出し口近くではしゃぎまわっていたところ、誰かが汽笛のひもを引っ張って蒸気を噴出させた。それをまともに受けたジャックは背中にひどいやけどを負ったのだ。そして午後には、現像所にラッシュ・フィルム（未編集の撮影済みフィルム）を運ぶ車に乗せられて、ハリウッドの病院に向かったとのことだった。

それから一カ月ほどしたある夜、ベヴァリー・ウィルシャー・ホテルの部屋で休んでいるとオペレーターから電話があり、ジャック・チャピンがロビーに来ていると知らせてきた。私は「部屋に上げて」とオペレーターに伝えた。居間に入ってきたジャックは緊張気味でよそよそしかった。ブルーの上着に白のズボン、カールした赤い髪を匂いの強い油でしっかりなでつけている。とくに何か話をするでもなく、私が作ったバカルディのカクテルに口もつけない。暖炉の前のソファーに腰を下ろして、向かいのソファーにすわった私をじっと見つめているばかりだ。するとやにわに立ち上がり、私に襲いかかってきた。

びっくりして怒りも忘れて彼を払いのけた。

「いったい何のつもり！　私を抱きたいっていうの？」

「ああ、そうさ！」ことばには怒りが満ち満ちていた。ジャックは私をにらみながらドアのほうに後ずさりし、去り際にこういい放った。「ぼくとじゃなぜいけないんだ――誰とでも見境なく寝るくせに！」

第三章

マリオン・デイヴィスの姪

人の自殺の真相は誰にもわからない。しかし、一九三五年、私の友人ペピ・レデラーが自殺した理由のひとつは彼女がマリオン・デイヴィスの姪であったためだ。そしてマリオンがウィリアム・ランドルフ・ハーストの愛人であったことがもうひとつの理由であっただろう。一九二九年、一九三〇年と二度にわたってペピは両人の強力な軛《くびき》から逃れようと試みた。二人はアメリカきっての著名人であったし、その天井知らずの資力はハリウッドを陰から牛耳っており、ハリウッドはペピのことをサンタモニカにあるマリオンのビーチハウスへの道しるべのひとつ、北カリフォルニアに位置するハーストの地所ウィントゥーンへ、サンフランシスコとロサンゼルスのあいだにあり太平洋を見下ろす彼の居城サンシメオンへ、そしてまたウェールズにある彼の城へと導いてくれる案内人のひとりくらいにしか見なしていなかった。一九三〇年の夏、マリオンとハーストが大勢の同行者とともにヨーロッパ旅行に出かけたさい、ペピは二人に、ロンドンに腰を落ち着けてハースト系の豪華季刊誌「コノスール」の記者として働きたいと願い出た。マリオンとハーストにとって偉大なライターとは雑誌記者アデラ・ロジャーズ・シンジョンズあたりを意味していたが、厄介払いの一法としてペピをコノスール誌のスタッフに入れた。ハースト系の出版社のどこかに形だけの職につかせるのは両人のしばしば用いる人物処分法であった。対照的に、ペピの兄チャーリー・レデラーに対しては将来を真剣に考え、ＭＧＭの脚本部に職を確保してやっている。ペピは、彼らにとって、愉快ではあるがいたずらの過ぎる子どもで、地道な仕事とは無縁のはみ出し者でしかなかった。

　真に秀でた才能を見出す能力に欠けたマリオンとハーストは、ペピが注意深くものを見ることができるだけでなく、機知豊かな独特の視点からそれができること――彼女を偉大な物書きと成し得たかもしれない資質――に気づかなかった。しかし二十五年の生涯のあいだ（後半の十二年はマリオンの膝下にあった）、ペピはいかなるかたちにせよ自らに規律を課すことができなかった。暴飲暴食を抑えようとはせず、それがために、美貌と美しい骨格に恵まれていながら、肥満体になり性的魅力を失った。アルコールへの耽溺はコカイン中毒へと彼女を導き、ついにはそれによって命を失った。自らを律せないのであれば、物書きになれるはずはなかった。執筆はあらゆる技芸のなかでもっとも規律を必要とするからだ。一九三〇年の六月にマリオン、ハーストらの一行とヨーロッパに出発する半年前の冬、ペピはコロンビア大学のライティング・コースを受講しようとした。ところが、彼女の最初の作文〝なぜ作家になりたいのか〟を読んだ私がそのおもしろさに大笑いしたのを見て満足してしまい、勉強は必要ないとひとり決めして大学に通うのをやめた。ペピは五年間アメリカに帰ってこなかった。最初の三年間――コノスール誌の仕事は早々にうっちゃってしまっていたのだが――彼女から来る手紙は歓喜にあふれていた。ロンドンでは自分はペピ・レデラーという一個の独立した人格であり、マリオンとハーストに昵懇を願う有象無象らのための斡旋役ではない、と書いていた。そしてモニカ・モリスというすてきな相方を見つけ、住まいにしているフラットも、潤沢な小遣いも、マリオン名義のクレジットカードも二人で分かち合っていると知らせてきた。

一九二九年に彼女がブロンドの薄汚いブルース歌手とつきあい始めて以来、私は女友だちを選ぶペピの目を信用しなくなった。著名な俳優アーノルド・デイリーの娘である女優のブライス・デイリーにばったり出会ったとき、一九二七年に彼女がロンドンの舞台に立っていたことを思い出し、モニカ・モリスという女を知っているかと訊ねてみた。ブライスはけたたましい笑い声を上げていった。「悪名高い楽屋荒らしよ！　まさかそいつがペピをつかまえたっていうんじゃないでしょうね！」私の最悪の予想が的中した。ブライスが〝楽屋荒らし〟と呼ぶとおり、一九二三年タルラー・バンクヘッドがロンドン演劇界の寵児となったとき、モニカはタルラーに群がったグルーピーのなかでもハゲタカ的性格をもっとも露骨に表したひとりだった。タルラーの友人を標榜してロンドンの有名人士のあいだをわたり歩いたのだ。

一九三四年、ペピのロンドン滞在が四年目になると、手紙の調子は目に見えて暗く沈んだものとなった。その年の六月から九月にかけてマリオンとハーストらの一行はヨーロッパに長期滞在していて、ペピは彼らと行動をともにしない口実を案出するのに神経をすり減らしていた――ペピがニューヨークに帰ってくるまで、彼女がマリオンたちを避けたい一心でいたことを私は知らなかった。マリオンとハーストは、サンシメオンにあっても旅先にあっても、招待客の誰かに目をつけて一場の余興を要求するのがつねだった。ペピは取り巻き連のなかでは群を抜いてエンターテイナーだったから、声はかかりやすく、そういうとき首を横に振るのは相当以上の覚悟が必要となるのだった。一九三〇年のヨーロッパ旅行のさい、ペピのたっての願いをうけて、マリオンが私を一行に加えようとした。私はこれを断ったのだが、自分はきっとひどい不興をかう、人の余興のあいだベッドに入って本を読んでいるだろうから、といったらペピはわかってくれた。ペピによると、一九二八年の旅行のとき、ハースト夫人の親戚筋にあたる陽気なアイルランド人タイプのサディ・マレイがつい羽目を外して大騒ぎしたところ、リド島から船に乗せられアメリカに送り返されたそうだ。いずれにしろマリオンとハーストの機嫌を損じると反動はきつかった。

ペピとモニカ・モリスがニューヨークに到着した一九三五年四月中旬、私はダリオ・ボルザニと社交ダンスを出し物にしてキャピトル劇場の舞台に立っていた。ペピとモニカはハリウッドとサンシメオンを訪れる前に、パーク・アヴェニューにあるハースト傘下のリッツ・タワー・ホテルのスイートルームで二週間滞在の予定だった。モニカはニューヨークが初めてだった。その彼女が私と会って開口一番「ハーレムに案内していただけない？　コカインが欲しいの」といった。それほど切羽詰まっていたのだ。船の中では、〝アピーズ〟（覚醒剤アンフェタミン）の小さなパックをタオルのあいだに隠してバスルームに置いていたのを、汚れ物と一緒に客室係に持っていかれてしまっていた。私はモニカをゴッサム・ホテルのタルラー・バンクヘッドのもとに行かせた。あとに残ったペピと私は、このとき気づきもしなかったが、生前最後のまじめな話し合いをした。

モニカがドアの向こうに姿を消し、ペピと私は立ったまま互いをじっくり見つめ合った。ペピの真っ青な美しい目に、注意深そうな暗い影がさした。目は嘘をつけなかった。このとき私は、彼女がなぜマリオンとハーストを避けようとしていたか、少なくともその理由のひとつを理解した――コカインだった。その場をなごませようとしてペピは昔のようにほがらかに笑い、居間に場所を移しながら「ねえ、私のこと褒めて。体重をしっかり落としたでしょ」といった。

彼女を褒めてあげた。見るからに以前よりやせていたからだ。でもそれはコカインのせいだった。酒の並んだ棚を開けて「一杯どお?」とペピは訊ねた。

「けっこう」と私は答えた。「このあと舞台があるのよ。でも、あなたは飲みなさい」

「いまは遠慮しとく」

二十本以上酒瓶が並んだ棚から手ぶらでもどってくるペピを見て、そのあり得ない情景に彼女のヤク中を確信した。二人でソファーに腰を下ろすと、彼女はローストフト磁器の青と白のカップと受け皿を手にとって、嬉しそうに「これはハースト氏へのプレゼントなの」といった。するとまたもや目元に影がさし「バカみたいね。あのハースト氏にプレゼントなんて」と言い足した。それから彼女の話は、昨夏のヨーロッパでのマリオンとハーストのこと、どうやってすべてがきしみ始めたか、に移っていった。

モニカ同伴でスペインにハーストらを訪ねたとき、ペピはマリオンのいつもの暖かい歓迎ぶり、ハーストのいつもの鷹揚さの裏に、どこかぎくしゃくしたもの、ほとんど苛立ちといったようなものを直感した。招待客たちを見ても、いつものいそいそと献身的な態度の裏に用心深さ、ときにほくそ笑みのようなものが感じられる。ハーストとマリオンは従前どおり慈悲深い君主と奥方であり、招待客たちもこれまでどおりそれに対して歓びと感謝で応じる臣下なのだが、それらの素振りからは生き生きとした躍動感が消えていた。事実はまだ伏せられていたものの、劇場公開されたばかりのマリオンの主演作『砲煙と薔薇』（三四）はＭＧＭとの最後の映画となる運命にあった。ルイ・Ｂ・メイヤーには彼女との契約を更新する肚《はら》はなかった。興行側がマリオンを見捨てていた。ハーストが映画の宣伝や提灯持ちにいかに自分の金を注ぎこもうとも、マリオン・デイヴィスが主演である限り、劇場を観客で一杯にはできなかったのだ。秋になりハリウッドにもどったマリオンはワーナー・ブラザースと四本の映画を撮る契約を取り交わした。宮殿から馬小屋に住まいを移すようなものだった。そして、もし仮にその四本の映画が当たらなければ、女優としてのマリオンはそこで命脈を絶たれるのだった。ハーストが破産に瀕しており、マリオンの映画に金を振り向ける余裕などなくなったことをハリウッドの製作者全員が知っていたからだ（一九三七年、彼が自らの出版部門の財政権を手放したとき、彼の負債は一億二千六百万ドルに及んでいた）。

ペピの話では、いつも慎みを忘れぬマリオンがあるとき酔っ払って、自分の女優経歴を失墜に導いたと彼女が考える誰彼の名前を挙げてコテンパンにこきおろした。そしてマリオンは、機会さえあたえられれば、自分は本格的な女優として大成できたと断言した。しかし初めから終わりまで、ハーストは彼女に十八世紀調の、人形のように愛らしい女性を演じさせた。それはD・W・グリフィスが好んで描いたヒロイン像と似ていて、一九二〇年代には誰も見向きもしなくなった女性のタイプだった。そういう理由からMGMは、マリオンをいわばほったらかしにし、これぞという企画はグレタ・ガルボやノーマ・シアラーに振りあてつづけた。マリオンをワーナー・ブラザースとの契約に走らせたのは成功への希望ではなく失敗の烙印だった。これからは好きなようにやればいい、とハーストはいった。というのも、MGMとの契約終了は彼には映画との関わりの終了を意味していたからだ。ハースト氏自身に関していえば、ペピによると、つねづね内輪でこういっていたそうだ――マリオンをハリウッド一の大スターにというハーストの意図と努力をルイ・B・メイヤーが邪魔しつづけたのは、MGMにおける彼の玉座をハーストに奪い取られるのを恐れたからだと。映画業界を支配するユダヤ人勢力は、ハーストの考えによれば、ずっとマリオン映画の成功を阻んできた。一九三四年九月、ハーストは側近たちを残して単身ベルリンに飛んだ。当時大々的に報道されたヒトラー表敬訪問であり、ヒトラーはハースト系新聞が主張していたアメリカの孤立政策を是認していた。話をペピにもどすと、彼女はハリウッドにもどるのをためらっていた。主演スターとしてのマリオンの評判、ハーストの権力、そのどちらもが慎重に切り崩されているとの話が伝わってきたからだ。『ミス・グローリー』を呼び出して』と不運なタイトルを付けられたマリオンのワーナー第一作は、粗編集の段階ですでに失敗作とささやかれていた。そしてハースト自身は〝親ナチ〟の陰口を抑えるすべをなくしていた。

ハリウッドにおけるマリオンとハーストの天下は明日をも知れぬ状態にある、なんて私にはとてもペピにいえなかった。MGMにおけるマリオンの〝楽屋〟は六部屋から成る独立した建物で、ハーストを後ろ楯にした彼女の勢威のほどを象徴していた。しかし、大きな支出を伴った三度に分けての引っ越しの結果、ワーナー・ブラザース撮影所でそれが組み立てられると、六つに仕切られたお寒い小屋でしかなくなっていた。彼女の若い共演男優ディック・パウエルは、彼女との恋愛沙汰が噂に上ると、ハリウッドの笑い者となった。一方、ハーストの状況は笑いごとでは済まされなかった。ハリウッドのユダヤ人一派は彼のヒトラー訪問に憤慨していた。何といってもタイミングが最悪だった。ドイツではゲシュタポと突撃隊が暴威をふるい、自由を標榜するマスコミや映画会社は国家の統制下に入れられていた。ユダヤ系のジャーナリストや俳優は職を奪われた挙げ句ドイツの市民権を剝奪されていた。しかし、ハーストのヒトラー表敬訪問の本当の意味合いは、もう少しすると彼らにも明瞭になってきた。

ヒトラーが擡頭するまで、アメリカの映画産業はヨーロッパで上がる利潤を当てにしていて、なかでもドイツはその最良の市場となっていた。一九三三年、ヒトラー政権の宣伝相ヨーゼフ・ゲッベルスは、〝ドイツの正統的な生活モラルを育むのには役立たない〟との理由から、特定のアメリカ映画を初めて上映禁止にした。一九三五年には、ドイツの生活モラルがいよいよ先鋭化したのを見て、アメリカの映画産業はドイツ市場を失うのはもはや時間の問題と悟るようになった（このような状況を念頭に置いてゲッベルスは、一九三八年アメリカの映画会社に対して、もしアメリカの主要都市の劇場がいくつかのナチ宣伝映画を上映するならば、ドイツにおいてアメリカ映画の自由販売を認めようといってきた。この提案があってほどなく、レニ・リーフェンシュタールが〝ドキュメンタリー映画〟『民族の祭典』〔三八〕のプリントを携えてハリウッドを訪れ、無駄な努力に終わるのだが、同映画のアメリカ公開の可能性を模索した）。

モニカに強要されてペピがハリウッドにもどってみると、撮影所の首脳陣はヒトラーの一挙一動にすっかり頭を占領されていた。ヒトラーの決定ひとつで数百万ドルの利益が煙となってしまうからだ。この憂慮の現れのひとつがＭＧＭによるマリオン・デイヴィス映画の製作打ち切りの決断だった。その結果、ハーストとマリオンは自分たちの時代の終焉に否が応でも向かい合わねばならなくなっていた。精神的危機の状態にあったペピにとって、思いやりと愛情のみが救いとなったであろうこの時期に、そんなものなど失われて久しいハリウッドにもどらねばならなかったのは不幸の限りだった。

一九四〇年、私はハリウッドに永遠の別れを告げた。そのとき、これで自分は業界内で冗談半分に〝ハリウッド病〟と呼ばれている頑固な病気から自然に脱却できると考えた。最初に父の住むウィチタの家に帰った。だが、そこでは住民たちが、地元を離れ他郷で成功をとげた私と、現在尾羽打ち枯らして故郷にいる私と、どちらの私を蔑めばよいか決めかねている風に見えた。一九四三年、ニューヨークに出た。そこでは三十六歳の女優崩れの懐を潤す仕事はコールガールより他にはないことがわかった。私は自分の過去を消し去り、映画時代からつづいていた数少ない友人たちとも交わりを絶ち、黄色い錠剤の詰まった睡眠薬の瓶を思い描きながら幻想にふける遊びに時を費やした。そして一九五六年、ニューヨーク州ロチェスターにあるイーストマン・ハウス（ジョージ・イーストマン・ハウス国際写真映画博物館映画部）の主任学芸員ジェイムズ・カードに説得されてロチェスターに居を移し、古い映画について調べ、新たに明らかにされた自分の過去を文章にまとめる仕事を始めた。そのとき、ハリウッド病は治癒していると考えていたのは間違いだったと気がついた。私はいまだに自分のすべての映画をそれらに内在する美点からでなく、成功か失敗かというハリウッド式尺度から善し悪しを決めていたのだ。私はただちにものの見方の矯正にとりかかった。

一九七三年、病気は完治したと再び確信するまでになった。私を失敗者とするハリウッド的判断は嘘っぱちだと思えるようになっていたからだ。偏見から解放された人間として、フレッド・ローレンス・ガイルズによる伝記「マリオン・デイヴィス」の索引を調べていたとき、突然ペピ・レデラーの名前にぶつかり、息をのむと同時に胸がつまった。それまでマリオンについて書かれた書物や記事はたくさんあったが、どこにもペピの名前を見たことはなかった。三十八年前に死んでいた彼女がいま、悲しかったり滑稽だったりした数々の出来事とともに私の心のなかによみがえってきた。その時々の彼女のことばまでが、まるで知らぬ間に脳裏に焼きついた劇のセリフのように、ほぼそのままに思い出せた。「どうしてこれまでペピのことを書こうとは思いつかなかったのか？」私は自問した。自分をあざけるように答えが返ってきた。「ペピは名を成した人間じゃなかったからよ。ハリウッドの失敗者だったからよ」立ち上がって本棚に行き、一冊の古い辞典を抜き出した。そのフライリーフ（巻頭の白紙の部分）に紙が糊付けしてあり、次のようなゲーテのことばがタイプされていた――「人にとって本当に大切なのは何かをあとに残すことではなく、みずから行動し人生を楽しみ、それによって他人をも行動にかりたて人生を楽しませることなのだ」。

ペピ・レデラーは一九一〇年三月十八日シカゴにジョゼフィン・ローズ・レデラーとして生まれた。小さいときからピチピチと元気だったので〝ペピ〟（peppyは「活発な」「元気いっぱい」の意）と呼ばれた。一九二八年自分で“Peppy”の綴りを“Pepi”と改めそれを本名にした。彼女が生まれたとき父親のジョージ・レデラーはシカゴでミュージカル・コメディのプロデュースにあたっていたが、ペピが生まれてすぐに両親は離婚する。彼女が父親について語ったのは一度きりしかない。それは父親がユダヤ系でどうとかということで、ペピはそれが気に入らないようだった。その父親は一九三八年ニューヨークにおいて七十七歳で亡くなっている。母親も同じ年にベヴァリーヒルズで五十一歳で世を去った。母親の結婚前の名前はレイン・ドゥーラス、美人四人姉妹の長女で、デイヴィスを芸名にして舞台に立ったのは彼女が最初だった。ヴォードヴィルやミュージカルで歌っていたが、それも一九一八年まで。その年、妹のマリオンとハーストの関係が始まり、マリオンが三人の姉とペピの兄チャーリーをレキシントン・ロードの大きな家に住まわせるようになった。ペピはめったに母親とは顔を合わせなかった。私に母親のことを話すのも、よほどのときに限られた。一九三〇年一月のある午後、西五十四丁目四十二番地にあるハースト所有の建物内の家具付きアパートにひとりで住んでいたペピを訪ねると、ひどくつらそうに泣いていた。いま母親が出ていったところだという。その日母親は唐突にアパートに現れると、酔った挙げ句に暴言の限りをつくした。妹のマリオンを、自分から二人の子どもを奪った狡猾なアマと呼び、自分こそ四人姉妹の長女でいちばんの美人だったのだ、自分をないがしろにしたマリオンにはこの償いはきっとさせてやる、死ぬまでさせてやる、と狂乱の態だったたと。

一九二八年の元日にサンシメオンで初めて会ったとき、私は二十一歳、ペピは十七歳だった。映画監督の夫エディ・サザランドと私はマリオンとハーストに招かれて、〝牧場《ランチ》〟に一週間滞在することになっていた。サンシメオンが〝牧場〟と呼び慣らわされていたのはさまざまな動物類が飼育、放牧されていたからで、海岸沿いにはハーストの母親の白い木造家屋も昔のままに建っていて、この海岸沿いの土地は三十二マイル（五十一キロ）にわたってハーストの持ち物だった。三日後エディはいった。「毎朝八時には牛の首に結わえられた鈴の音でたたき起こされる。まるで学生寮のように飲む酒の量まで制限される。ゴルフコースひとつない。こんなところはもううんざりだ。ぼくは今夜ハリウッドに帰る！」確かにエディのいうとおり、サンシメオンは退屈な所だった。贅を凝らした建物や絢爛豪華な数々の調度品や蒐集物に関心がなく、マリオンの取り巻き連のひとりでもなく、そこに集う著名人を見ても興奮せず、自分の映画企画にハースト氏からの財政的あるいは何らかの援助を期待しているのでなければ、〝牧場〟など何の取り柄もない場所だった。しかし私は、エディの知らぬ間に、ペピの私的な世界をすでに覗いていた。それは行動の世界であり、マリオンの領する、人がただすわってひとえに語り合う受け身の世界とはまるで別物だった。それはペピの精神の所産であり、特定の場所や環境に縛られたものではなく、ペピの行くところどこにでも展開する世界だった。エディはパラマウント撮影所で急用が生じたのでもどらなければならなくなったとマリオンに告げ、サン・ルイス・オビスポ駅まで車を手配してほしいと頼んだ。私は夫と行動をともにするのが妻としての義務と思っていたが、そのときペピが私にささやいた。「どうしてエディと一緒に帰らなくちゃいけないの？　あなたはハリウッドに用があるわけじゃないんでしょ」それからほぼ三週間のあいだ、私はサンシメオンにとどまった。

私にとってサンシメオン城内で驚異的なまでに壮麗な部屋は大食堂だった。入るたびにゾクッと体が歓喜に震えたものだ。頭上高く、天井と接するように、十三世紀シエナの幟《のぼり》が二列をなして色鮮やかに揺らいでいる。二つの入り口扉に挟まれたところにゴシック様式の巨大な暖炉が作られていて、黒い石造のサテュロスが燃えさかる炎の向こうで邪悪な笑みを浮かべている。大テーブルには四十席あって、マリオンとハーストはその中央で向かい合って席につき、最重要の賓客がそれぞれの両脇にすわった。マリオンとハーストの近くの席から端近くにすわるペピの隣へと場所を移した。端のあたりはペピの世界だった。他の客たちは私たちを〝堕落青年団〟と呼んだ。団員は七人いた。ペピ、彼女の兄のチャーリー、女優のサリー・オニール、男優のビリー・ヘインズ、劇場主の息子ロイド・パンテッジ、遊び人のチャック・クラウチ、そして私。正餐の開始が告げられる正確に十分前、カクテルが供される。この短時間に二杯のカクテルを飲み干した者は、ハーストから氷のように冷たい視線でにらまれる。彼はマリオンの酒量を抑えようと懸命だった。しかし、ことわれわれは晩餐のあいだは好きなだけシャンパンを飲むことができた。私たち担当のウェイターはいつも笑みを絶やさぬ巨漢のカウボーイだったが、「シャンパンをもう一本お願いね」というペピの繰り返しの注文に体の休まる暇がなかった。

サンシメオンに次から次に現れては帰っていく著名人たちとは違い、その頃ペピはほとんどただひとりの固定メンバーだったから、ハーストとマリオンが定めたどのような規則も破ることができ、しかも罰せられずにすんだ。本人もまた足が付くようなことはあり得ないと思っていた。招待客も、使用人も、召使いたちも全員が密告者だった。しかし、ペピは人の虚栄心を暴露するときも、手際のスマートさで誰にも不快な思いをさせないコツをつかんでいた。女優クレア・ウィンザーの胸を豊かに見せるパットや、作家エリノア・グリンの赤毛のかつらが、彼女らが寝ているうちに寝室から消えていた。ハースト系新聞のルエラ・パーソンズの映画コラムに本人も知らない〝独占記事〟が載り、あとであわてて撤回されるということもあった。サンシメオン城から丘を下ったところに、彫刻や噴水で装飾された、大理石製クローバー形の大きなプールがあった。ある日の正午頃、マリオンとハーストはまだ私室にいて、私たちはそのプールで泳いでいたとき、ハースト配下の編集者の一団がカーサ・デル・マール――サンシメオンを取り囲むように配置された三つの別荘のうち二番目の規模のもの――の食堂でスコッチやジンの瓶をいっぱい並べてテーブルについているとの情報がペピの耳に入ってきた。ペピは一計を案じた。濡れた水着姿の美しい娘が十人、地味なビジネスーツに身を包んだ編集者たちがすわるテーブルに突然現れた。そしてそのまわりを輪を描くようにして踊り、踊りながらあの瓶この瓶とつかみ取り、茫然と見守る男たちを尻目に瞬く間に退散した。ひとりの編集者が使用人のハリー・クロッカーに「ああいう連中が屋敷内にいることをハースト氏はご存じかな？」と訊ねたそうだ。ハーストが強いたアルコール制限令の裏をかくのは容易ではなかった。バスルームに隠されていたマリオンのジンやマットレスの下に隠されていた招待客のウィスキーはしばしば嗅覚鋭いメイドによって発見され、押収された。アルコールに不自由を感じなかったのはペピただひとりだった。邸内に闇のルートを持っていたからだ。いくつもあるワイン庫の鍵すべてを管理していたのはハーストの主任秘書ジョゼフ・ウィリコムだったが、彼はペピの明るく輝く青い目ときらめく笑顔には抗しきれなかったのだ。ある夜、大方の招待客がサンシメオンの映写室におさまっているあいだ、ペピは自分の〝イカス仲間たち〟を、三本のブランデーとともに、カーサ・デル・モンテ——三つの別荘中もっとも大きな建物——の居間に連れこんだ。マリオンの姉のひとりローズもそのときは私たちと一緒にいて、カウチの隅に丸まって、誰とも話をせず、ちびりちびりブランデーを舐めていた。ペピはデューク・エリントンのレコードをかけ、足で床をたたいて拍子をとった。深夜ペピとロイドと私はサンシメオン城の台所に忍びこみ冷蔵庫のなかを漁った。そのとき、理由もなくペピが逆上し、肉の切り身を盛った何枚もの大皿（翌日の昼食用に準備してあった）を台所の床にばらまいた。次に台所に忍びこんだときは、冷蔵庫に南京錠がかけられていた。

私の滞在の最終日、堕落青年団はお得意の出し物「バカぞろい」を上演した。観客は居間に集まり、控えの間を正面にして席についた。上方がアーチ形になった控えの間が舞台であり、食堂との境にある鉄製のゲートには緑色のビロードの布で覆いがされ、そこをなおいっそう舞台らしく見せていた。芝居はペピの兄チャーリー・レデラーの作。チャック・クラウチとロイド・パンテッジがバカ父とバカ母を、チャーリーとペピが彼らの初心《うぶ》な子どもを演じ、私は悪い女。ビリー・ヘインズは子どもたちを堕落させようとする悪い男の役。サリー・オニールは物語のクライマックス、空から舞い降りて、ビリーに襲われるペピを間一髪救い出す正義の妖精に扮した。劇が終わったとき、観客は熱狂的な拍手喝采をおくった。観客を喜ばせたのは、ペピが腕っぷしの強い頑強な女の子で、襲いかかるビリーが逆に逃げまわるくらい彼に拳を浴びせたからだった。チャーリーは結末を書き換えたほうがいいな、とハースト氏は感想を述べた。妖精のサリーが助けるのはペピではなくビリーになるようにと。

二月、ペピがサンタモニカにあるマリオンのビーチハウスで週末を過ごさないかと声をかけてきた。幸い夫のエディはその週末監督仲間のウェズリー・ラッグルズとデルモンテでゴルフを楽しむ予定だった。土曜日、撮影所の仕事が延びてビーチハウスに到着したときは夕食の時間を過ぎていた。私の乗った車が門を通過し、湾曲したドライブウェイでカーブを描き、正面玄関のがっしりした二重扉の前で停車した。玄関は暗くひっそりとしていて、人の気配がまるでなかった。つい先ほどまで光り輝き、賑やかにざわめいていたのが急に暗転して夢から覚めたかのような奇妙な感覚だった。車は前方にも後方にも一台も見えなかった。ハーストとマリオンに出迎えられて客人たちが上機嫌で建物のなかに入っていった痕跡もなかった。玄関のベルを探していると二重扉を開けてメイドが現れ、化粧道具の入った私の鞄を受け取り、マリオンとペピは書斎にいると教えてくれた。玄関ホールのクリスタル製のシャンデリアには明かりは灯っていなかった。書斎ではおとぎ話の王女らしからぬブルーの部屋着姿のマリオンがソリティアをしていた。確固たる自分の世界を持つペピは相も変わらずだった。書斎には音量をいっぱいに上げると教会のパイプオルガンにも負けぬ響きをもたらすケープハートのレコード・プレイヤーが備わっていて、そこは彼女のお気に入りの部屋となっていた。そのときはポール・ホワイトマンの「ウェン・デイ・イズ・ダン」が流れており、ペピは何やら厳粛な表情で一心に足を踏み鳴らして拍子をとっていた。メイドが私のためにサンドイッチを皿にのせて持ってきてくれた。マリオンとペピと私、そしてメイド、懐中電灯を手に部屋を巡回中の警備員、これらの他にビーチハウスに人はいるのだろうかと私は気になった。ハースト氏は仕事でニューヨークに行っていた。

私がサンドイッチを食べ終わったところで、三人でハーツ（トランプゲームの一種）をすることになった。が、誰ひとりトランプ遊びなど好きではないのでまるで盛り上がらない。そのゲームの最中、マリオンは自分の札をテーブルに置くと、話の続きをするかのように唐突に私に向かって語り始めた。「以前、ダブルアール（WR、ウィリアム・ランドルフ・ハーストのこと）とニューヨークに行く途中、シカゴで特急二十世紀号に乗り換えようとしていたとき、プラットホームの反対側に停まっている列車からハースト夫人が降りてきたの。私たち三人で一瞬互いを見つめ合ったわ。するとダブルアールは夫人のほうに歩いて行って立ち話を始めた。私はひとり残されぼんやり突っ立っていた。そのとき夫人はこちらを見やったの。何ともいえない蔑みの目でね――あの女、殺してやりたいわ」それだけ話すとマリオンは自分の札を拾い上げ、再びゲームを始めた。彼女は何故ほんの顔見知りにすぎない私のような者にプライベートな屈辱的思い出を語らねばならないのか、と私は訝った。十分後、マリオンはまた手札をテーブルに置くと、鋭い調子で問いかけてきた。「あなた「ルイ十四世」のレビューでメイベル・スウォーと一緒だった？」「ええ、一緒でした」と私は答えた。マリオンはさらにメイベルについての質問をいくつか発してきた。例えば、ハーストはいまニューヨークでメイベルと会っているだろうか、というような。私は腹が立ってしようがなかった。

何故自分が人の告げ口をするような立場に身を置かねばならないのか。私は何も答えなかった。いずれにせよ、マリオンは自分のスパイ網からハーストとメイベルの関係について、私が知っているよりもはるかに詳しいことを聞いているはずだった。それに、何故なのかはわからないが（というのも、メイベルは劇団には所属していないコーラスガールだったから）、彼女の写真はハースト系の新聞に頻繁に現れていたし、一度などヘンリー・クライヴ描く肖像画となってハースト系の雑誌「アメリカン・ウィークリー」の表紙を飾ってもいた。さらに付け加えれば、ハーストのウォーウィック・ホテルの最上階にハーストとマリオンが部屋を持っているが、その数階下のスイートルームこそメイベルの住まいだというのはニューヨーク中知らぬ者はなかった。

マリオンの私への質問の裏にあったのは、一九二五年六月の、ハーストのニューヨーク旅行であり、そのときハーストのコスモポリタン劇場でジーグフェルドが「ルイ十四世」を上演していた。マリオンは私も「ルイ十四世」に出ていて、ハーストがヨット〈オナイダ号〉で開いたパーティにメイベルとともに招待されたと当然のように信じこんでいた。私はマリオンにいいもしなかったが、「ジーグフェルド・フォリーズ」夏期公演の稽古に入るため「ルイ」のほうは四月で離れていた。マリオンに忠誠を誓う人物であるならば、ハーストはマリオンと知り合って以降は他の女とはいっさいベッドをともにしていないと信じこまなければならなかった。もちろん私はそんなたわごとは信じていなかった。マリオンはメイベルの一件について私が噂話以上の何かに通じているのではないかと疑っていたのだ。いっときテーブルに視線を落として物思いにふけっていた彼女は、立ち上がると、お休みといって書斎を出ていった。ペピと私は見送った。マリオンは廊下を歩いてジョージ王朝様式の階段を上っていく。何やら人気の絶えた映画館のロビーでのひとコマのように見えた。それはまた、廊下や階段を背景にした彼女の等身大の肖像画の数々を見るようでもあった――『武士道華かなりし頃』（二二）のマリオン、『懐かしの紐育』（二三）『ヨランダ姫』（二四）『建国の乙女』（二四）『赤い風車小屋』（二七）『クオリティ街』（二七）などのマリオンを。

四月の初め、やはりエディが留守の週末、ペピはまたもやビーチハウスに招待してくれた。このときは華やかさがもどっていた。土曜のランチの席には二十名ほどの招待客がいたが、午後にはそこに四十名が加わり、海とハウスのあいだに作られた白大理石のヴェネチア風プールでは大勢が水浴びを楽しんだ。プールを見下ろすポーチの上でビュッフェ形式で夕食が供される頃には、さらに四十名が新たに増えていた。終日パーティを楽しんだ者は深夜までには帰宅するのが習いとなっていた。私は宿泊組だったのだが、ポーチのぶらんこに一緒にすわって話しこんだジャック・ピックフォード――メリー・ピックフォードの弟――に部屋までエスコートを頼んだときは、すでに深夜を過ぎていた。警備員がこの部屋の主は帰ってしまったと思ったのだろう、私の部屋には鍵がかけられていて中に入れない。帰宅組のジャックは車と運転手を待たせていたので、それに便乗させてもらい、彼の家でひと晩を過ごした。翌日曜日の夕方、家に帰るとその頃故郷ウィチタから来て家に泊まっていた十六歳の弟テオドールから、ペピがシャーロック・ホームズごっこに夢中になっていると教えられた。その日の昼前、ビーチハウスの私の部屋には鍵がかかりノックをしても返事がないのをみて、ペピは梯子をつかって窓から部屋に入り、ベッドには寝た形跡がないことを知った。彼女は電話でテオドールを呼び出すと、彼にロードスターを運転させて二人で私の行方の捜索を開始した。マリオンの招待客リストのなかから可能性のありそうな製作者、俳優、監督を選び出し、一軒ずつ当たっていったのだ。その結果、私がジャック・ピックフォードのところで夜を過ごしたことが、月曜の午前中にはハリウッド中に広まっていた。当然、エディの耳にも、ジャックのガールフレンド、ビービー・ダニエルズの耳にもそれは入っていた。

この些細なスキャンダルはその年一九二八年の五月から始まるエディとの離婚訴訟とは何の関わりもない。私がエディと結婚したのは一九二六年の七月。エディは魅力的だったし、熱烈なプロポーズ攻勢をしかけてきた結果だった。だが、彼は身も心もハリウッドの人間だったのに対し、私はハリウッドとは水と油。彼はパーティが大好きだったが、私はひとりでいるのが性に合っていた。

一九二七年十月、ニューヨークに友人のペギー・フィアーズと彼女の夫A・C・ブルーメンタールを訪れた。ある夜ペギー、ブルーミー、ジョー・スケンクと私はハリー・リッチマンのナイトクラブに出かけた。退屈になったのでお手洗いに行く風を装って、ヘレン・モーガンがピアノに腰掛けて歌う階上のバーを覗いてみた。そこにはワシントンのビジネスマンでプロフットボール・チーム、レッドスキンズのオーナー、数年来の友人ジョージ・マーシャルがいて、酒をご馳走してくれた。これが私にとって運命的な再会となった。

ジョージ・プレストン・マーシャルは一八九六年の生まれ。二十二歳のとき父親が亡くなり、ワシントンDCに残された小さな洗濯店を引き継ぐと、一九四六年の売却時には五十七支店を持つパレス・ランドリー・チェーンに拡大させていた。だが、洗濯店事業は退屈で、そちらには時間も頭脳もあまり振り向けなかった。大好きだったのは演劇や映画で、プロフットボールの世界にのめりこまなかったなら、鋭敏な製作者になっていただろうと思われる。一九三二年、フットボールチームのボストン・ブレーブスを買収、すぐれた構想力と手腕を発揮してこの弱小チームを強豪ワシントン・レッドスキンズに変貌させた。初めてジョージに会ったのは私が十八歳の一九二五年の二月、ワシントンで「ルイ十四世」を初演したときだった。彼は長身、黒髪、ハンサムな二十八歳の男性で、すでにどこか微かに残虐な性格を窺わせていた。ショアハム・ホテルでのパーティのあと、彼は幾分酔った私をウィラード・ホテルの私の部屋まで送ってくれた。部屋に入って数分後、ドアに

1921年、カンザス州ウィチタにて。ダンスの衣装を着た15歳の私。

［上］レナード・ポーター・ブルックス（1868-1960）、1937年。父は弁護士だった。

［下］マイラ・ルード・ブルックス（1884-1944）、1903年。母は繊細なタッチにすぐれた独学のピアニスト。カンザス州バーデン村の教会にあったオルガンを練習するうち演奏家をこころざすようになった。

ニューヨーク、1923年。ホワイト・スタジオにて撮影。デニショーン舞踊団のダンサーだった私。

バレエ「夜明けの羽根」におけるテッド・ショーンと私、1923 年。

私の最初の映画『或る乞食の話』(25)。右端がこの映画のスター俳優パーシー・マーモント。

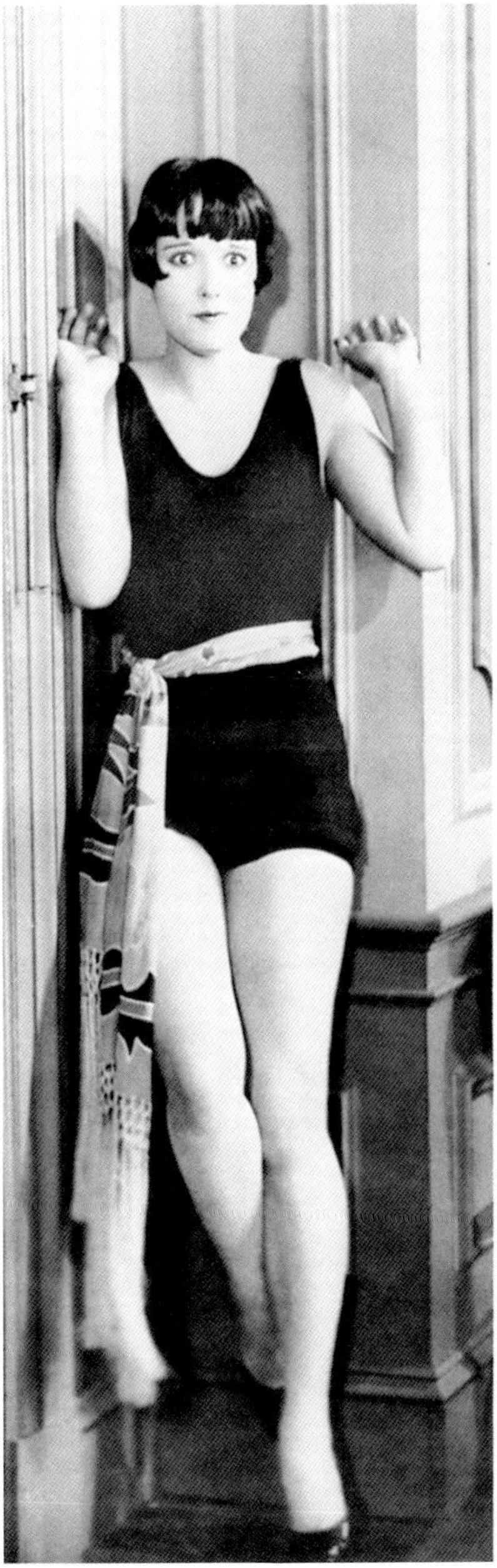

2点とも『美女競艶』(26)。右の写真は「ニューヨーク・デイリーニューズ」の創業者兼社主、ジョゼフ・メディル・パターソンが、連載コミック「ディキシー・ドゥーガン」(1929-66)のヒロインの原型として選んだもの。このコミックの原作はJ・P・マキヴォイ、原画J・H・ストリーベル。

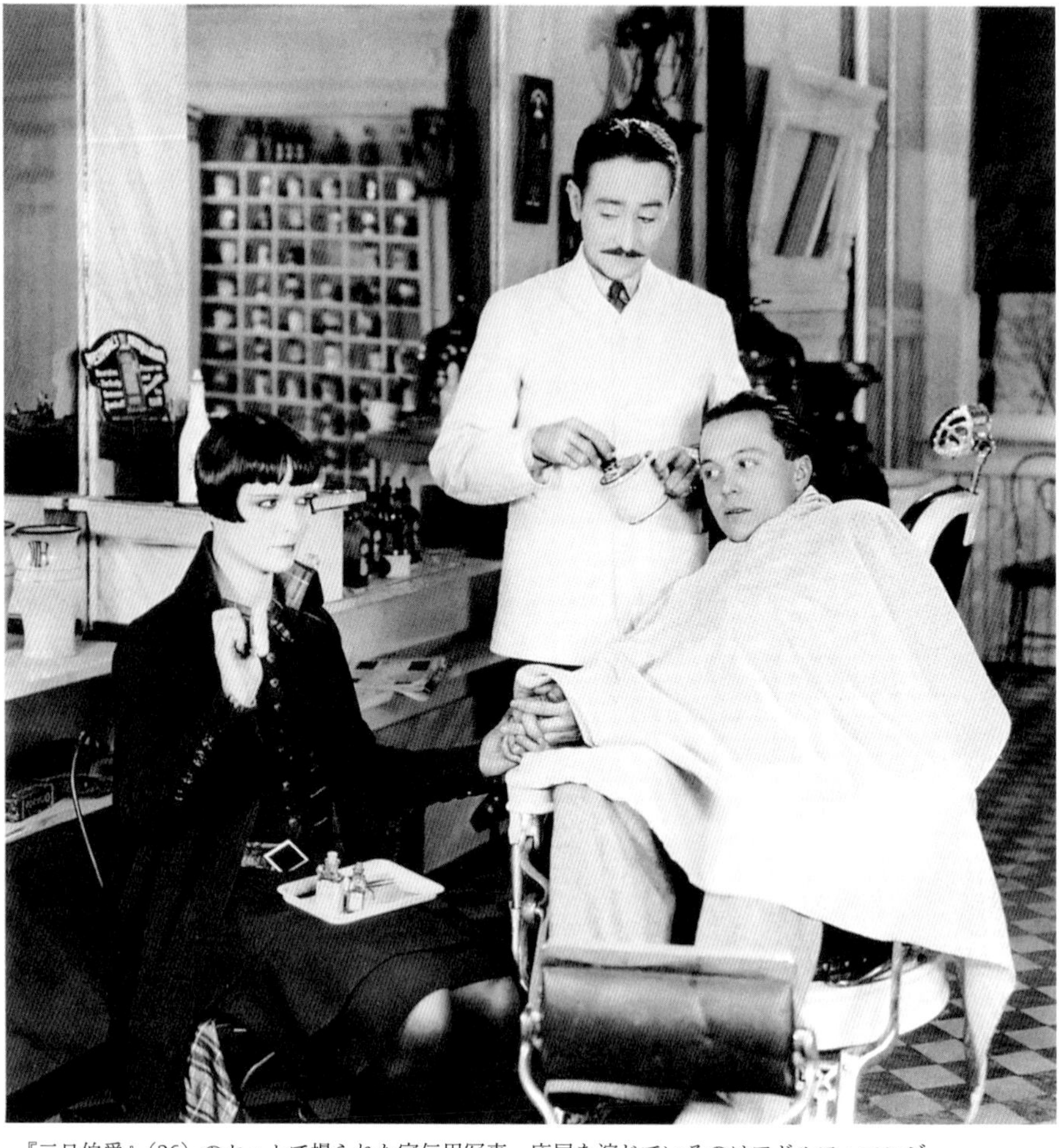

『三日伯爵』（26）のセットで撮られた宣伝用写真。床屋を演じているのはアドルフ・マンジュー。

『三日伯爵』。下の写真はコメディアンのチェスター・コンクリンと。

『百貨店』(26)。同じ百貨店で働く姉妹の物語。私ははすっぱで享楽家の妹役。

『ジャスト・アナザー・ブロンド』(26)。ウィリアム・コリア・ジュニア、ドロシー・マッケイルと。

『オール持つ手に』(27)。左はジェイムズ・ホール、右はリチャード・アーレン。

『オール持つ手に』。左はジェイムズ・ホールと。

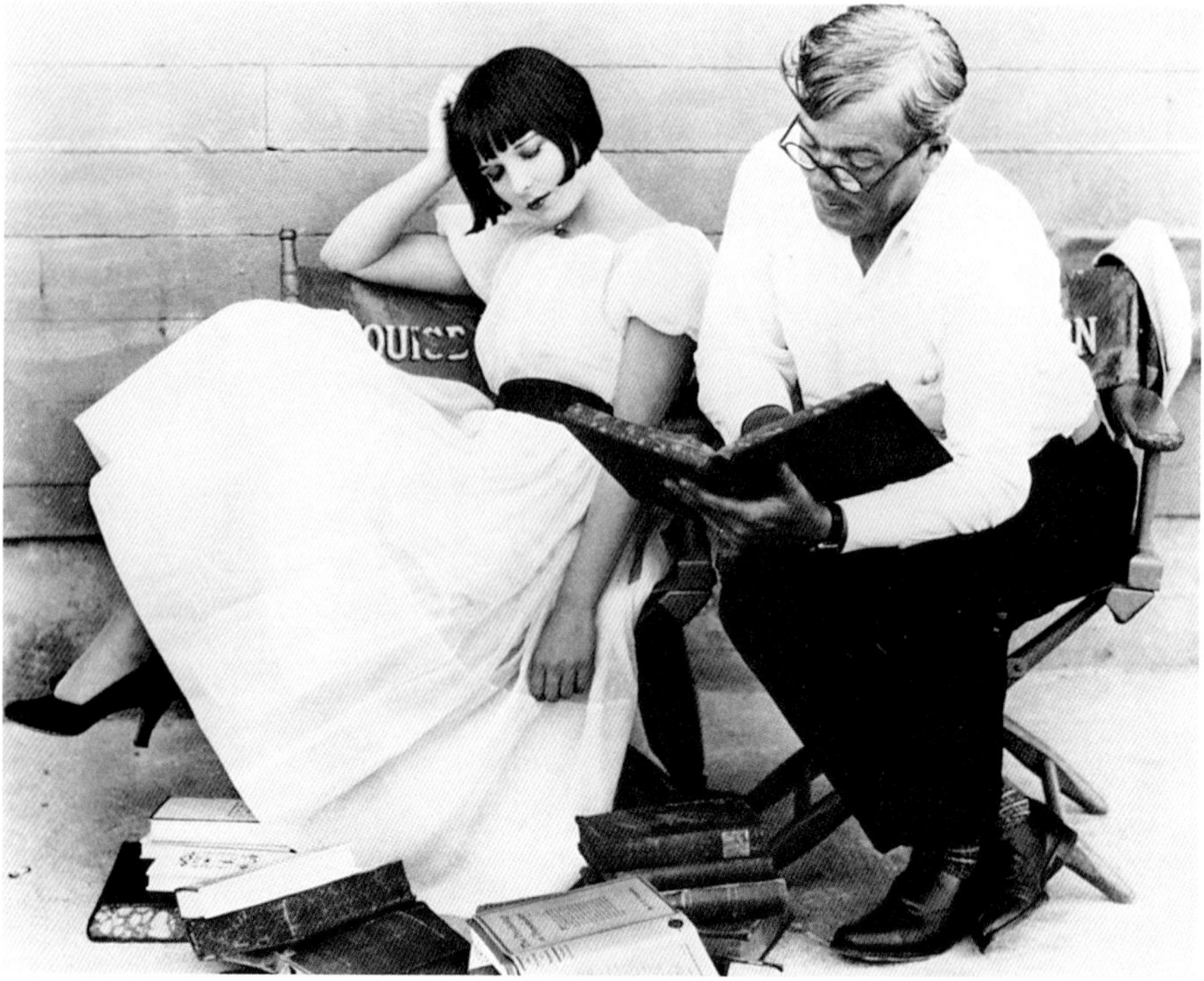

1927年、ハリウッド。私のお気に入りの宣伝用写真。自分で選んだポーズ、というのがその理由。読書人間の私はハリウッドでは“驚異の文学少女”と見られていた。一緒にポーズをとっているのは『弥次喜多空中の巻』（27）の脚本家キーン・トンプソン。

【左頁】［上］『弥次喜多空中の巻』。レイモンド・ハットンと話をしている私。右端にウォーレス・ビアリー。［下］『駄法螺大当り』（26）。ジョージ・ケリーと。

『夜会服』(27)。[上] アドルフ・マンジューと。[下] マンジュー、ノア・ビアリーと。

『人生の乞食』（28）のロケ現場にて。［上］左からリチャード・アーレン、タオルを頭に巻いたビリー・ウェルマン監督、エドガー・ワシントン。［下］『人生の乞食』の原作となった「アウトサイド・ルッキング・イン」の作者ジム・タリー、ウォーレス・ビアリー、リチャード・アーレンと。

『人生の乞食』。貨車の中のシーン。リチャード・アーレンと。

ノックの音がした。ジョージはバスルームに飛び込み、シャワーカーテンの後ろに身を潜めた。私がドアを開けると立っていたのはホテル付きの警官で、警官はまっすぐにバスルームに向かい、ジョージと一緒に出てきた。二人は楽しそうにおしゃべりし、警官はジョージが差し出した二十ドル札を受け取り、彼と一緒に部屋を出ていった。三十分後、ホテルの女性従業員が部屋に入ってきて、ベッドで寝ている私に向かって、いますぐこのホテルから出て行くようにと命じた。朝の列車でニューヨークに発つことになっていた私は、体を揺さぶられようと何をされようと寝たフリでとおし、頑として起きなかった。女性はあきらめて出て行った。

一九二七年の秋に再会したとき、私はジョージの広大無辺な精神に惚れこんでしまった。彼はつねにそのときしていることに脇目も振らず邁進する。漫画を読んでいようと、アラン＝ルネ・ルサージュの「跛《びっこ》の悪魔」に目を通していようとそれは同じ。世界一の本好きではないかと思える私の熱狂的な読書癖も理解してくれた（亡くなる六年前の一九六三年、彼は脳卒中の発作を起こし、意識がまだらになる。私にはそれが信じられなかった。数カ月ごとにワシントンにいる彼の秘書に電話をかけ容態を訊ねるのだが、いつも答えはきまって〝ぼけた状態です〟だった）。ジョージにいわせると、私の正直さが彼をとらえたそうだ。正直さは勇気の現れなのだと。彼は自分が臆病ではないのかという考えに取り憑かれていて、それを振り払うために、芸術ではなく、フィールドで巨漢の勇士たちに活を入れる仕事を選んだのだった。

ニューヨークでジョージと過ごした一九二七年の爽やかな十月、私はそれまで経験したことのない平穏な精神状態に自分がいることに気がついた。外から見るとジョージの生活は、山ほどの野心の実現に向けて奮闘するあまり、混乱の極にあるかに見えるのだが、じっさいは托鉢修道士も顔負けの規律正しさを誇っていたからだ。それでも、ハリウッドにもどるとき、私は彼のことを忘れようと決心した。ハリウッドにもどるとそれが不可能だとわかった。それからは映画の仕事が一本終わるたびに撮影所を飛び出し、彼のもとに駆けつけた。一九二八年四月、ワシントンで私を列車に乗せながら彼はいった。「いいか、ハリウッドに着いたら、いの一番にエディとの離婚訴訟をスタートさせるんだぞ」と。

　私が離婚訴訟を始めたと聞いてエディは幾度も大騒ぎを演じた。あきれた私がベヴァリー・ウィルシャー・ホテルに住まいを移すと、その二日後、クリスピン医師から電話があり、エディが人事不省で居間の床に倒れていると連絡があった。エディはウィスキー一リットルと一緒に、手元にあったあれこれのクスリを自棄《やけ》飲みしたのだ。猛烈な二日酔いで顔は真っ青だが回復するという話だった。一週間後、小物の忘れ物があったので家までメイドに取りにやらせた。帰ってきてメイドがいった。エディの友人ジミー・クロムウェルが泊まりにきていて、毎晩可愛いエキストラの女の子をたくさん呼んでパーティ三昧にふけっているようだと。そのおかげだろう、エディの体調はすっかりもとにもどった。

　離婚訴訟の話を聞いたペピの反応もまた明るいものではなかった。運命をジョージ・マーシャルの手に委ねるなんて狂気の沙汰だと彼女は考えた。それでも、離婚審問の始まる六月十九日までには私の弁護に立つ証人という役割に夢中になっていた。ペピは離婚の仮決定の理由となる、エディからの〝精神的虐待〟をどう証言するか、幾通りもの語り方で練習した。裁判所に向かう車の中で、私の弁護士ミルトン・コーエンは最も過激でない語り方を選択し、さらにペピに向かって、慎ましい態度で証言するように、そして証言を終えたあとで判事にウィンクしないようにと諭した。裁判所では彼女はじゅうぶん自制して証言できた。ベヴァリー・ウィルシャーの私のスイートルームにもどってバカルディ・カクテルで喉をうるおしたあと、ペピはサンシメオンにいるエディに離婚審問の結果を知らせるべきだといいはった。そして彼宛の電文「これからは良心の呵責なくおおっぴらに何発でもおやりなさい」を書き、送信人欄に私の名前を書き入れた。電報はサンシメオンのジョー・ウィリコムが受け取り、マリオンとハーストの手を経てエディに渡った。エディはそれを全員の前で読み上げると、私を冷酷非情な姦婦呼ばわりし、石打ちの刑に処すべきだと声を張り上げた。

　その翌月の七月、ペピはマリオン、ハーストらとともに船でヨーロッパに発っていった。十月、今度は私がジョージとヨーロッパに向かった。その前の月の九月、私がパラマウントと四年目の継続契約のサインをする前日、ジョージはワシントンから電話で、監督のモンタ・ベルからの情報だが、B・P・シュルバーグは契約に明記されている給料アップを拒否するつもりでいる、従ってお前はドイツの監督G・W・パプストから来ている『パンドラの箱』への出演話を受けても何の支障もない、といってきた。彼も私も、それまでパプストの名も、映画の原作であるフランク・ヴェデキントの戯曲「パンドラの箱」も聞いたことはなかった。そのときジョージの念頭にあったのは女優としての私の進むべき道ではなく、ヨーロッパ旅行で自分が骨休めしたいということだった。それから数カ月後、『パンドラの箱』のラッシュ・フィルムを見たジョージは「お前の最高の映画だ！」といった。それからの二十五年間、ジョージとパプストを除いて、そのように考える人間はひとりも存在しなかった。

　ベルリンで『パンドラの箱』とやはりパプストの『淪落の女の日記』、パリでアウグスト・ジェニーナの『ミス・ヨーロッパ』を撮って、一九二九年十二月にニューヨークに帰ってくると、ペピはウォーウィック・ホテルのスイートルームではなく、西五十四丁目四十二番地の、赤い壁紙が見るに堪えない、家具付きアパートに住んでいた。この引っ越しはマリオンとハーストを怒らせてしまったことへの罪の償いだと本人は説明した。事の起こりはレキシントン・ロードのベヴァリーヒルズ・ハウスで彼女が催した前代未聞の週末パーティだった。そのとき兄のチャーリーも二人の叔母ローズとエセルもうまい具合に留守だった。ＭＧＭでキング・ヴィダーがオール黒人キャストで『ハレルヤ』（二九）を撮っていた。その撮影の最終日、セットを訪れたペピは黒い小妖精ニーナ・メイ・マッキニー他何人かの俳優を、その場のはずみでレキシントン・ロードの家に招待した。三日後、黒人男女が出入りする情景に驚愕した近所の人がマリオンに電話し、マリオンが直ちにエセルを家に差し向けた。ここまで話してペピは、罪の意識など微塵も感じられぬ大きな笑い声を上げた。「そのときのエセルの顔は一生忘れないわ。部屋のドアを開けて、私とニーナ・メイがひとつベッドに入っているのを見たときの顔はね」

一九三〇年一月、ペピはなぜニューヨークに出、粗末な部屋に自分を押しこめたかについて、より真相に近そうな説明をしてくれた。まわりには秘していたが、彼女は内心映画女優になるのを夢見ていた。一九二七年にはサム・ウッド監督からマリオンの主演作『美人女学生』の中の滑稽な端役をもらい、大いに発奮した。撮影中は誰もが彼女の演技を褒めてくれた。が、公開されてみると出番はすべてカットされていた。マリオンは〝次の映画〟ではもっといい役をあげるからとペピを慰めた。〝次の映画〟が六作、彼女の前を素通りしていってようやくペピは、自分のことなど誰も本気に考えてはいない、すべてはたんなる冗談なんだと気がついた。ペピがこの話をしていたとき、私たちはウォーウィック・ホテルにもどるべく彼女の衣服を鞄に詰めていたのだが、その最中に電話が鳴った。サンシメオンのマリオンからだった。受話器を置いたペピは「急げワトソン、注射針だ！」とひと声叫び、同じ建物のなかのアルマ・ルーベンスの部屋に走っていった。

アルマ・ルーベンスはハースト傘下で何本もの映画に主演したスター女優で、その時点での最後の映画『捨てられた女』は一九二四年にMGM作品として公開されていた。しかし、それ以後はモルヒネ中毒に苦しみながらの映画出演となっていた。ハーストはマリオンの承諾を得てアルマの復帰に手を貸していた。一時間以上してペピは青ざめた顔でもどってきた。マリオンが差し向けた医師がやってきてアルマにモルヒネの注射をするまで一時間傍らにいたそうだ。ペピの前でアルマは狂ったように歩きまわっていた。アルマの金はすべてクスリの売人に吸い上げられていて、マリオンが送ったミンクのコートは質屋の手に渡り、かかりつけの医師は後払いの診察を拒否していた。「もう廃人よ」とペピはいった。「怯えた大きな黒い目の」(アルマは一年後の一九三一年一月二十一日、三十三歳で亡くなる)

パーク・アヴェニューと五十六丁目が交叉するあたりに、私は暖炉が三つと大きな書斎の備わった古風なアパートを借りていた。たまにニューヨークに出てくるジョージはよくそこで寝泊まりした。一九二九年六月、私の離婚は正式決定し、ジョージのほうも財産処理を済ませたあと、彼の妻が離婚訴訟を進めていた。しかし、その年私が別の男と関係を持ったことがあって、ジョージは私との結婚を考え直していた。それでも私を放さずにいたのは男のプライドと嫉妬心からだったのだが、冷静な目で眺めると、私は金のかかる厄介者になりつつあった。私はヨーロッパでは週に二千ドル稼いでいたが、ニューヨークにもどったいま、銀行の口座には三千ドル残っているだけだった。そんな状態にありながら、新しい映画会社RKOとの契約話をあっさりと断った。契約を段取りしたジョージは怒り狂った。彼の目から見て私の価値の半分はスター女優というところにあったからだ。他の価値は何かについて、彼は口を滑らせている。私に向かって、お前が離婚したいま、夫を持った女と寝る楽しみは消え失せたとほざいたからだ(ジョージはサイレント期のスター女優コリンヌ・グリフィスと一九三六年に結婚、四〇年代に別居し、その後離婚した)。

二月のある朝、私のアパートでジョージと朝食をとっていると、ペピが飛びこんできた。一家の友人、ワシントン・ポスト紙の社主エドワード・ビール・〝ネッド〟・マクレーンがヴァージニア州ブルックに持っている自分の潜伏所を彼女に提供するといってきたそうだ。そこで一週間引きこもり、酒を断ち、ぎりぎりのダイエットに努めたらどうかというのだ。ペピはやってみてもいいけれど、それには私が同行してくれたらだと。「ごめんこうむるわ」と私は断った。「ヴァージニアのくそ田舎に一週間もこもってあなたのお守りなんかしてられるもんですか」ジョージの考えは違った。彼は一週間パームビーチに出かける用があった。私もニューヨークにいないほうが彼には助かるのだった。

ペピと私はまず列車でワシントンまで行き、ネッド・マクレーンのタウンハウスに一泊した。そこからは用意された車で、四十マイル（六十五キロ）ほど南のポトマック河畔の彼の潜伏所に向かう予定だった。I《アイ》通りにあるタウンハウスはマクレーンが、一九二一年から二三年までアメリカ大統領だったウォーレン・G・ハーディングをもてなした悪名高き家屋だった。それは闇にまぎれたいかにも秘密の家といった雰囲気で、男たちが葉巻をくゆらしバーボンをあおりながらポーカーに熱狂し、首都の誇る口の堅い高級娼婦とねんごろになっていた様がいままさに目の前に甦るかのように思われた。シャツ姿の大柄な男が二人、私たちを迎え入れ、いたってざっくばらんに夕食の世話をしながら、値踏みをするかのように私たちにちらちらと視線を送ってきた。食堂の両端に一羽ずつ置かれた白い鶏冠《とさか》のバタンインコが、ブラスバンド並みの叫声を上げていなければ、二人の給仕がこっそり交わす感想が聞こえたことだろう。食事が終わると二階の主寝室に案内された。ペピと私は生まれて初めて見る巨大なベッドでその夜はゆっくりと休んだ。

潜伏所で私たちを出迎えたのはポトマック河の反対側、ヴァージニア州から出向いたネッド・マクレーンの独身の従兄《いとこ》、ミスター・リーだった。潜伏所というのは木の地肌がむき出しになった気取りのない木造の建物で、一階は居間、食堂、台所と普通の作り、居間の真上に当たる二階には大きな寝室があり、ペピが驚き喜んだことに、タウンハウスのものと対になっていたと思われる巨大なベッドが置かれていた。ミスター・リーはこの家の黒人使用人や厩務員に指示をあたえるために毎朝やってきた。年齢は五十前後、魅力たっぷりの彼と私はすぐに親しくなった。私の髪にまだカンザスの匂いが残っているのを彼は容易に嗅ぎとったのだ。しかし、わんぱく小僧のペピにとって南部紳士は別世界の人間であり、ミスター・リーに対して最後まで不信感を解こうとはしなかった。彼を〝リー旦那〟と呼び、南部アクセントの仰山な物真似で彼に話しかけたが、彼のほうは平気の平左だった。じっさい、ペピは田舎に来たことにうんざりしていた。家から外に出ようとせず、ミスター・リーと私が乗馬やポトマック河でのボートを楽しんでいるあいだ、巨大なベッドの上でゴロゴロしたり、居間にある蓄音機でビング・クロスビーの「ミシシッピの泥」のレコードを繰り返しかけたりしていた。到着当日ペピはミスター・リーに、あなたとルイズが酒を飲むのは勝手だが夜帰宅する前に酒の棚には鍵をかけるのを忘れないでねときつく言い渡した。二日目の夜、ミスター・リーが帰ったあと、ペピは蓄音機をとめ、台所に行って冷たい鶏肉とアップルパイで夕食を済ませると酒の棚に向かった。

「なんてこと!」許せないとばかりの強い語調だった。「リー旦那が鍵をかけてるのよ!」

「あなたがそうするようにっていったんじゃない」と私は答えた。

「ようし、見てろ」ペピはそうつぶやくと、台所にもどり、今度は手斧を持って現れ、それを三度振り下ろして鍵を壊してしまった。それからあとはネッド・マクレーン秘蔵のライ・ウィスキーを飲み、特別に作らせた極上の南部料理を腹いっぱい食べ、「ミシシッピの泥」を好きなだけかけて田舎生活の憂さを晴らしたのだった。

ニューヨークにもどると、ネッド・マクレーンに会っておこうとペピが誘った。私たちはリッツ・ホテルのネッドのスイートルームを午後のカクテルの時間に訪れた。ネッドは飛びきり背の高い、跳ねるように体を動かす、甘やかされた子どものような顔の男だった。会話を仕切ったのはペピだったが、彼の顔が輝くのは自分の持っている競走馬が話題になったときだけだった。

リッツ・ホテルを出たペピと私はもっと楽しく飲み直そうとレストラン〈トウェンティワン〉に向かった。そのときペピは「ネッドから頼まれたわ。あなたと二人でフロリダ旅行がしたいけど、話に乗ってくれるかなって」「お呼びじゃないっていっといて」と私は答え、それっきりネッド・マクレーンのことは忘れていた。

〈トウェンティワン〉では眉目秀麗な青年が私たちのテーブルにやってきて、自己紹介した。ハースト系の新聞「ニューヨーク・イヴニング・ジャーナル」で映画評を書いているペア・ロレンツだった。このときペピは私の〝幌馬車アクセント〟を矯正しようとしているところだった。自分の知っている教師の真似をしながら真剣な口調でいうのだ。「違う、違う、メリー・ルイズ。道筋は〝ルート〟、〝ラウト〟は敵をやっつけるとき。そして牢屋は〝ジェイル〟、〝ゲイル〟だと強風でしょ」次いで語尾のt音のレッスンになった。

「〝去られた《レフト》〟〝囲われた《ケプト》〟〝寝た《スレプト》〟」私は正しく発音できた。

「それでいいわ。でも順序が違ってる、メリー・ルイズ。正確には〝寝た〟〝囲われた〟〝去られた〟というべきね」

ペアはペピの才知に魅了されたようだった。店を出ようとテーブルから立ち上がったとき、ペアは彼女にデートを申しこんだ。ペピはなぜか突然硬くなり、曖昧にしか返事しなかった。

外に出て二人だけになったところで私は訊ねた。「どうしてデートの誘いを受けなかったの。すてきな人じゃない」

「あの人ハーストの社員でしょ。じゃなかったら、私に声すらかけないわ」がペピの答えだった。

三月の末、ウォーウィック・ホテルに立ち寄ってペピの部屋をのぞいてみた。ペピはベッドに寝ていた。具合が悪く、熱があり、おびえていた。妊娠中絶の手術を受けたばかりで、出血がひどいのだった。イエスの処女降誕以来の驚くべき事態だった。というのも、私の知る限り、ペピは男とベッドを共にしたりはしないからだ。ペピの説明はこうだった。三カ月のあいだ月経がとまり、初めて経験する事態にわけがわからず、思いあまって一昨日マリオンに電話を入れた。マリオンは理由を考えている暇はない、すぐに中絶医を探して予約を入れろといった。ペピに妊娠を告げた中絶医が昨日手術を行なったのだ。

「相手の男が誰なのか本当にわからないの？」私は信じられない気持ちで訊ねた。

「わからないわ」ペピは吐き捨てるようにいった。「それに、酔いつぶれて意識のなくなった女をレイプするような男の名前なんて知りたくもない。大晦日の夜に違いないわ。ローレンス・ティベットのところでパーティがあって、私はぐでんぐでんに酔っ払っちゃって、五十四丁目のアパートまで誰かに送られて帰ってきたのね。でも、それが誰だったか覚えてないし、思い出したくもない。もうこの話はこれっきりよ」（一九三五年、ペピが亡くなったあと、彼女の知り合いのひとり、頭のネジのゆるんだネズミ野郎が、一九二九年の大晦日に酔ったペピを家まで送りそこで彼女を犯したと得意げに私に語った。泥酔した女友だちを送りとどけるチャンスが転がりこむといつもそうするんだとそいつは言い足した）

一九三〇年六月一日にニューヨークにやってきたマリオンとハーストは、それから三週間、ヨーロッパ出発前の遊興の日々を過ごした。私はリッツ・ホテルで開かれたマリオンの姉ローズの誕生パーティに招待された。ニューヨークに来ていたジョージ・マーシャルに送ってもらい、十時に会場に着いた。食堂の入り口でホテルの支配人が私を待ち受けていて、「申しわけありません、ブルックスさん。パーティは延期となりました」といった。食堂の向こうの日本庭園からは音楽が聞こえ、踊っている男女の姿も見えた。ジョージは大笑いした。私は頭に血が上ったけれど、黙って帰ってきた。翌日、ペピがアパートにやってきて悪いことをしたと謝り、いきさつを話した。一年前のこと、ローズはマリオンの向こうを張って、既婚で富豪の著名な出版者ネッド・マクレーンの愛人におさまった。ペピはかつてミュージカル・コメディで高級娼婦を演じたローズを見てからこの叔母が嫌いになっていた。一方で、ネッドがスキを見てはローズから離れたがっているのを目敏く見抜いていた。以前ネッドがペピに電話して、この私を紹介してほしいと仲介を頼んだのもその表れのひとつだった。「もうあなたにも想像がつくでしょう」とペピはいった。「ついこのあいだローズと言い争いになったの。それでついネッドがあなたにフロリダに一緒に行こうと声をかけたっていってやったのよ。ローズはカンカンになってた。でも、パーティからあなたを締め出したなんて今朝まで知らなかったわ。マリオンとハーストもとてもすまながって、ウォーウィック・ホテルの晩餐に招待したいっていってたわ」

ハーストはマリオンがいうような、傍にいるだけで身の縮む恐ろしい人物ではなかった。可愛い客人を取って喰ったりはしなかった。だが、やさしく愛撫しようとはした。サンシメオンでは私は二度彼の手から逃れている――一度はプールサイドで私の濡れた髪を拭こうと近づいてきたとき、もう一度は書斎でディケンズの稀覯本を眺めていた私を彼が見つけたとき。ハーストの特別な関心を惹いたことが知れるとマリオンによって〝牧場〟から追い出され、ルエラ・パーソンズの有名な映画コラムで懲らしめられるのだった。友人にはやさしくて鷹揚だと評判のマリオンだったが、ハーストの注意を奪う美しい女性には嫉妬の炎を燃やしたのだ。

ニューヨークの北に位置するラーチモントのペギーとブルーミーのところに滞在していたとき、ペピから電話が入った。六月二十一日の深夜、オリンピック号が出港するがその夜にウォーウィック・ホテルで晩餐会があるから出席するようにという誘いだった。ペピもハースト、マリオンらとともにヨーロッパに出発するのだった。ブルーミーは黒人運転手のバートにいいつけて、彼の銀色のロールスロイスに私を乗せてニューヨークに向かわせた。晩餐会は正装着用、座席指定の堅苦しい会で始まった。私の右隣にすわったのは小柄で高齢のハースト系会社の重役アルバート・コブラーで、パーク・アヴェニューに三階建てのアパートを持って住んでいて、「部屋の隅々にレンブラントを飾っているんだよ」と自慢した。あの頃の出港前パーティがいつもそうだったように、最後には全員がしこたま酔っ払った。埠頭までの見送りに加わるためブルーミーのロールスロイスに乗りこもうとすると、別の小柄な老人に遮られた。酔っ払ったその老人は憤慨していた。「この車に乗ろうなんてけしからん！　ワシはマリオン・デイヴィスの父親のドゥーラス判事だ。だからマリオンの車かどうかは見れば分かる。これはマリオンのものだ」と。ついにはバートがこの〝マリオンの車〟をぜひお借りしたい、それに私を乗せ彼の運転で埠頭に行かせてほしいと懇願し、この老人のお許しを得た。オリンピック号の遊歩甲板では大勢の船客や見送り人の前で、マリオン、ドロシー・マッケイル、アイリーン・パーシーの三人が酔いにまかせて腕組みし、ひと時代前の大きく足を振り上げる〝ジーグフェルド・フォリーズ〟お決まりのラインダンスを披露した。このダンスはマリオンのメイドがやってきて、マリオンを無理矢理引き離してお開きとなった。私はとくにペピの姿を探すでもなく、別れを告げないまま船から降りた。

一九三五年四月十五日の月曜の夜、キャピトル劇場でのダンス・ショーを終えてダリオと私が楽屋にもどると、ペピがモニカ・モリスとともに大きなバラの花かごを携えて待っていた。二人はその日の午前にニューヨークに到着したのだ。ペピはリッツ・タワーでの夕食に私たちを招待した。「プロローグは見てくれた？」と訊ねると、ペピは「部分的にね」と関心なさそうに、せかせかと答えた。「お願いだから急いで着替えてちょうだい。ペピは人を待たせてるんだから」着替えながら私は胸の内でささやいた。「ペピも変わったわ。でも当然ね。五年も会ってなかったのだから。大人になったのよ。二十五歳だもの。それにしても帰ってきたその日にこんなに急いで私に会いに来るのはどうして？　バラの花かごもペピらしくない。いったい何にいらついてるのかしら？」リッツ・タワーで私たちを待っていたのは、コメディエンヌのビアトリス・リリー、俳優のロジャー・デイヴィス、輝くばかりのグロリア・モーガン・ヴァンダービルトだった。私はグロリアの隣にすわった。あの魅惑的なスペイン語訛りが聞きたかったからだ（彼女の母親ハリー・ヘイズ・モーガン夫人はサンチアゴの生まれ、片親がチリ人だった）。グロリアはまるで「フクロウと子猫ちゃん」（エドワード・リアの子供向けナンセンス詩）を朗読するかのように、何とも柔らかな声音で、彼女の前夫の姉ハリー・ペイン・ホイットニー夫人が、グロリアと、ナーダことミルフォード・ヘイヴン卿夫人との〝ことばにできない関係〟を非難して、グロリアの娘リトル・グロリアの養育権と五百万ドル相当の信託財産とを取り上げたいきさつを語った。私はモニカに目を注いだ。年齢は三十前後か。小柄で黒髪、ピチピチしていて、有名人の中にいる興奮と〝ハースト氏のサンシメオン城〟訪問の期待に胸がふくらむたびに、そのロンドン訛りはよりいっそう甲高くなった。彼女はビアトリス・リリーにべったりくっついていた。ビアはモニカから差し出された二杯目のハイボールを飲み干すと立ち上がり、ロジャーと組んで踊り付きの歌を一曲披露した。それを終えるとパタッとすわりこみ、そのままの姿勢でうたた寝を始めた。ペピはダリオの隣にすわっていたが、ほぼかつての姿を取りもどしていた。ダリオはハンガリー移民で、ハースト風の贅沢三昧な雰囲気には不慣れだった。ペピはそれを見抜いたうえで、彼をくつろがせるべくダリオの語る話に興味深そうに耳を傾けていた。私が二人に加わったとき、ダリオはちょうど社交ダンサーとして自分は大いに成功をとげたと話しているところだった。「キャピトル劇場は木曜でおしまい。次はケンタッキー・ダービーに合わせてルイヴィルで一週間踊るんだ」と彼はいった。

ペピは琥珀色の長いまつげの向こうから私をじっと見やっていった。「教えてちょうだい、ブルックスさん。あなたケンタッキーまでダリオのダンスを見に行くの？」

二週間後、私はニューヨークにもどっていてバッキンガム・ホテルの部屋でベッドに入って本を読んでいた。そこにペピから電話があり、四時に会いに行っていいかと訊くので、いいわよと答えた。午後四時、私は作家ルパート・ヒューズの娘エイヴィス・ゴールデンと電話でゴシップ話の真っ最中で、昨日の夜はまるでマック・セネットのドタバタ喜劇だったのよ、リッツ・タワーでモニカが私を追いかけそのモニカをペピが追いかけ、部屋から部屋への大騒ぎ、と大笑いしながら喋っていた。受話器を置くとペピがドアをノックして入ってきた。入ってくるなり彼女は突っかかってきた。廊下で十分間待っているあいだ私がエイヴィスに語るのを聞いていた。「あなたが喋ったことはみなエイヴィスの口から隣人のマリー・グレンディニングに筒抜けで、マリーはまたそれをマリオンに喋るのよ」

「だからどうなの？」と私はいってやった。「私がエイヴィスに話すようなことはマリーやマリオンはすっかりご存じよ」

私たちは二人とも、それぞれの理由で、怒りがはちきれそうになっていた。ペピは私のベッドの端に腰を引っかけ、すごい形相で私をにらみつけていた。私は枕に背をもたせかけて冷然とにらみ返した。がっぷり四つのにらみ合いがしばらくそのまま続いたが、ふとペピは立ち上がると、黙って部屋を出て行った。あとで私は無責任なゴシップ話とはいいながら彼女を笑いものにしたことを悔いた。ペピに電話して謝ろうかと思ったが、ヤクのまわったあの状態では怒りを倍加させるだけかもしれないと躊躇した。結局、罪の意識はダンスシューズと一緒に鞄にしまい、その夜私は〝ダリオのダンスを見に〟ケンタッキーに向けて発った。

一九三五年六月十日、プラザ・ホテルのペルシャルームでダリオと私のダンス・ショーが始まった。翌日ハースト系のコラムニストで私の親友のジョン・マクレーンから電話が入った。いま通信社から届いたばかりのニュースで、これは公表はされないのだが君には知らせておいたほうがいいと思って、と前置きをしたあとで、ペピが自殺した、グッド・サマリタン病院の精神科病棟の窓から飛び下りたんだ、と教えてくれた。私は姿見の前に立ち、ディナーショーに向かう前の、髪とメイクと衣装の最終チェックをしながら、ペピ自身あれほど避けたがっていたハリウッド滞在は、きっかり六週間で幕を下ろしたのだと考えていた。

ペピの葬儀のあった五日後、モニカがニューヨークにもどってきた。彼女は電話をかけてきて、ゴッサム・ホテルのタルラー・バンクヘッドのスイートルームでお会いしたい、ペピのことをお話ししたいからといった。行ってみるとモニカはひとりでいた。黒衣に身を包み、ほどよくコカインの効いた状態で、著名人のなかで自分が果たせる役割をいまこそ最大限果たそうとしているかに見えた。彼女の語る今回の悲劇からは肝心のペピの姿はほとんど消えかけていて、その死をめぐる状況に関しては一、二のコメント以上のものは聞かれなかった。それでもジョン・マクレーンが語ってくれたことと合わせるとだいたい次のようになる。カリフォルニアに着いたペピとモニカはベヴァリーヒルズ・ハウスに落ち着いた。マリオンとハーストはサンシメオンにいたけれど、こちらに来るようにという指示はなかった。何週間もが過ぎた。ベヴァリーヒルズ・ハウスでは華麗なパーティは一度も催されず、マリオンの親戚ばかりのなかでの通常の家庭生活にモニカは飽き飽きしてきた。と、何の前触れもなく、マリオンとハーストから麻薬中毒の治療のためペピを病院に入れるとお達しがあった。早々に入院となり、病院に連れて行かれる寸前、ペピはかろうじて指からダイヤモンドの指輪を抜いてそれをモニカに手渡した。入れられた部屋の窓は金網で覆われていた。絶望感に襲われたのだろう、看護師が部屋を離れたスキをついて、ペピは百八十ポンド（八十キロ）の体で助走をつけて窓に体当たりしたのだった。金網は裂けていて、地上に落下した彼女の骨という骨は、検死解剖によると、ことごとく砕けていた。

「ダイヤモンドの指輪だけど、モニカ」と私は訊ねた。「あれはペピが何よりも大事にしていたものよ。あなたそれを知らなかった？　十八歳の誕生日プレゼントにマリオンから贈られたもので、ペピは一度も指から外したことはなかったのよ。病棟に移される直前に手渡されてあなた何か不審に思わなかったの？」

「思わなかったわ。でも、結局は同じことよ。あれは取り上げられたの。ペピの自殺の報に接したマリオンとハーストはすぐにやってきて、私にトランクを開けさせ、ペピの手紙類を没収していったわ。恐喝か何かのタネにされるのを恐れたのね。そのときあの指輪も私の指から抜いて持っていった。葬儀が済んだら私は即刻国外退去だって言い置いてね」モニカは笑い、満足げに手のひらでハンドバッグを軽くたたいた。その中にはサウサンプトン行きの汽船の切符と、現金で千ドルが収まっていたのだ。「でも、あなたたちハリウッドの人間ってとても滑稽ね。深刻ぶるようなときはとくに。ペピの葬儀がハースト氏の礼拝堂で始まったとき、マリオンの友人で、背の高い、髪がブロンドの女優——牧場での食事会のときに立ち上がって、大笑いのスピーチをした人——あれは誰だったっけ？」

「キャサリン・マンジュー」私は教えてやった。

「そうだったわ」モニカはここでもう一度声を立てて笑った。「そのキャサリン・マンジューが大きな黒の水玉模様のふっくらとした白いドレスに、白のピクチャーハットっていう恰好で、満面に笑みを浮かべて、周りの人たちに手を振りながら通路を歩いてきたのよ。まるで園遊会で友だちに挨拶を送っているみたいにね。ペピの葬儀で、本人はブロンズの棺の中に入っているというのに、可哀想にその女優に完全に場をさらわれていたわ」

第四章

ハンフリーとボギー

ハンフリー・ボガートは生涯の最後の二十一年間を、育ちのよい舞台俳優ハンフリーから、演じる映画の役に合った反逆的でタフな中年男ボギーへと自らのイメージを転換すべく精一杯の努力を重ねた。一九五七年に他界すると、〝ボギー神話〟に便乗する伝記作者たちによって、彼は聖なる存在に祭り上げられたが、そこにはもはや一九二四年に私が初めて会ったときのハンフリーも、一九四三年に私が最後に会ったときのボギーも、その痕跡すら見出せなくなっていた。伝記作者たちがさっそくに描き出した彼の姿は〝一匹狼〟、自らのことは自らが決断する〝意志強靭な男〟、何よりもその場その場を自力で切り開いていく男、というものだった。このような人物像は二十世紀ハリウッドの映画スターとは相容れないものだ。一時的に世捨て人の道から脱線し演劇・映画の世界に迷いこんだ、生まれながらの一匹狼の私がいうのだが、ボガートが活躍していた頃、映画スターほど奴隷という言葉にぴったり当てはまる職業はこの世になかった。映画スターに〝自らの決断〟が許されるのは、撮影所との契約にサインするか、しないかの選択のみだった。契約書にサインすれば、彼に給与を払う者——それはまた彼の映画を世に出す者でもあったのだが——の言いなりにならざるを得ず、サインしなければ、もはや映画スターでも何でもなかった。たとえば私の場合、パラマウントとの契約下にあった一九二八年、俳優は作品の合間もハリウッドで待機すべしとの規範が理解できなくて、不平をいいたてたことがある。「そのために給料を払ってるんだ。お前の時間を買ったんだよ」が製作本部の厳しいおことばだった。「買ったのは命そのものでしょ」と私は心の中でつぶやいた。映画がサイレントからトーキーへと移って給与カットが現実味を帯びてきたとき、パラマウント内でカットを拒み、そしてそれによって契約を破棄されたのは私ひとりだったが、この〝自分の意志による〟決断がその後の俳優人生をいい方向に向かわせたとは思えなかった。サイレント映画として作られた『カナリヤ殺人事件』（二九）のトーキー版が作られることになり、私ひとりが撮り直しにもどろうとしないのを見た撮影所があることないこと私の悪評を言い触らしたとき、私は自分の心配が的中したのを知った。私の名前はブラックリストに載せられ、主要な撮影所は私に指一本触れようとはしなくなった。もう少しあとになって、ワーナー・ブラザースで、ボガートがジェイムズ・キャグニーやエロール・フリンの例にならい出演作の質の向上と給料アップを要求してストライキを打ったとき、撮影所はほくそ笑んだものだった。俳優にはふんぞり返らせておけばいい、もめ事めいたこの茶番で身銭を切らずに大きな宣伝効果が得られ、しかも俳優の給料は支払い停止状態になるのだからと。撮影所との契約は、俳優の側から見る限り、体《てい》のいいペテンだった。撮影所のほうは守るも破るも自由にできた。俳優のほうは仮に訴訟を起こすとしても貧窮と永遠の失職という恐怖がつねにつきまとうのだ。

一匹狼としての私は、ひとりでいるときはその期間を自分で選べること、ひとりでないときは一緒にいる相手を選べること、を自分の大切な権利と見なしている。映画スターにとってひとりきりになるのは、わずかの間にしても身のすくむ思いがするものだ。それは忘れさられる最初の徴候となるからだ。いうまでもなく、俳優は仕事の相手も、その期間も、どのように仕事をするかも、自分で選ぶことはできない。俳優は撮影所から指定された時間に仕事場に赴き、監督のいうことはもちろん、脚本家、キャメラマン、衣装部、宣伝広報部の指示にも従って仕事をしなければならない。スターという存在にとって宣伝広報は、人体における血液と同様、それがなければ生きてはいけないものであり、私生活を含めての情報を循環させ、絶えずファンの心に羨望の念と興味をあおり、そのスターの映画をますます見たいと思わせねばならないのだ。これまでの自分の失敗は宣伝広報に無策だったせいだと正しく見抜いたボガートは、一九三六年、ワーナー・ブラザースの契約俳優となったとき、キャメラの前に立っていないときはつねにジャーナリストやコラムニストと時間を過ごそうと心に決めた。ジャーナリストやコラムニストたちはお好みの小話や逸話に色をつけたり手を加えたりしてボガートの上に新たな人格を作り上げていく。そしてそれがボギーとなっていった。ボギーという人格の一部は彼が映画で演じた役柄に基づいていたが、大部分は理想化されたギャングたちの性格や行動から成っていて、この提供者は映画プロデューサーのマーク・ヘリンジャーで、彼はコラムニスト出身だった。生涯の最後の十年間、ボガートはジャーナリストらが彼を粗野で酒好きな暴れん坊、理由もなく人に悪を扇動するイアーゴー的人物として描き上げるのをそのままに放任していた。しかし、実際の彼はそのような人物とは正反対だった。

一九二四年、初めて出会ったハンフリー・ボガートの印象は、身のこなしが優雅でスリム、俳優にしては異様に物静かな青年というものだった。ハンサムな容貌のなかでもとりわけ目立つのがその美しい口元だった。唇は厚くて、バラ色、完璧な形状をなしていた——ただひとつ、それ故なおいっそう魅力を高めていたのだが、上唇の隅にキズがあり、小さなホタテ貝状の垂れ下がりがあった。ハンフリーが映画入りするとき、医師がそこを縫い、小さな傷跡となって残った。映像的には見栄えはよくなったのだが、私は以前のキズを懐かしく思うひとりだった。彼の唇に微かに残る傷跡は、以来彼の男らしさのシンボルとなった。舞台俳優だった当時の彼は、もぐり酒場などで顔面にパンチを食らうのは珍しくなかった。ハンフリーは酔っ払うと正体がなくなり、(『カサブランカ』〔四二〕のワンシーンのように)時に両腕に頭をうつ伏せにして寝入ってしまう。そこを乱暴に揺り起こされると、相手に向かって吠え、怒った相手に一発食らってしまうのだ。あるとき彼はそうやって裂けた唇をわざと手当もしないで放っておいた。自分の美しい口元が、彼には自慢でもあれば癪の種でもあったからだ。一九二〇年代のアメリカにあっては美の観念はどこまでもアングロサクソン的であり、下品な連中はハンフリーの口元を〝黒ん坊《ニガー》の唇〟とからかった。手術の前も後も、その唇のせいで発声に問題が生じたりはしなかった。しかし、人気が爆発、ようやくにして映画スターの座をつかみとったとき、クラーク・ゲイブルの大きな耳のように、特異な身体的特徴が宣伝効果として追い風になると知り、彼は自分の口を最大限活用しようとした。長い年月をかけて口元の鍛錬に努め、鼻にかかったような声、うなり声、舌の動きを強調する話し方、聞き取れるぎりぎりの早口などを自家薬籠中のものとした。彼ならではの苦痛にゆがむ顔、意地悪そうな流し目、ぞっとするニヤニヤ笑いがスクリーン上絶品であったのはいうまでもない。唇を引きつらせて彼を上まわるのはエリッヒ・フォン・シュトロハイムただひとりだった。それでも、一九二四年のニューヨークの舞台におけるハンフリーは、声量じゅうぶんのバリトンと明瞭な発声法でセリフを喋っていた。私が見たのは「図太い男たち」のなかで小さな役を演じている彼だった。この劇ではメアリー・フィリップスも端役で出ていて、主役はケネス・マッケンナだった。このときの舞台の男女優相関図はあとで考えて興味深いものがある。ヘレン・メンケンと離婚してハンフリーが結婚するのがメアリー・フィリップスであり、ケイ・フランシスと離婚したケネス・マッケンナが再婚するのが、その時点ではすでにハンフリーと離婚していたメアリー・フィリップスだった。

将来の人間関係という観点からいえば、一九二五年から二六年のブロードウェイ演劇シーズンはさらにもっと印象的だ。ワーナー・ブラザースでハンフリーの目の上のたんこぶとなるジェイムズ・キャグニーは「アウトサイド・ルッキング・イン」に、ハンフリーをキャグニーのライバルへと押し上げるきっかけを作るレスリー・ハワードは「緑の帽子」に、ハンフリーの最初の妻となるヘレン・メンケンは「マクロプーロスの秘密」に、二番目の妻メアリー・フィリップスは「知恵歯」に、三番目の妻となるメイヨー・メソットは「別名教会執事」にそれぞれ出ていた。ハンフリーは「揺りかごを引ったくる者」で中年女性メアリー・ボランドの術中にはまる大学生を演じていた。ちなみに劇場街を離れたブロンクスでは一歳のローレン・バコールがまだ揺りかごのなかにいて、二十年後ボギーの四番目の妻となる日を夢見ていた。

ハンフリーがアリス・ブレイディとの「放浪」でブロードウェイの初舞台を踏んだ一九二一年・二二年のシーズンから、彼が初めてハリウッド映画に出演する一九二九年・三〇年のシーズン終了までの間にニューヨークで二千四十四の劇が上演された。それらの劇に出たおそらく二千人には及ぶであろう若きアメリカの男優たちのなかでボガートの他に映画スターとして大成したのは、キャグニー、スペンサー・トレイシー、フレドリック・マーチ、クラーク・ゲイブルの四人しかいない。バーブラ・ストライサンドによると、一般にそこまで率直に認められているかどうかは別にして、「本当の意味で有名になるとは、映画スターになること」であり、それが舞台俳優の最終目標だった。

一九三〇年のハリウッド・デビューにハンフリーが失敗したのは、キャグニーが同年それに華々しく成功したのと同様、じゅうぶん予測の範囲内だった。キャグニーの役柄はすでに舞台の上で確立されていた。ワーナー・ブラザースに契約を決断させた「ペニー・アーケード」において、キャグニーは映画で評判になるのと同じ、人殺しもいとわぬならず者を演じていた。一方ボガートが「賢い子ども」で演じていたのは育ちの良さを残した不良青年で、ハリウッドのプロデューサーの目を惹いたのは端整な容姿だけであり、のちのボギーの姿は誰の脳裏をもかすめなかった。ボガートは、舞台俳優時代の批評ではアレグザンダー・ウルコットのものをお気に入りとしてよく引き合いに出した。それは「スウィフティ」での彼の演技を〝未熟〟と評したものだったが、つまりはボガートにとって、批評で触れられること自体が褒められるに等しかったのだ。舞台上の彼から受ける印象は、吸い取り紙の上に書かれた文字のように、ぼやけた、形の定まらぬものだった。

一九二〇年代のアメリカでは、デイヴィッド・ベラスコら古強者《ふるつわもの》が演劇を支配していて、舞台演技はイプセン、チェーホフ登場以前の英国演劇のように華やかな技巧中心のものが全盛をきわめていた。イギリスではバーナード・ショーが現れてそれを変革、リットン・ストレイチーのいう「穏やかで繊細な演技スタイル――〝散文的スタイル〟」が広まることになる。そして若くて新しいイギリスの俳優たちがブロードウェイの舞台に現れてくる。そのとき初めて私たちは、アメリカの演出家や俳優がいかに遅れているかに気づかされるのだ。「ピグマリオン」のリン・フォンタン、「チェイニー夫人の最後」のローランド・ヤング、「バークレー・スクエア」のレスリー・ハワード、「私生活」のガートルード・ローレンスとノエル・カワード、これらリアリズムの名優たちはあたかもその場で思いついたかのようにセリフを喋り、舞台の上を軽々と動きまわり、他の俳優たちが語ることばにじっさい耳をすました――相手の語ることをきちんと聞きとったのだ。当時のブロードウェイの慣習では、演技はもっと誇示するものであり、俳優間に展開するのはセリフの応酬というよりむしろ勝ち負けを競うゲームに似たものだった。俳優はみな他の俳優のセリフの邪魔をしようとした——観客の笑いを誘うセリフであればなおさらだった。アイナ・クレアは他の俳優が喋っているとき大きなシフォンのハンカチをひらひらさせたり、巧みに動いて相手の俳優が観客に背を向けるようにさせ、それによって評判を高めていた。糾弾する声など上がらなかった。巧妙な技術として羨望の的になったのだ。

十三年間この種の舞台演技に身をさらしたのち、ボガートは、一九三五年一月初演のロバート・シャーウッド作「化石の森」（主演レスリー・ハワード、演出アーサー・ホプキンズ）で役をつかむ。このとき彼はレスリー・ハワードの自然な演技のなかに自らの個性に適応できるスタイルを見出すのだが、それを可能にしたのは彼の鋭い探究心と野心に他ならなかった——このスタイルはのちに『アフリカの女王』（五一）で開花する。あの映画でボガートは人物の劇的変遷を声のみで表現しつくした。長年しみついた演技の癖を解体し、新たな演技スタイルをいちから身につけるという苦難の道を自らに課すには、不撓不屈の精神力が必要だったに違いない。レスリーと共演するなかで、ボカートは舞台において、またのちの映画版においても、あのデューク・マンティという役柄を自在に演じる力を身につけた。しかし、それからの五年間、彼が出演した映画には新たなボギーと古いハンフリーとの過酷な主導権争いを見ることができる。二流監督フランク・マクドナルドの『怒りの島』（三六）では、彼は以前の演劇時代のハンフリーであり、覚えたセリフを高々と朗唱し、他の俳優が喋っているところでは何やらわざとらしい様子で自分の番が来るのを待ち構えている。名監督エドマンド・グールディングによる『愛の勝利』（三九）では、〝本番スタート！〟の合図で奔馬のように飛び出す激情派ベティ・デイヴィスとの共演で、彼はまるで素人のように当惑げに見える。多くの技巧派俳優とは異なり、ハンフリーは監督の違いに敏感に反応するが、舞台出身俳優の例にもれず、ムードの醸成に時間がかかり、それを維持することに強いこだわりをしめす。『彼奴は顔役だ!』(三九)での彼は、キャグニーに振りまわされた挙げ句、ボギーとハンフリーの両極に引き裂かれている。キャグニーの猛烈なセリフまわしと電光石火の身のこなし——それは肉切り機のように閃光的かつ精巧なのだが——は予測も逆襲も不可能だからだ。ハンフリーは、衝動的なところが少なくより技巧的である俳優、例えばウォルター・ヒューストンのような俳優を相手にするときに最も力を発揮できた。彼はまた、思考的でなく複雑でもない人間を演じるときに最も輝いた。例えば『サンクエンティン』(三七)でのチンピラ役であり、やみくもに死に向かう姿は悲壮であるのみならず、気高さすら感じさせた。それはスターダムを追い求めてやまぬ彼自身の不屈の頑張りと相通ずるものを持っていたからでもある。『マルタの鷹』(四一)の主人公サム・スペードは複雑な人物ではないけれども、セリフが多く、そのことがかえってことばに対する脅え——皮肉にも舞台訓練が彼のなかに植えつけたもの——を露呈させている。セリフが短いうちは声音や話し方に工夫を加えて脅えを巧妙に隠しおおせているが、物語の性格上観客に状況を説明するようなセリフが振り当てられると、彼の目はどんよりと生気を失いセリフはことばの羅列の棒読み状態となる。彼がさらに対応に窮するのはいわゆる当意即妙の機知あふれるやりとりで、『パナマの死角』(四二)のなかでのメアリー・アスターとのシーンにその例が見られる。晩年の作品群においては、ボギーを邪魔するものは舞台時代のハンフリーではなく、性格的にものぐさ気質を最後まで払拭できなかった現実の男性ハンフリー・ボガートとなる。『必死の逃亡者』(五五)では魂の解放としての死を希求する人物を演じてまさに比類がないものの、どういうわけか最後の最後に感傷癖にとりつかれ、映画そのものをフレドリック・マーチの手に譲り渡してしまう。しかし一度、ものぐさ気質をうまく回避できたとき、ニコラス・レイの卓抜な演出力にもささえられて、彼は見事に複雑な人物を演じ上げてみせた。その映画『孤独な場所で』(五〇)はタイトルが社交嫌いなボガート自身の心をいい表してもいるのだが、主人公の自らの芸術性に対する自負、自己中心主義、飲酒癖、怠惰、暴力的発作は現実のボガートにも通じるものだった。バーナード・ショーは一九〇六年の戯曲「医師のジレンマ」の序文で次のように書いている。

きわめて困難なことにあたりながらそれを見事にやり遂げている人間は自尊心を失いはしない（……）普通の人間は節制、正直、勤勉といったことに自尊心の基盤を見出すよりないかもしれないが（……）芸術家は自らの価値を確信するのにそのようなものを必要としない（……）要するに、われわれ芸術家はこと倫理的活力という点ではひとつの頑な自負心以上のものは持っていないのだ（……）俳優、画家、作曲家、作家は、その芸術性が卓越したものである限り、一般大衆の非難の届かぬところで望みのままに自己中心的になることができる。しかし、自分自身を高貴な殉教者と確信させるだけの努力と自己犠牲を払っていなければ、思う存分自己中心的でいられるための条件は満たせないのだ。

表面だけを見ると、ハンフリーの性格と生活習慣は、落ち着きと節度を保ったレスリー・ハワードのそれらとはあまりにも接点の乏しいものなので、レスリーがどうしてハンフリーの指導者兼擁護者となったのか、すぐには了解できないかもしれない。しかし、レスリーは事実その両方であった。一九三一年十一月、私はニューヨークでフィリップ・バリー作「動物王国」初演の稽古に入っていたレスリーと会う機会を持ったのだが、この出会いがなければ、彼がなぜハンフリーに共感をしめしたのかその理由を永遠に理解できないままだっただろう。

私の二十五歳の誕生日の午後、ジョージ・マーシャルがパーク・アヴェニューのカジノ・イン・

ザ・パークで今宵お祝いの席を一席設けようといってくれた。そしてレスリー・ハワード夫妻をゲストに呼ぼうと。私は不意をつかれると同時に嬉しかった。ジョージはその頃、彼がお膳立てしたＲＫＯとの契約を私が勝手に踏みにじったので憤慨していたし、また彼はつねづね私のためには無駄遣いはしないと決めていたからだった（一九六〇年、彼と最後に電話で話をしたさい、ジョージは一九二八年に私にミンクのコートをプレゼントしたのをまだ訝っていたくらいだ）。

その夜の晩餐会は会話のバランスという点ではかなりいびつだった。だいたいが私はジョージと一緒にいるときは口をつぐんでいる。彼がワシントンにいるあいだ私がニューヨークで何をしているか、問い質すきっかけを彼にあたえるようなことばを漏らしたくないからだ。ジョージの達者な社交家ぶりを承知の上で、明らかにそれを楽しもうとして招待を受けたレスリーは、自分からはほとんど喋らなかった。ハワード夫人は大柄な英国人女性でレスリーの伴侶というよりは母親のように見えたが、矢継ぎ早に繰り出されるジョージのウィットに富んだあれやこれやの話に、何とか合間を見つけては上品な合いの手を入れていた。ジョージはそのとき三十五歳、背は高く頑強で、大きな地声は背後で演奏していたエディ・デューチン・オーケストラの音楽を圧するほどだった。話をひとつ語り終えるごとに、ジョージは〝ホーホーホー！〟と自分で高笑いし、レスリーの背中をドンと一発どやしつける。そのたびにレスリーは紙でできた人形のようにテーブルにくずおれるのだった。

ディナーがすんでジョージはレスリー夫人をダンスに誘い、テーブルに残されたレスリーと私はしばらく互いを見つめ合った。

私が口火を切った。「このドレス嫌いなの。バーグドルフ・グッドマンのバーナード・ニューマンにいいくるめられて買ったのだけど、どう見ても幼いわ」

レスリーはドレスをじっくり観察した。レタスグリーン色の薄く透けたイヴニングガウンで、フルスカート、ショートスリーヴ、ベビーカラーというものだった。私はすわったまま向きを変え、腰の蝶形リボンを彼に見せた。「いつもはどんなのを？」と彼は訊ねた。

「そうね、白くてキラキラしたもの。バック（背中）はなくて、前はこのあたりまでカットされているようなのね」

レスリーは瞬時そのドレスを思い浮かべようとした。私たちは同時に吹き出し、互いにシャンパンをもう一杯ずつ飲んだ。レスリーは一転晴れやかなまでに快活になった。ハリウッドの印象が話題に上ると、有名な彼の注意深い目はいたずらっぽく輝き始めた。私と同じで、撮影のほとんどが照明やセットを変更する間の待ち時間であることに彼もうんざりしているといった。話が舞台に転じると、新しい役を覚えるのがつらい、セリフを頭の中に入れるのに随分時間がかかるからだと嘆いた。

「冗談ばっかり！」私は笑わずにいられなかった。

「いや、嘘じゃない本当だよ。自分は俳優向きの人間じゃないんだ。演じるには活力が必要だが、ぼくにはそれがない。いつも疲労困憊するんだ」

ダンスからもどったジョージとハワード夫人は、私たちが楽しそうに話しこんでいるのを見て、もう帰る時間だと判断した。タクシーの中ではハワード夫人と私が後部座席にすわり、ジョージとレスリーが向かいの補助席に腰掛けた。私とレスリーの膝頭が触れ、私たちは微笑み合った。それでも「おやすみなさい」と別れの挨拶を交わしたとき、彼とはもう二度と会うことはないだろうという確信のようなものがあった。彼と一緒にいるとこちらも体力を消耗してしまうからだ。

レスリーは彼のと同じ〝疲労困憊症〟をハンフリーのなかにも見出して心を動かされたのだと私

は考える。その共感があったから「化石の森」の映画化のさい、デューク・マンティの役をハンフリーにやらせるようにとジャック・ワーナーに強く要求したのだ。それだけでなく、レスリーは俳優に成り立ての頃から自分の活力不足を意識し、それを逆用して自らに合う穏やかで自然な演技を作り上げていたが、ハンフリーは、レスリーの見るところ、自分の弱点を有名俳優のダイナミックな演技スタイルと競い合うことで克服しようと努め、当然のごとくそれに失敗していた。「化石の森」の舞台を同じくするなかでレスリーはハンフリーにこのことを伝えたに違いない。そして自然な演技の持つ可能性に目を開かれたハンフリーは、それに自らを合わせるべく巧妙に工夫を重ねていった。というのも、俳優なら誰もが知っているように、ただそれだけの自然な演技では観客に受け入れてもらえないからだ。素人にとって芸術のなかでいちばん判断しやすいのは演技なのだが、〝誠実さ〟という偽善に捉われて、人は普段自分自身も自ら発明した何らかの役を演じていることに気づかないでいる。したがって、俳優として成功するには自然さの上に奇矯と神秘とを加える必要があり、それによって観客から賛嘆と、どこか異なるぞという戸惑いとを引き出さなければならない。レスリーの奇矯はパイプとツイード生地への偏愛であり、ボガートの奇矯は口元と喋り方にあった。神秘に関していえば、レスリーがもし自分をさらけ出していればそれだけ神秘は減じていただろう。ボガートはじっさい自分をさらけ出しており、そしてそれによってさらに神秘を増していた。

ハンフリーは彼のいくつかの伝記が伝えるところによると、〝気晴らし〟を驚くほどたくさん持っていた。ゴルフ、テニス、ブリッジ、チェスの他、ヨットも操り、読書（！）も楽しんだのだ。ある一度を除き、私の知る彼は、すわって酒を飲み人と語らうという姿ばかりだった。その一度というのはニューヨークでのある夜、ハンフリーと私とブライス・デイリーが東五十七丁目のアリス・ブレイディのアパートに呼ばれ、そこでアリス流のブリッジのお相手をしたときだった。アリス流の所以《ゆえん》は、まず第一にブリッジのあいだアリスはしゃべり詰めにしゃべっている。それに、カードが配られる、競りが為される等プレイの区切りごとに、立ち上がってドリンクを作る、灰皿の中身を捨てに行く、ピアノの前にすわってフランス語で歌を歌う――彼女の母親の母国語がフランス語なのだ――と何かしらおっ始めるのだった。そしていついかなるときに椅子から飛び上がり、両手首のブレスレットをジャラジャラ鳴らして、キャンキャン吠え立てる毛羽立った四匹のフォックステリアの相手を始めるかわかったものではなかった。そんなわけで、玄関のベルが鳴って、観劇帰りのエルジー・ファーガソンと、やはり俳優でハンサムな彼女の夫が寝酒を頂きにと立ち寄ったときは、私たち一同ホッと息をついたものだった。ブリッジはおしまいになった。部屋の向こう側でブランデーをちびりちびりやっているエルジーは、一九三〇年のそのときも、一九一八年に作られた映画の中と変わらず美しかった。そして数刻後、夫を残して別れの挨拶を告げるときも、かつての映画の中と寸分変わらぬ魅力的な姿だった。アリスはエルジーの夫の膝に腰をのせたままで挨拶を返していた。

「アリスとエルジーの夫は知り合ってどのくらいになるの?」パーティが終わり私たち三人そろって外に出たとき、ハンフリーに訊いてみた。

ハンフリーはポカンとした表情で私を見つめた。

答えを返したのはブライスだった。「バカいわないの! 二人はさっき会ったばかりなのよ!」

ポカンとした表情はセックスに対するハンフリーの態度を要約していた。彼は女をモノにした男が見せるこれみよがしの素振りというものを徹底的に軽蔑していたので、そういう素振りには気づきもしないのだった。男としての魅力に絶対の自信を持っていた彼は、どんなかたちにしろ女性関係を外に匂わせるようなことは男の沽券にかかわると思っていた。女性が彼の魅力に惹かれても、彼は蛾を待つ炎のごとく、その場にじっとしているだけだった。「男は地震も、疫病も、戦争の災禍も、魂を襲うどんな種類の苦難も、耐えて生き延びることができる」とトルストイは書いた。「しかしつねに男を責め苛んできた悲劇、今後も責め苛みつづけるであろう悲劇は、寝室のなかに存する」ハンフリーは最終的に成功を勝ちとるまでに数々の屈辱、あざけり、失敗に耐え抜いてきたのだが、その間彼の自我を守り抜いたのはセックスに関する微動だにしない自信だった。『パナマの死角』で二度出てくるセリフを彼のように印象深く話せる俳優は他にはまず見出せない。シドニー・グリーンストリートが彼に銃を見せると、ボギーも銃を抜いて「オレの銃はあんたのよりもデカイんだぜ」という。さらにあとのシーンでボギーはグリーンストリートに銃を向けていう。

「いっただろ——オレのはあんたのよりデカイんだと」

ハンフリーの結婚相手もそれぞれ彼の俳優としての歩みとぴったり調和していた。まだ俳優になりたてで演劇について多くを学ぶ必要のあったとき、彼は「第七天国」で著名な舞台のスター女優ヘレン・メンケンと結婚した。ヘレンの丸みに欠けた白い顔、恍惚とした眼差しは、つねに自らの目指す〝演劇芸術〟の高みを見据えていた。私は彼女が演劇以外のことを語っているのを聞いたためしがない。二人は一九二七年に離婚した。その頃にはヘレンは「捕虜」でセンセーションを巻き起こしていて、この劇は百六十回の公演ののちレズビアンの主題の故をもって地区検察官から休演を命じられていた。この年ハンフリーは十二回の公演で打ち切られたコメディ「ベビー・マイン」に出ていた。これはスキャンダルで映画生命を絶ち切られたロスコー・〝ファティ〟・アーバックルが舞台復帰をかけた一作だった。一九二八年のマックスウェル・アンダーソン作「土曜日の子どもたち」の二週間の再演を除けば、ハンフリーが次にブロードウェイの舞台に立つのは、一九二九年、二番目の妻メアリー・フィリップスと共演し、十一回の公演で終了する「スカイロケット」となる。〝演劇芸術〟が荷の重いテーマになっていたこの時期、一九二八年に伴侶となったメアリーは彼にとって願ったりの人物だった。彼が必要としていたのはインスピレーションではなく心の安らぎだったからだ。

レスリー・ハワードを別にして、ハンフリーの俳優としての成功に三番目の妻メイヨー・メソットほど貢献したものはいない。彼が彼女と出会ったのは孤独と倦怠に襲われていた時期、ワーナー・ブラザースで脇のギャング役ばかりあてがわれ、そのままいけばいずれお払い箱になるかと思われていた頃だった。このときメイヨーは彼に火をつけた。ハンフリーには、嫉み、憎悪、暴力衝動といった、のちの〝ボギー〟の中核を成す激しい感情が長年の失意の奥に渦巻いていたのだが、メイヨーによってそれが沸点に到達し、彼の内なる抑制のふたを吹き飛ばす大爆発を起こさせたのだ。いわばそれが彼女の任務となったのだが、その現場の一部を私は目撃している。

一九三五年十月、私はニューヨークのペルシャルームでのダリオ・ボルザニとの社交ダンスの出し物に見切りをつけ、ハリウッドのリパブリック・スタジオで『ダンシング・フィート』のスクリーンテストを受けた。テストが終わった翌日、撮影所はその役をダンスすらできない別の女優に振り当てた。金も自信も底をつきかけた私は、よい考えもないままにハリウッドのロンダ・アパートで生活をつづけた。ある日、ガーデン・オブ・アラー・ホテルのロバート・ベンチリーの仕事部屋を訪れると、ハイボールのグラスを手にしたハンフリーが床にじかにすわってソファーに背をもたせかけていた。そのとき撮影中だった『化石の森』については何も話そうとはしなかった。ハリウッドでも芽の出ない仕事がつづいており、とうてい楽観的な気分ではなかったのだろう。楽観的でないといえば、ＭＧＭから派遣されてそのときベンチリーのところに短篇コメディのシナリオを受け取りに来ていた使い走りの青年も同様だった。ベンチリーはまだ一行も書いてなかった。青年は、ベンチリーがストレートのスコッチの入ったグラスを手にタイプライターの準備をするのを黙って見つめていた。彼の役目も大変だった。ベンチリーは自分を仕事に追いたてる者には彼と同じペースで酒を飲むようにと要求するので、しらふでは絶対に会社にもどれないからだ。翌日の夜、演劇エージェントで古くからの友人でもあるメアリー・ハントンから電話があり、彼女の家でハンフリーと飲むのだけれど（ハントンは彼のエージェントになったばかりだった）、ハンフリーがあなたを呼びたがっているといってきた。普通ならこの手の誘いは、退屈しのぎに誰でもいいから呼ぼうという趣旨なのだろうが、誘いの主がハンフリーときては愛の告白を聞いたにも等しかった。興味津々で私はメアリーの家に急いだ。しかし、晴れやかな会とはならなかった。ハンフリーは女性にかんしては直観的な男だった。というのも、大歓迎で迎え入れてくれたにもかかわらず、しだいに暗い気分と沈黙とスコッチのなかに沈んでいき、会話はメアリーと私に任せっきりにしてしまったからだ。帰りのタクシーのなかで私は、ハンフリーと自分はまるで別種の人間だと考えていた。彼が愛せる女性は長年知り合ってきた仲か――結局は同じことなのだが――劇あるいは映画で親密な役を振り当てられた女性だけだった。私にとって愛は未知なる世界への冒険に他ならなかった。

その次にハンフリーに会う前に『化石の森』は公開がすんでいて、彼の俳優としての評価はぐんと上がっていた。ハンフリーと再会したのは一九三六年の初めの頃で、場所は『襤褸《つづれ》と宝石』（三六）のシナリオを書いたエリック・ハッチのベヴァリーヒルズの家だった。私が食堂に入っていくと、エリックと彼の妻、俳優のミッシャ・アウアーと彼の妻、そしてハンフリーがテーブルについていた。ハッチ夫人が立ち上がり、私にコーヒーを注いでくれた。コーヒーを飲みながらハンフリーに目をやると、これまでにないほど感情を高ぶらせている。他のみんなもそんな彼に目を引きつけられているようだった。そのとき玄関のベルが鳴り、まるでそれが合図であるかのように、全員が階下の居間に降りて、ピーコックブルーのシルクのシースドレスを着こんだメイヨー・メソットが玄関ホールから入ってくるのを出迎えた。その夜はいつものような団欒と笑いはなかった。私たちはみなメイヨーとハンフリーのあいだで演じられる情熱的な愛の一場の電撃的迫力に打たれ、ただそれを茫然と見つめていた。といってもメイヨーとハンフリーは手すら触れあわせてはいなかったのだが。酒がゆきわたり、それぞれが腰を落ち着けると、メイヨーは足早に蓄音機に進み、アルゼンチンタンゴの「アディオス・ムチャーチョス」をかけた。そしてミッシャの手を取り、二人で踊り始めた。踊り始めはタンゴの茶化しで、ミッシャはメイヨーをあちこちに大袈裟に振り飛ばしたり、挑むような目で彼女に覆い被さったりした。しかし、しだいにメイヨーの微妙で巧みな腰づかい、足さばきが相手の動きを制御し始め、二人は弓形になり、ゆっくり姿勢をもどし、なまめかしい静止のポーズをとるなど、本物のタンゴの世界に入っていった。この魔法のような時間はメイドによって破られた。メイヨーの夫から電話があり、いまこちらに向かっていると知らせてきたのだ。ハンフリーはソファーから飛び上がるとメイヨーを引き寄せ、二人で逃げ出そうとした。待って、とメイヨーがいった。ダンスの前にサンダルを脱いだのだが、片方が見つからないのだ。みんなでサンダル探しを始めたが、私はひとり探索に加わらずじっとしていた。それがハンフリーの疑惑を招いたようだ。彼は私に突進してくるとものすごい形相で吠え立てた。「こんちくしょう、ルイズ！　サンダルをどこに隠したのか、はやくいえ！」急変した強暴なハンフリーに度肝を抜かれ私は声も出なかった。幸いにも、そのとき背の高いミッシャがオーク材の梁の上に置かれていたサンダルを見つけ出した。玄関のベルが鳴ったとき、愛し合う二人は裏口から姿を消していた。

最後にハンフリーに会ったのは一九四三年十二月、場所はニューヨークだった。そのとき私は

〈トウェンティワン〉で脚本家のタウンゼンド・マーティンと食事をとっていた。ちょうど正餐と夕食のあいだ頃の時間でバーには人気がなかった。メイヨーとハンフリーが入ってきた。二人は私たちのテーブルにちょっとの間立ち止まって挨拶を交わし、これから軍隊の慰問でアフリカに行くんだといった。ハンフリーの顔がひどく老けているのを見て私はショックをうけた。内なる怠惰――仕事と酒、しかも食べず眠らずの酒浸り――との長年の闘争がついに表に現れてきていた。メイヨーは服を着たままの起き抜けであるかのように見えた。スーツはしわくちゃで、髪は梳かしておらず、すっぴんだった。二人は誰にも邪魔されたくないのか、いちばん遠い端のテーブルにすわった。それでも酒が運ばれてくるまで話もせず、互いに視線を合わせもしなかった。酒が入るとメイヨーはハンフリーに向かって何か強い口調でなじりはじめた。それは決着のつかなかった口論を蒸し返しているかのようだった。ハンフリーは長椅子にだらしなく背中をもたせかけ、グラスをゆっくりとまわす自分の手をじっと見つめていた。〝取っ組み合うボガート夫妻〟の破綻が目前に迫っているのは明らかだった。彼はいまやボギーであり、イメージはしっかり定着していて、自分ひとりで闘う力を持っていた。『カサブランカ』が公開され、ハンフリー・ボガートはいまやドル箱スターだった。あとはローレン・バコールの登場を待つのみ、そして彼女がイヴのように魅惑的で、蛇のようにクールな、スクリーン上の完璧なパートナーとなるのを待つのみだった。

いまだに鮮明に記憶に残る素顔のハンフリー・ボガートは、ニューヨークの五十二丁目にあったトニーズ・バーでのある夜の彼の姿だ。私が入っていったのは深夜の一時で、ハンフリーの姿を認め、近くのテーブルにすわった。彼はボックス席で俳優仲間のトマス・ミッチェルと一緒にいた。時は一九三五年六月、「化石の森」のブロードウェイ公演がおしまいになる数週間前で、ハンフリーにはメイン州スコウヒーガンでの夏期公演しか先の予定は入っていなかった。しばらくしてミッチェルは自分の分の払いを済ませて出て行った。残されたハンフリーは最後の意地を振り絞ってという感じで飲みつづけていた。彼の頭は疲労と酔いでしだいしだいに垂れ下がってきて、私が出る頃には両腕に頭を沈ませて疲れ切ったように眠りこけていた。「かわいそうなハンフリー」と私は店の主人のトニーにいった。「彼もここまでね」

鮮明に記憶に残る映画の中のハンフリー・ボガートはジョン・ヒューストン監督『黄金』（四八）のワンシーンにおける彼の姿だ。彼は泥の中でへたばっている。なんとか池まで這っていこうとあがいている。黄金を手に入れるためにここまで我慢に我慢を重ねてきて、ここであきらめてしまわなければならないのか？　大きく見開かれた悲痛な目が、懇願するように天を仰ぐ、この美しい苦悩のなかに、私は私の聖なるボガートを見るのだ。

第五章

W・C・フィールズのもうひとつの顔

一九二〇年代に舞台と映画で成功をかちえたのと同じほどの慎重さで、W・C・フィールズは六〇年代、アメリカの男子学生の心をつかみとった。奇妙なアイドルだった。というのも、学生たちは彼の芸の精髄を理解してファンになったのではなく、彼をディケンズの「骨董屋」に出てくるクウィルプのような人物と見て喝采を送ったからだった。ちなみに、彼の芸は曲芸師としての鍛錬の年月を土台としており、そのなかからあらゆる笑い《コメディ》の鍵といえるタイミングを磨き上げていったのだ。クウィルプは熱湯割りのラムをサムソン・ブラースに飲ませたとき、床の上を転げまわって大笑いする。フィールズはベビー・ルロイのミルクにジンを混ぜて秘かに喜ぶ人物だということになっている。〝仕事〟という観念に照らしてみれば、男子学生たちのフィールズへの惚れこみ方のいかがわしさがはっきりする。〝仕事〟は若者たちの語彙、すなわち経験にはなく、それに対してフィールズは、彼らが知るほどのコメディアンではただひとり、その芸のなかに猛烈な仕事量を隠しているからだ。仕事という観念が分かる人間にしてはじめて、その威厳に満ちた演技を目で追うなかでこの事実が見えてくるのだ。

六〇年代、多くの男子学生が私に手紙を送ってきた。また会いにもやってきた。大半は私を名前でしか知らなくて、私の出た映画は一本も見ていなかった。彼らはまったく見当違いのおべっかを並べ立て、これで寄る辺のない老女優は自分のスティル写真を山ほどと、タイプに向かってまとめ上げた映画話を土産にくれるだろうと期待するのだった。映画話のほうはあとで自分たちの名前を挟みこみ、映画講座の教師にレポートとして提出する腹づもりだった。フィールズに関していえば、これら学生たちが彼の映画をほとんど見ていないのは火を見るより明らかだった。どの作品でもいいから話をしてみると、題名はいえない、中身に至っても全部はおろか抜粋すら見ているかどうか定かでないからだった。彼らが偶像化するフィールズは、本で読んで知った人物（スクリーンで見たか見ていないかはともかく）、勝手にイメージした姿を重ね合わせただけの人物にすぎなかった。

一七七八年、サミュエル・ジョンソンは次のように書いた。「適切なる一家言や核心をつく切り返しのことばは世界中に散乱し、その時代時代の有名人のことばとしていつまでも引用されつづける」一九二二年、初めてニューヨークにやってきたとき、私はあらゆる種類の逸話や笑い話、ギャグを耳にした。以来数十年、さまざまな本や記事を読むなかで、それらの逸話や笑い話が〝その時代時代の〟有名な映画人についての話として繰り返し現れてくるのに吐き気すら催すようになった。書き手も読み手もその種の逸話に当てはめて大喜びする有名人のタイプには二種類あった。ひとつは常識外れの行動をとる性悪女タイプの女優、もうひとつは酔っ払って突拍子もない悪ふざけをはたらく酔漢俳優だ。前者のは例えば、一流レストランにミンクのコートとサンダル履きで現れるといういうもので、コートの下は何も身につけていないのだ！　問題はどうやってその事実を明かすのか？　本人がコートを脱ぐのか？　もしそんなことをすれば、支配人は有無をいわさず女性の体を何かでくるみ、表のタクシーに放りこむだろう。そしてすべての新聞がその一件を報道する。ジャーナリストたちはこのミンクのコートの一件は〝あり得る〟話という範疇に入れている。そういうこともあっておかしくないというわけだ。おそらく似たような事件があったのだろう。でもマスコミの目につねに敏感でいる女優、ましてやスター女優にはあり得ないことだ。たいていはジーン・ハーロウ型の女優がこの逸話と結びつけられるが、確かな裏付けがあったためしはない。トマス・グレイはいっている。「人は強制されない限り、どんなことだって信じてしまう」と。もうひとつは酔いどれ俳優にアイルランドの通夜の伝承話を結びつけたもので、あまりに現実離れしていて映画本や記事を読み慣れた読者であれば一瞬たりとも事実とは思わないだろう。この手の笑い話は酔っ払った俳優たちが葬儀場の棺の中から仲間の遺体を失敬し、別の俳優仲間の留守宅にこの遺体を椅子にかけさせた姿勢で置いておき、夜中に帰ってきたときにビックリさせようというものだ。葬儀関係者や警察に問いただしてみたけれど、葬儀場に忍びこむだけで警察は放っておかず、こんな厭わしい悪ふざけをしたものは即刻お縄になるということだった。じつはこの逸話でよく遺体役となるのがW・C・フィールズだった。

二、三人でW・C・フィールズについて語り合うとする。そのような場ではフィールズが出演した映画のことなど話題にはならない。さっそく〝お気に入りの逸話〟の交換会になるはずだ。フィールズの舞台時代や初期映画時代からすでに半世紀以上の時が隔たっており、それらはほとんど再現不可能でもあるために、彼の崇拝者たちはフィールズのことをさらに知ろうとしたら、ロジャー・ダウティのようなジャーナリストのことばに頼るしかない――「フィールズがなりすますのはデカ鼻の、人を人とも思わぬ男、けちで癇癪持ちで、口の悪い酔っ払いであり、そのような人物として彼は「ジーグフェルド・フォリーズ」、「ジョージ・ホワイトのスキャンダル」、アール・キャロルの「ヴァニティーズ」等の舞台で看板芸人となり、『百萬円貰ったら』（三二）や『騙すが勝ち』(四一)といった映画で主演を務めた……後年は腹話術芸人エドガー・バーゲンのラジオ番組で彼の人形チャーリー・マッカーシーと丁々発止にやりあった」。芸歴の細部を少し補うと次のようになる。一九二三年から二四年にかけて、彼はブロードウェイでミュージカル・コメディ「ポピー」に出演、とんまな詐欺師だが娘を心から愛する父親を演じた。この役は酔っ払いではなかった。この舞台を見たウィリアム・ルバロンは、パラマウントのロングアイランド撮影所の製作部長に就任後の一九二五年、フィールズと契約を結ぶ。この時期の作品には「ポピー」の映画化でD・W・グリフィスが監督した『曲馬団のサリー』(二五)の他、『チョビ髯大将』(二六)『チョビ髯ライオン狩り』(二七)等がある。オムニバス作品の『百萬円貰ったら』は一九三二年の公開。『騙すが勝ち』はユニヴァーサル作品。エドガー・バーゲンのラジオ番組に出ていたのは一九三七年から三八年のこと。アメリカのラジオ史の著書があるジム・ハーモンはバーゲンのことばとして、「フィールズは午前中酒を飲み、昼に飲み、午後にも飲んでいたけれど、仕事では酔った素振りすら見せなかった」を伝えている。そのハーモンはフィールズを「壮大なる吝嗇と奇癖の男、嫌悪と憎悪の対象は数知れず」と紹介している。が、一九七〇年に書かれたこの一節は何を拠り所としていたのだろう? バーナード・ソーベルは「ジーグフェルド・フォリーズ」の広報宣伝マンを十年務め、フィールズのフォリーズ最後の年となった一九二五年を含め、彼の活躍期のかなりの部分をその目におさめていた。一九二五年にはフィールズは四十六歳、すでに完成されたコメディアンであり、他の介入を許さぬ私的な生活も確立していた。ソーベルはその著書「ブロードウェイの鼓動」(五三)でフィールズの歪められた伝記について触れ、こういっている。「ハリウッドは彼を、その奇癖が酒の上での武勇伝と肩を並べる専制君主に仕立て上げた。しかしどういうわけか、私はフィールズが名声のために自分を歪めてしまったとは信じられない」

いや、フィールズという人間を歪めたのは名声ではない。もし何かに歪められたのであれば、それは病であり、ハリウッドのゴミの山に捨てられて朽ち果てることへの抜き差しがたい恐怖だった。エドガー・バーゲンのラジオ番組に出演するために、手のつけられぬ酔っ払いを演じねばならず、またそのように宣伝されねばならなかったというのなら、そう世間に思わせておけばよい。彼はひとりポツンと孤立した人間だった。若者時代の彼は美と愛に手を差しのばしたが、それは彼の手の届かぬところに押しやられた。しだいに彼は自分の周囲から仕事以外のものを締め出し、その隙間をアルコールで埋め、外の現実を酔眼のはるか向こうに映る無害な影の如きものに変質させた。彼はまた寂しい人間でもあった。何年ものあいだ曲芸の技ひとつをもって世界を経巡ったために、孤独と孤独があたえてくれる慰藉《いしゃ》のありがたみを身にしみて理解していた。バー、ナイトクラブ、パーティ、他人の家庭はおぞましいだけだった。日記や手紙など、自分を跡づけられるようなものはおそらく何ひとつ残していない。彼の人生の多くの部分は将来にわたって謎のままだろう。しかし、ラスキンのいうように、生きた人間と無縁の歴史というものはあり得ない。

映画史の悲劇は、映画の歴史を形作った当の人物たちによってそれが捏造され、改竄されていることだ。映画史という観念自体がまだ生まれていなかった初期の頃、大半の映画雑誌や書籍が銀幕上のアイドルにあこがれる大衆の夢をあおる文章で紙面や頁をうずめていたのは理解できる。しかし、一九五〇年頃を境にして映画は芸術の一分野として確立され、映画史は本格的な研究対象と見なされるようになった。にもかかわらず、著名な映画人たちは相変わらず自分たちを単純な型――好漢か悪漢か、清純な女性かあばずれか――に当てはめたままで済まし、伝記作者はそれらを山ほどの逸話でさらに塗り固めた。

その種の本のなかでもとりわけ悲痛な思いにかられるのはマック・セネットの「コメディの王

様＊」（五四）で、キャメロン・シップが聞き手となり話をまとめている。ここでのセネットにはもっと自らの天才に信をおいてもらいたかった。そうすれば、自分の作ったコメディの世界やその住人であった不滅の喜劇人たちを、さらっとなでるだけにとどめず、啓発的な視点から説き、論じることができただろう。彼の創造した笑いの世界は普遍的なものだったが、映画の長尺化や、添え物の主流が漫画やニュース映画となるなかで、生存の場を失っていったのだ。それにセネットは映画史を作った人間として、当時の生き証人として、それぞれ偉大なコメディ・スター（メイベル・ノーマンドとファティ・アーバックル）を破滅させた二つのスキャンダラスな事件の真相を語ってくれてもよかった。しかし彼の語りは日時や事実関係が杜撰をきわめていて、披露される逸話のおおかたは歴史的な価値などまるで認められないものばかりだ。フィールズの給与や酒癖についても触れているが、それですらセネット本人の虚栄心をひけらかすための添え物のように見える。この本ではある一節の一行のみが、一九三六年ハリウッドのローズヴェルト・ホテルで私がじっさいに目撃したマック・セネットを思い出させてくれるに足るものだ。その頃私はローズヴェルト・ホテルに滞在していたのだが、ほぼ毎日、正午頃からセネットは、ロビーのソファーに腰掛け、葉巻をくゆらせながら、二時間ほどのあいだ行き交うホテル客に目を注いでいた。彼はそのときまだ五十一歳——大柄で健康的、すばらしくハンサムで精力旺盛に見えた。そんな彼がいったいどうしてまたハリウッドのゴミの山で朽ち果てようとしているのか？　彼は誰にも話しかけなかったが、退屈そうには全然見えなかった。私がバタバタとホテルを出たり入ったりするのを彼は鋭い視線で臆せずに見つめてくる。そんなとき私は、感情を殺した仮面のような表情の奥で彼はどのようなことを考えているのかと訝ったものだ。いまになってみると彼は神経を集中させる訓練をしていたのだとわかる。彼は上記の本の中でD・W・グリフィスのもとで働いていたときのことに触れ、こういっている。「私は映画作りについて学ぶべきことはすべて、その道にすぐれた人をじっと観察することによって学んだ」と。何であれ頂点を極めた人は、成功の秘訣は不断の集中心であり、集中力を途切らせないことだと知っている。

一九二五年、W・C・フィールズが出ていた「ジーグフェルド・フォリーズ」に私も演者のひとりとして名を連ねていた。その前年の二四年、ロンドンの〈カフェ・ド・パリ〉でチャールストンを踊っていた十八歳の私はニューヨークの銀行家オットー・カーンに、異国で困窮している、助けてほしいと電報を打った。カーンはそのときロンドンの家族を訪れていたエドマンド・グールディングにすぐに私の一件を知らせた。グールディングは私が泊まっていたペルメル街四九番地Aのたまっていた家賃を払い、二月十四日ニューヨークに向かう旅客船ホームリック号に私を乗せた。ニューヨークでは「ジョージ・ホワイトのスキャンダル」の舞台から突然消えた私をフローレンツ・ジーグフェルドが探していて、帰国した私をつかまえると、すぐにレオン・エロール主演のミュージカル・コメディ「ルイ十四世」のキャストに迎えた。「ルイ十四世」はW・R・ハーストのコスモポリタン劇場で一九二五年三月に幕を開けた。演出家はイギリス人のテディ・ロイス。いつも怒ったように目をギラつかせた、繊細で小柄な彼は、冬の凍えるような日でもツイードのスーツに、カシミアのスカーフを首に巻いただけの恰好で動きまわっていた（ロイスは一九六五年、イギリスで九十四歳で亡くなっている）。彼はジーグフェルドの踊り子たちを躾《しつけ》がなってないといって軒並み嫌っていたが、なかでも一番にらまれていたのが私だった。時にだが、他に仕事が入ると劇場宛に平気で欠席通知を送りつけたからだ（五月にはニューヨークのフェイマス・プレイヤーズ＝ラス

＊邦訳は「〈喜劇映画〉を発明した男　帝王マック・セネット、自らを語る」（石野たき子訳、新野敏也監訳、作品社、二〇一四年）。

キー撮影所でハーバート・ブレノン監督の『或る乞食の話』に不承不承端役で出演していた）。六月のこと、水曜のマチネーのあとでロイスは踊り子全員を舞台に集合させた。私は最後にやってきて目立たないように右端にそっと立った。オーケストラボックスを背に舞台中央に立ったロイスは水割りのジンをちびちびやっていたが、舞台全体の規律がゆるんでいると叱りつけたあと、鋭い目で私に視線を飛ばし「なかにはこの舞台を自分の宣伝手段としてしか考えていないのがいる」といい放った。他のみんなも私のほうを見て、いい気味だといわんばかりに薄笑いを浮かべた。蔑まれ、辱めをうけた私は桟敷席の下にあって相談室として使われているジーグフェルド氏の小部屋に駆けこみ、演出家のロイス氏に大勢の前で恥をかかされたと訴えた。ジーグフェルドはギンギツネのようにやさしく微笑むと、私を「ルイ十四世」から降ろし、すぐに「フォリーズ」の舞台に移してくれた。

　夏期公演用の「フォリーズ」の稽古に加わるためニューアムステルダム劇場の舞台裏に出向き、舞台監督のビリー・シュロードに自分の楽屋番号を訊ねた。彼は私の化粧箱を見、楽屋表が貼られた告知板を見、そしてもう一度私を見た。「じつをいうとだね、ルイズ」彼は笑いをこらえながらいった。「みんなに聞いてみたんだが、君と相部屋を望む女の子はひとりもいないんだ」

「スキャンダルズ」でも「ルイ十四世」でも人気コンテストダントツの最下位だった私は彼のことばを黙って受けとめた。

「君はいったい他の娘《こ》たちに何をしたんだね？」とシュロードは訊ねた。

「何もしてません」

「それがいけないのかもな」首を振りながら、彼は楽屋表にもう一度視線を移した。

どの楽屋を獲得するかの熾烈な争いは時にスター俳優の交代、まれに舞台の中止という事態すら生み出した。ニューアムステルダム劇場の楽屋の配置は変わっていた。というのも、ここは劇場自体がひとつの建物ではなく、劇場はオフィスビルのなかにくるまれるかたちになっていて、そういう形式を当時のニューヨークの防災法が許した唯一の例だった。舞台のある一階にはスター用の楽屋がひとつだけあった。ウィル・ロジャーズはカウボーイの恰好で、投げ縄を手に、ガムを噛み噛みやってくる。つまりそのまま舞台に上がれるわけで楽屋は必要ない。したがって、このスター用の楽屋は自然、W・C・フィールズのものとなった。慣例などは顧みないジーグフェルドは二階すべてをショーガール——ダンスはせずに派手派手しい衣装に身を包んで舞台をパレードするだけの背の高い女性たち——にあてがった。二階であれば仮にエレベーターに乗り損じても舞台まで階段一階分降りればすむからだ。三階の楽屋は主役級の面々に。四階はコーラスガール——ショーガールほど上背はないがダンスをする——に振り当てられた。五階には一階のものと対になったスター用の楽屋があり、ここにはジーグフェルドきっての美人スター、ドロシー・ナップが入っていた。私はこの栄えある美女と相部屋に決した。

　私たちは調和のとれたカップルだった。ドロシーと私とのあいだには嫉妬もなければライバル心もなかった。ドロシーはというと、息をのむ美貌ひとつを武器に舞台に出ていることを物足らなく思っていた。これまでに受けたスクリーンテストには全部はねられていたけれど、映画スターになる夢を捨ててはいず、その実現のためにいまでも演技とダンスのレッスンをつづけていた。ルース・セント・デニス、テッド・ショーン、マーサ・グレアムと舞台で共演した経験を持つ私には、「フォリーズ」のささやかな踊りは退屈でしかなく、できればショーガールの仲間入りがしたかった。そんな自分にとって「フォリーズ」の舞台で最高の瞬間は全員が集合するフィナーレだった。フィナーレの幕が開く前に、ウィル・ロジャーズと私は舞台中央にしつらえられた十五フィート

（四・六メートル）のタワーの天辺まで梯子で登っていく。天辺につくとロジャーズが投げ縄をまわす。はじめのうち投げ縄の輪は小さいけれど、まわすスピードが速くなるにつれ、私たちの頭上でそれはどんどん大きくなり、ついにはヘビのようにシューシューと音をたてて私たちの周囲で旋回する。そこでフィナーレの幕が開き、まばゆいばかりのスポットライトが私たち二人を照らし出すのだ。

五階の楽屋の親密な雰囲気は打ち破られることになった。私同様「ルイ十四世」から「フォリーズ」に移されたコーラスガールのペギー・フィアーズが私と仲よくなろうとひとり決めしたからだ。ペギーはダラス出身、美しい歌声を持った魅力的な女性で、染めたこともパーマをかけたこともない髪はつやのある栗色だった。「フォリーズ」の踊り子は舞台外では高価なガウンをまとう者ばかりなのに、彼女は学生のようにセーターとスカート姿で通していた。私に目をとめたのはおそらく彼女の風変わりな遊び心だったのだろう。団員のなかでいちばんの人気者であるペギーにとって、いちばんの嫌われ者と友だちになること以上に遊び心を刺激するものはなかっただろうからだ。ある夜、彼女は前触れもなく私たちの楽屋に入ってきた。手にはコーンウィスキーをいっぱい入れたウェッジウッドのティーポットと、俗悪な雑誌を二種類「ブロードウェイ・ブレヴィティーズ」と「ポリス・ガゼット」を携えていた。雑誌のほうは私の文学少女ぶりを知って、それをからかってのことだ。一週間後、ペギーと私はパーク・アヴェニューから少し離れたグラッドストーン・ホテルで一緒に暮らすようになった。そこにはペギーの友人連がわんさと押しかけてきたが、それも九月までのこと。その月彼女は「フォリーズ」の巡業に加わってニューヨークを離れ、私はフェイマス・プレイヤーズ＝ラスキーのロングアイランド撮影所で『美女競艶』の撮影に入っていった。

私がビル（W・C）・フィールズと知り合いになったのはペギー・フィアーズをとおしてだった。ペギーはいつもマチネーの前に、パーク・アヴェニューの花屋ローザリーで花を選んで花束を作り、楽屋のビルにそれをプレゼントする。ビルにはそれが心に沁みて嬉しかったのだろう。彼は若くて美しい女性が大好きだったが、自分の楽屋に入れることはめったになかった。ビルは湿疹ができるのを病的に恐れていて、それは鼻や、時には手にも現れ、そのために手袋をしても曲芸ができるようにしていたくらいだった。美女とは幾度か悲惨な経験を持つビルは、ガールフレンドは見栄えが派手でなく、オーケストラの一員とくっついて自分から離れていかないような女性をと決めていた。ペギーと私はよく彼一流のスタイルで歓待された。彼の大きな衣装トランクは開けると棚が出てきてバーに早変わりするのだ。舞台上では彼の助手、楽屋では召使いを務める無口な小びとのショーティが飲み物の用意をしてくれるあいだ、ペギーと私はビルのまわりで踊ったり他愛もない馬鹿話を披露したりする。化粧棚に向かってすわるビルはそんな私たちをやさしく見守っていた。

私には舞台のW・C・フィールズに比べて映画の彼は笑えないし感動もおぼえない。それには三つの理由がある。まず第一に、舞台では彼は作り物の世界の中の作り物の人物であるのに対して、映画では現実めいた話の中の現実めいた人物であるからだ。舞台では、不条理な状況からなんとか抜け出そうとする彼の馬鹿馬鹿しくも奸智にたけた奮闘ぶりが涙が出るほどおかしいのだが、同じ状況での同じ奮闘ぶりが、映画では、人物自体が〝現実めいて〟いる故に、時に下品な――しばしば残酷なまでに荒っぽい――俗っぽさにまみれてしまうことになる。

「フォリーズ」では私は毎晩舞台袖に立ち、ビルがエドナ・リーダムと共演した寸劇「寝室」、レイ・ドゥーリーと共演した「ピクニック」を欠かさず見ていた。「寝室」は暗い舞台から始まる。ビルとエドナがダブルベッドで観客のほうに顔を向けて寝ている。ビルの横の小テーブルにはランプが、エドナの横の小テーブルには電話がのっている。電話が鳴り、ビルはランプを点け、ベッドから出る。起き抜けで朦朧としている。髪は逆立ち、白いパジャマは着古しでしわくちゃ。彼は急ぎ足でベッドをまわり電話に向かう。受話器を取り、ぼそぼそと少し喋ったあと「おやすみエルマー」といって受話器を置く。そしてエドナに向かって「いまのはエルマーだよ」というが、エドナはピクリとも動かない。ビルはランプを消してベッドに入る。しばらくしてまた電話が鳴り、同じことが繰り返される。しかし今度は、「いまのはエルマーだよ」とビルがいうと、エドナは起き上がり烈火のごとく怒り出す。エドナは美人だ。ブロンドの髪は少しの乱れもなく波打ち、レースのナイトガウンからは両腕と胸元の素肌が美しくのぞいている。エルマーの真の正体をめぐって二人は言い争うのだが、きと輝き、両頬にはえくぼが浮かんでいる。癇癪を起こしてはいても目は生き生きと輝き、両頬にはえくぼが浮かんでいる。

ビルがエドナの夫で、エドナがビルに嫉妬する妻とは、二人の外見からしてとうてい見えないところがこのスケッチのミソなのだ。映画『国際喜劇ホテル』（三三）ではこのシーンを同じく古びた白いパジャマ姿のビルがナイトガウン姿のブロンド美人、ペギー・ホプキンス・ジョイスと演じているが、夫を見やる妻の不快げな眼差しがリアルで興醒めしてしまう。

「ピクニック」ではビルが父親、レイ・ドゥーリーが幼い娘を演じている。当時レイは二十八歳で二人の子持ちだったが、子猿のようなご面相に小さな体をしていて、その小ささは普通の乳母車にすっぽりおさまるほどのものだった。二歳から六歳までの手に負えぬ子どもを演じて彼女の右に出るものはいなかった。彼女のは舞台寸劇によく出てくる悪ガキとは違う。爆発する瞬間までは内気な子どもで、父親ビルのすることをうつろに、どこか不安げに眺めているだけなのだ。このスケッチではレイはビルが無人の家に入りこみ、その芝生の庭でピクニックを始めるのを何も言わずにじっと目で追っている。父親は家の中にあった食べ物を紙袋にいっぱい詰めてほくほく顔で庭に出てくる。彼女が急変するのは、缶切りを見つけられなかったビルがトマトの缶詰を斧で開けようとし、噴出した汁を顔一面に受けるときだ。そのときレイは猛烈な悲鳴を上げ、ビルをパニックに陥れる。

震え上がったビルはかぶっていた麦藁帽のひさしを引っ張って耳を覆うのだ。同じピクニックのシーンが出てくる『チョビ髯大将』では、レイの役をミッキー・ベネットが普通のいたずら小僧タイプで演じている。私も若いカップルの片割れとしてこの映画に出演した。このシーンはパームビーチでも最高級の区域――J・P・モルガンのパートナーのひとりエドワード・ストーツベリの避寒地エル・ミラソル――の芝地を選んでロケーション撮影がなされた。そこはフィールズがピクニックをする場所とは思えぬ土地柄であり、さらにまた芝生に加えた撮影隊の所行が目を覆わしめた。五日間の撮影でそこが完全にゴミの山になったのはもちろん、出入りしたトラックや何十人もの足跡で軍隊が野営したあとのような荒れ地に変貌したのだ。

私が映画のフィールズより舞台のフィールズに惚れこむ第二の理由は、舞台ではつねに彼の全体像を目におさめることができるからだ。一九二五年、彼と私はともにフェイマス・プレイヤーズ＝ラスキーのロングアイランド撮影所で仕事をしていた。私が出ていたのは『美女競艶』、ビルが出ていたのは『曲馬団のサリー』で、私はよく彼のセットをのぞきにいった。彼はキャメラ位置にまるで注意を払っていなかった。どんなショットであれ、まわりを度外視した自分本位の完璧さで同じアクションを繰り返すのだ。共演者のキャロル・デンプスターと監督のD・W・グリフィスは疲れ切った様子でキャメラ脇の椅子に身を沈めていた。ロング・ショット、ミディアム・ショット、ツー・ショット、クロースアップ、そのいずれで撮られていようと、衣装の細部を含めた自分の全身の動き、手さばき足さばきを観客は注視しているのだという前提で彼は演技をしていた。キャメラが近づくたびに彼の意図する効果の一部、あるいはその大部分は消滅しているというのに。

何千フィートというフィルムを切り貼りする編集技師の存在が、映画のフィールズを舞台のフィールズに及ばぬものにしていると私が考える第三の理由だ。フィールズは舞台から完全には離れ得なかった人物だった。キャメラ位置を無視したように、彼は編集作業も無視した。そして自分のタイミングが無思慮な編集でだいなしにされたのを見て、呪いのことばを上げるのだった。

　ニューヨークのパラマウント撮影所の製作部長ウィリアム・ルバロンはフィールズを架空の世界の人物から現実めいた世界の人物へとその性格を転換させようとした責任者だった。いまではフィールズは舞台・映画両面で大人気を博したスター俳優だったと思われている。それは正確ではない。最も人気が高かったのは一九三七年から三八年にかけてのラジオ番組で、そこでは彼は同じく架空の世界のキャラクター、腹話術師エドガー・バーゲンの人形チャーリー・マッカーシーと生放送で、つまり編集されたのではない、辛辣なことばの応酬を行ない聴衆を大喜びさせた。しかし一九二五年ルバロンは考えた。フィールズが観客にとってリアルな存在にならない限り、映画では完全な成功は望めないと。ハーストのもとでマリオン・デイヴィス映画の製作者だったルバロンは『武士道華かなりし頃』（二二）でマリオンに命を吹きこむ寸前までいった。その次の作品『懐しの紐育』（二三）はマリオン主演もの初のヒット作となり、このなかで少年に変装する彼女は観客にリアルな女性を感じさせた。『曲馬団のサリー』で立派な性格俳優ぶりをしめしたフィールズを見て、ルバロンは彼をマリオンの映画『建国の乙女』（二四）に出演させた。そして翌年パラマウントに入ったルバロンはフィールズと契約を結び、二五年から三八年までのあいだに作られたパラマウント製フィールズもの二十一本のうち八本を製作する。しかしフィールズ映画の傑作は、彼が現実めいた世界を脱して彼ならではの架空の世界に復帰したあとのことであり、それは三八年から四一年にかけてユニヴァーサルで作られた作品群だった。このあたりの経緯にはじつは不可解なところがある。というのも、リアルな〝妖婦《ファム・ファタール》〟を演じたかったメエ・ウェストの意図を緩和し、三〇年代初頭、彼女主演の痛快滑稽なファンタジー作品をパラマウントで連作させたのは誰あろうルバロンであったからだ。ところで、フィールズはメエ・ウェストを〝配管工が思い描くクレオパトラ〟と呼んだ。

私の最初の夫エディ・サザランドはフィールズの映画を五本監督しているが、その最初の一本が『チョビ髯大将』だった。一九二六年二月、外景シーンを撮るためにパラマウントは撮影隊をフロリダ州の内陸部にある農業の町オカラに派遣した。オカラから六マイル（十キロ）ほど離れたところにはシルヴァースプリングスがあり、そこは「多孔性のオカラ石灰岩から百五十の泉が湧き出、それがひとつの大きな池を形作っている」ところ、と宣伝パンフレットが説明する場所だった。事実、熱帯性の植物や花々で囲まれたその池には熱帯魚が所狭しと泳ぎまわり、水中の美しくもカラフルな光景は底をガラス張りにしたモーターボートに乗って楽しむことができた。エディはウィリアム・ギャクストンと私のラブシーンにさっそくそのモーターボートを活用した。シルヴァースプリングスを一大観光地にと目論むオカラ市民は、宣伝戦略のひとつとして私たちの撮影隊を大歓迎した。私たちは南部式の大盤振る舞いのもてなしを受け、シナリオも撮影スケジュールもほったらかしの状態となった。オカラには禁酒法ということばは入ってきてなかったのかもしれない。それに加えて私たちの撮影隊ほど酒の飲ませがいのある集団はなかった。エディとトム・ゲラーティ（脚本家）は大酒飲みだった。ウィリアム・ギャクストン、ブランチ・リング、私、スタッフの面々、皆強者揃いだった。ビル・フィールズは自分用の酒のストックを用意していて、離れたところでガールフレンドのベッシー・プール、マネージャーのビリー・グレイディ、そして助手のショーティと飲んでいた。撮影は一週間のスケジュール超過となった。ルバロンが「ラッシュはどれもこれも傾いて映っているぞ。いったい何やってるんだ。酔いを醒まして帰ってこい！」と電報を打ってきたとき、エディはちょうどピクニックのシーンはストーツベリの芝地で撮るしかないと決断していたところだった。

その年のパームビーチはことのほか魅力的だった。そこに居をおく金満家たちが冬を楽しく過ごすには「フォリーズ」の踊り子たちを呼び寄せるしかないと考えたからだ。彼らはジーグフェルドに資金をあたえ「パームビーチの夜」という「フォリーズ」の縮小版めいたものを仕組ませた。劇場となったのは古い集会場で、そこがウィーン出身の著名な舞台美術家ジョゼフ・アーバンの手によってステージ付きのナイトクラブに装いを改めた。ジーグフェルドは、のちにチャーリー・チャップリンと結婚したポーレット・ゴダード、ハーポ・マルクスと結婚したスーザン・フレミングら、選り抜きの踊り子たちでショーを構成させた。毎夜、「パームビーチの夜」が幕となったあと、（ビル・フィールルズを除く）われら撮影隊の面々がフロアー・ショーの余興を披露した。ブランチ・リングは「私の指の指環」を歌い、ミッキー・ベネットは子どもの高音でバラードを歌い、私は踊り、エディはひとりドタバタをやり、ビリー・ギャクストンは、ルーディ・キャメロンを従えて、歌って踊り、ジョークを語った。ギャクストンはひとりになってヴァイオリンも演奏した。ところで、彼の語るジョークはひどかったが、このヴァイオリンもお粗末だった。いま思えば、ギャクストンのこのときの即興芸は彼の絶望感の成せる技だったのかもしれない。日々の様子からして少々妙だった。撮影のないとき、私に「紳士は金髪がお好き」を読んできかせたときの様子も妙だったし、私とのツー・ショットでは首の後ろの傷跡が映らないようにしてくれとキャメラマンのアルヴィン・ワイコフにいちいち注意していたのも妙だった。『チョビ髯大将』はフィールルズの映画だったから〝若い恋人カップル〟なんてお飾りに過ぎないのに、ギャクストンはこのデビュー作を機に、冴えないヴォードヴィル芸人を脱し、映画で成功したいと考えていたようだ。彼のキャスティング自体、友情を優先した判断の誤りだった。エディは青年の役を、世の辛酸をなめた三十四歳の男にあたえたのだから。ギャクストンは自分の美貌、スペイン系の血筋、演技力を過信していて、またそれだけに傷つきやすかった。一九三一年にはジョージ・ガーシュインのミュージカル「われ汝を歌う」でブロードウェイの大スターとなるのだが、『チョビ髯大将』で大失敗したとの痛恨の思いは引きずりつづけたようで、好条件の映画契約を拒否したうえに、その後は二度とキャメラの前に立つことはなかった。

　私は完成した『チョビ髯大将』を見ていないが、当たらなかったことは知っている。一九二七年、エディは彼にとって二本目のフィールズもの、かつてマック・セネットが作った『醜女《しこめ》の深情《ふかなさけ》』のリメイク『ティリーの失恋』を監督した。この頃にはパラマウントのロングアイランド撮影所も閉鎖され、ルバロンもパラマウントをいったん離れていて、フィールズの契約も終了が迫っていた。この映画の準備から撮影にかけての期間、私はまだエディと結婚していた。そしてこの映画は私が目撃したなかで最悪の混乱状態のなかでの映画作りとなった。普段は撮影開始まで映画にノータッチのフィールズまでが、ある日の午後、ストーリーの確認にわが家を訪れ、エディと脚本家のモンテ・ブライスから説明をうけた。ビルは静かにソファーに腰掛け、エディが一・八リットル入るカクテルシェイカーで拵えたマティーニをちびりちびりやりながら二人の話を聞いていた。彼は一度、私のお気に入りのヴェネチア製ワイングラスを手から落とし、床にぶつかる寸前に拾い上げるという妙技をみせて私をからかった。でも、映画の馬鹿げた筋立てについて彼が何か感想をもらした記憶はいっさいない。

　マック・セネットの『醜女の深情』は一九一四年に作られ、チャーリー・チャップリンとメイベル・ノーマンドが出ていたおかげで大当たりとなった作品だ。だが、この題名もストーリーも一九二七年の時点では意味を失っていた。そこで（セネットの資産をすべて買い取っていた）パラマウントは、主演のフィールズと監督のサザランド付きで、この作品の権利をアルとチャーリーのクリスティ兄弟に売却した。クリスティ兄弟は一九一六年に製作会社を設立、以来〝クリスティ・コメディ〟を作りつづけていた製作者コンビで、五十歳になろうとする温和で大柄な男たちだったが、この頃は大撮影所が劇場チェーンの支配を確立していて、セネット作品の運命に倣うかのごとく、クリスティ製二巻物喜劇の生命も風前の灯火にあった。会社、スタジオ、ベヴァリーヒルズのマンション、すべてを失いかねない状況が一時的錯乱状態を招いたのか、クリスティ兄弟は六巻物の長篇『ティリーの失恋』の製作とそれのパラマウント配給を決定した。しかし、不満うずまく撮影、圧倒的不評の試写会を経て公開された作品は、瞬く間に劇場から姿を消し、倉庫の奥に放りこまれたまま二度と陽の目を見ることはなかった。またそれを嘆き悲しむ者もいなかった。

著名な人物が亡くなると、伝記作者たちは粒選りの親友リストを気前よく作り上げる。さまざまな逸話にも有名人が現れて興趣をいっそう盛り上げる。ビル・フィールズの友人リストも時とともに増えつづけている。しかし、私の知る限りにおいて、彼には親友はおらず、可愛がっていた人物はただひとりであり、その人物ポール・ジョーンズはまかり間違っても〝有名人〟ではなかった。ポール・メレディス・ジョーンズは一八九七年、テネシー州ブリストルというテネシーとケンタッキーの州境にある山村で生まれた。二二年小道具見習いとしてパラマウント撮影所に入所、六二年に同撮影所を退職したときにはコメディ製作者としての輝かしい職歴をあとに残していた。彼の扱った作品には、ビング・クロスビーとボブ・ホープがコンビを組んだもの、ホープ単独のもの、ディーン・マーティンとジェリー・ルイスがコンビを組んだもの、ルイス単独のもの、他にダニー・ケイもの、そしてW・C・フィールズものがあった。三一年ポールがまだ助監督だったとき、ルバロンがパラマウントに復帰し、ポールにコメディ製作者としての訓練をほどこし始めた。長身で洗練された紳士のルバロンに対して、ポールは小柄で髪は茶色の田舎者っぽい風体の男だったが、共通点は多かった。両人とも穏やかで、渦中に飛びこむよりは冷静な観察者タイプであり、親切で気取りがなく、それでいて馴れ馴れしい態度は避けるところがあった。二人とも名前を表に出すのは好まず、ハリウッド社交界のなかでは無名の存在だった。ルバロンの活動領域は製作統括者としておもにオフィスの中だったから、彼は、コメディアンと監督が互いに不安を抱えて衝突し合う製作現場にしばしばポールを送りこんで問題解決にあたらせた。

フィールズとエディと私が初めてポールを知ったのは、彼がセカンド助監督として『チョビ髯大将』についたときだった。彼はまるで山出しの青年のようにのんびり歩いてセットに現れるのだが、その牧歌的な様子を見るだけで心が慰められたものだ。ビルとエディがシーン演出のことで口論を始めると、彼は常時携えている杖に――まるで柵の横木にもたれるように――ゆったりと身をもたせかけ、まじめな表情を崩さないでいながら細い両目をきらきらさせて二人の言い分を聞いている。そして二人が言い合いに疲れてことばが途切れたとき、何やら気持ちをなごませるような文句で語りかけ、その文句にビルとエディは我に返り、思わず笑い声を上げてしまうのだった。さてそのシーンの撮影本番となると、たいていの場合、ビルの言い分のほうが通っていた。『ティリーの失恋』のときにはポールはファースト助監督となっていた。彼がフィールズの腹心の友となったのはこのときだった。〃女性〃も二人の絆を強めるのに大きな役割を果たした。ポールもまた自分を愛してくれぬ美人に惚れる癖があったのだ。この点では彼のユニークさが裏目に出た。彼の外見、態度、話し方はハリウッド人種の誰とも似ていなかった。若い娘は〃あの田舎者のチビ〃とデートするのを恥ずかしがった。彼は美人のエキストラ女優、ドリス・ヒルに恋をし、エディを拝み倒し、彼女に『ティリーの失恋』の中の小さな役をあたえた。製作中にドリスはモンテ・ブライスと知り合い、のちにブライスと結婚した。

私が最後にポールと会ったのは一九四〇年、彼の自宅においてだった。ポールはプロデューサーとして出世を遂げ高収入を得ていたが、人間はまったく変わっていなかった。自分の秘書だった快活な女性ジュリアと結婚し、ハリウッドの地味な地域にある古風な平屋建ての家に住んでいた。私はハリウッドを永遠に去る寸前で、このときポールから聞いたビル・フィールズの逸話やポールによるビルの物真似は、私にとって楽しくなかったこの土地の最後の幸福な思い出となった。なかでも記憶に残っているのは、ビルが愛人のベッシー・プールと体よく縁を切ろうと企んだ一件だ。ベッシーは大柄で豊満、髪はブロンドでフリルのついた薄手のピンクのドレスに、帽子、靴、手袋、パラソルもすべて同系色でそろえていた。態度はつねに泰然、デンと構えてびくともしない落ち着きがあり、君は私と別れたほうがいいとビルがあの手この手でほのめかしても、笑顔で受け流してしまっていた。冷酷でもない勇気もないビルは急用を装って自分のいない間に強引に縁切りしてしまおうと計画した。〝仕事〟を口実にサンフランシスコに出かけるビルとポールを見送りにベッシーが駅までやってきた。ベッシーがピンクのハンカチを振るなか、二人は列車の最後尾の展望台に立って手を振った。手を振りながらビルはポールに計略の中身をささやいた。サンフランシスコに着いたらハリウッドにいる自分の弁護士に電話して次のように指示する。ベッシーにじゅうぶんな額の手切れ金を小切手で手渡し、すぐに列車に乗せてニューヨークに送り、もとのバーレスクの舞台に復帰させるのだ、と。ポールにはむろん、フィールズにこの計略を遂行できる肝の太さがないことはわかっていた。しかし、列車が動き出し、ビルが「さよなら、ベッシー！　さよなら、バラのつぼみちゃん！　元気でいるんだよ！」と別れのことばを送るのを聞いていると、ひょっとしたらこの策略もうまくいくのかもしれないと思えてくるのだった。

第六章

リリアン・ギッシュとグレタ・ガルボ

盤石のはずのスター俳優が人気の源泉である自己のユニークな個性を維持できず転落していくことについて、一時期私には語りたいさまざまな思いがあった。失墜そのものについては、つまらない映画に出てしまう判断ミスがなかでも命取りになると考えていた。一九五八年の春、リリアン・ギッシュのトーキー初出演作『白鳥』(三〇年作、原作はモルナールの「白鳥」)を見たとき、どうしてこのようなおもしろくもない、薄ぼんやりした役を演じるために彼女はハリウッドにもどってこなければならなかったのかと理解に苦しんだ。ギッシュはその二年前にハリウッドを見捨てていたはずだった――〝彼女を大女優とした当のハリウッドからも忘れ去られて〟。しかし、撮影所上層部の狙いやその狙いを達成するための遣り口といった裏の事情に通じたいまでは、リリアン・ギッシュが十五年間スターの座を維持したことに対して、またそれを可能にした彼女の個性、知性、意志の力に対して、私は感嘆と喜びの思いを抱いている。最後には製作者たちは自分たちの個人的な好みに基づいて映画を標準化しスターに枷をはめてしまうのだが、そうされるまでに彼女が数多くの傑作を作り上げたことに無限の感謝の念をおぼえずにはいられない。

古い映画は悪しき映画。映画は新しいものほどよい。俳優の価値は最新作で決まる。以上は製作者たちがでっち上げた三箇条の御誓文であり、これらの正当性を証明するようにビジネスは執行された。一般大衆には、古い映画は蔑むようにと教育がなされた。それまではどうだったかというと、大衆は同じものを繰り返し見るのに慣れていたし、同じものを何度も見て喜んだ。ミンストレル・ショーやヴォードヴィルでは同じ出し物が繰り返し演じられ、それはシェイクスピアでも同じだった——例えば、E・H・サザンがシャイロック、ジュリア・マーロウがポーシャを演じた「ヴェニスの商人」などだ。では、『ノートルダムの傴僂男《せむし》』（二三）のロン・チャニー、『パッション』（一九）のポーラ・ネグリ、これらだって何度見てもいいではないか？　しかし、それはハリウッドの怖れるところであり、また自分たちが定めたことは真実であると頑なに信じていた。チャーリー・チャップリンも、抵抗はしたものの、その考えの同調者となった——彼の大成功の一因には旧作の再上映という慣行もあったのに。映画界の俊英のなかではD・W・グリフィスただひとりが製作者たちの嘘を見抜いていた。「大衆はスター俳優に飽きたりはしない」彼は一九二六年にいっている。「スター俳優は簡単にその座をすべり落ちはしない。そうではないというのが通り相場だがね。いい映画に出なければすぐにも破滅する、なぞといわれる。大スターたちがどれだけ冴えない映画に出ているか考えてみればいい。それでも彼らは変わらず大衆の人気者ではないか」でも、グリフィスのいうことなど誰が聞こうとするだろう。

一九二五年に二つのことがあり、その結果スターの扱いに関して製作者を一致団結した戦闘態勢に入らせた。ひとつは、映画業界が突如として金融界《ウォールストリート》の支配下に入ってしまったことだ。それまで銀行家は鷹揚に不干渉主義を公言し、資金提供して映画会社に国内の二万五百軒の映画館を買収させたり、映画館建設のために年間二億五千万ドルの融資を行なったりしていた。しかし、その銀行家が撮影所の役員会に同席するようになり、製作者に指示を出すようになった。銀行家は映画会社の会計簿の秘密にせまり、撮影所が製作費に上乗せする（そして上層部があとで山分けする）〝諸経費〟というものの存在を知った。そして彼らは内輪の者だけに許されていた〝黄金の取り分〟の分け前にあずかるようになった。と同時に、銀行家は大なる興行収入を生み出すものは会社の看板ではなくスターの名前であると知り、スター俳優を奴隷扱いすることに異を唱え始めた。当然ながら、製作者はスター俳優に対する給与カットや馘首といった慣行を改めようとはしなかった――彼らにすればそれらは損失の補填策であると同時に、社の威信を思い知らせるムチの役割を果たしていたのだから。撮影所にとっての解決方法は単純で、興行収入に裏付けをさせる、当たらないものは処分もやむなし、という間接的な手法だった。最初に目を付けられたのはリリアン・ギッシュで、彼女はもともと目の上のたんこぶだった。映画界を牛耳るトップ経営者たちが権力と財力の拡大を実現しようとするとき、その前に立ちはだかるいまいましいスターのなかでも最たるものが、映画作りの知識においてもビジネスセンスにおいても彼らにひけをとらぬリリアン・ギッシュだった。さらにタイミングからいっても彼女は血祭りにあげられるのにふさわしかった。純潔さの輝かしいシンボルであった彼女は、新たなセックス・スターたちの登場を妨げる邪魔者でしかなかったからだ。

一九二五年に起きたもうひとつは、ウィル・ヘイズが二十四の州で検閲を無力化させたことだ。なかでも重要だったのはニューヨーク市で、賢明なるヘイズはそこに米国映画批評会議を設立していた。米国映画批評会議は「検閲法制に反対し、名作選定という建設的手法を支持する」としていて、男女の性をリアルに描く大人の映画の試作品『巴里の女性』（二三）『グリード』（二四）『救ひを求むる人々』（二五）などを推奨作としていた。これらの映画は一般観客からも許容されていた。観客はアドルフ・マンジュー演じる良心の欠如した紳士や、ジョン・ギルバート演じる放逸な勇者といった新しいヒーローを受け入れていた——後者の場合、前提にあったのは、女は全員娼婦なのだという男の喜びそうな主張だった。新しい男女関係を描く映画の態勢は整い、あとは切符売り場に金が流れこむのを待つだけと思われたとき、製作者たちははたと気がついた。若くて美しく、しかもフリーラブを魅力的にみせる個性を持った女優がいないということに。その頃はまだ、映画を美しく終わらせるために、スター女優が主演の場合は結婚が明示されて幕を閉じる必要があった。『メリー・ウイドー』(二五)でフォン・シュトロハイムと正面衝突し、派手にやり合ったメイ・マレイは、既存のスター俳優は新たな鋳型——たとえそれが金の鋳型でも——にははめられぬことを証明した。エドナ・パーヴィアンス、フローレンス・ヴィダー、アイリーン・プリングルらで試みられたいわゆる世慣れた女性のタイプは、大衆の好みを満足させるには親しみに欠け、また成熟しすぎていた。情熱的なポーラ・ネグリはパラマウントに三年間酷使され、人気の点でもはや出し殻のようになっていた。一方、製作者の試行錯誤は一部のスター女優の気を狂わせていた——〝魔性の女〟バーバラ・ラ・マーに尼僧の衣装をまとわせたり、セクシーに見せようと〝処女の典型〟ロイス・ウィルソンの口にバラの花をくわえさせたのだ。しかし、一九二五年の早春、ルイ・B・メイヤーはついに女優を発見した。ベルリンでスウェーデン映画『イェスタ・ベルリング物語』(二四)に出ているグレタ・ガルボを見、この女優こそ想像をはるかに凌ぐセックス・シンボルであると確信した。ガルボの美貌はミケランジェロによる「ピエタ」のマリア像のごとく清浄でありながら、なおかつ情熱の輝きを発していた。彼女のアメリカ映画第一作『イバニエズの激流』(二六)で、その表情に魂の苦悩を見てとったアメリカの大衆は、そこに描かれたふしだらな男女関係をあっさりと許してしまった。ここでついに〝結婚〟——セックスと快楽の間にある障害物——は葬り去られることになった！　操正《みさお》しき娘を演じたがっていた若い女優たちの前に、新たなひとつの方向が提示されたのだ！

既成のスター女優たちについていえば、一、二年のうちに撮影所の強力な後ろ楯は絶たれてしまうのだった。そのとき絶好のタイミングでトーキーの到来が重なった。それによって、大衆に馴染みの顔の多くが消えていき、そしてそれにもっともらしい理由があたえられた。しかし、この大量人員整理の真の理由――グレタ・ガルボの登場――に気づかない女優はハリウッドにはひとりもいなかった。『イバニエズの激流』が撮影に入った瞬間から、現役の女優たちは不安にかられ始めた。監督のモンタ・ベルを含むMGM関係者はラッシュを見るたびに驚嘆した。古くさくも薄っぺらなストーリーから、ガルボが複雑でえもいわれぬ魂の影をスクリーン上に浮かび上がらせたからだ。その影はあまりにも巨大だったため、誰もそれについて語ろうとはしなかった。週に二、三度開かれるパーティの場で私は、ノーマ・シアラー、アーヴィング・タルバーグ、タルバーグの部下ハント・ストロンバーグやポール・バーン、監督のジャック・コンウェイ、クラレンス・ブラウンといったMGMの面々とよく顔を合わせた。何かの拍子に男たちのひとりがうかつにもガルボ映画につい触れてしまうと、居合わせた女優の誰かが「そう、彼女って本当にすばらしいわ」とこの剣呑な話題にけりをつけ、すぐにもっと安全なゴシップに話を移してしまうのだった。

尽きることなく話される業界の内輪話においてもけっして出てこない名前はリリアン・ギッシュだった。MGMはこの女優を確実に破滅の道に導くために破格の給与で彼女を契約下においたのだ、という疑惑が私の頭に浮かんだのは、一九五六年のある夜、ロチェスターのイーストマン・ハウスのドライデン劇場で『風』を見たときだった。これはそれまで見たことも聞いたこともない映画だった。物語もいつの時代か見当もつかなかった。ギッシュの衣装も目を引きつけはするが時代のヒントをあたえる要素はどこにもなく、髪も頭の上で結い上げるか、首筋や肩に渦を巻かせるかの違いはあれ、時代を超越したファッションだった。監督であるスウェーデン人のヴィクトル・シェーストレームの演出も、主演のギッシュと軌を一にして時にも場所にも縛られぬもので、両者の息はまさにぴったり合っていた。映画が終わるやいなや、私はイーストマン・ハウスの主任学芸員ジェイムズ・カードにこれはいったいいつどこで作られた映画なのと訊ねた。一九二七年の作品で製作元はＭＧＭだと教えられた。「一九二七年、ＭＧＭ？」私は驚いた。「なんてこと、私がハリウッドにいたときじゃない。パラマウントで映画を撮ってたわ。『風』なんて耳にもしなかったのはなぜかしら？」消えた映画の謎に迫ろうと、私はフォトプレイ誌のバックナンバーのなかを探索してみた。フォトプレイ誌の編集者ジェイムズ・クワークはＭＧＭの上層部と喜怒哀楽をともにするような人物だったと、私は知っていたからだ。同誌がリリアン・ギッシュに対して思いやりをしめした最後の文章は、一九二四年十月号の『ロモラ』に主演した彼女の写真に付されたキャプションで、そこには「新シーズンに公開が待たれる大なる期待作の一本」という文章が記してあった。そこからのちはどうなるか、シャーロック・ホームズと化した私の眼が捉えたクワークの巧妙な戦術の跡をたどってみよう。

　二年間で八本の主演作に対して八十万ドルというギッシュとＭＧＭとの前例のない契約のニュースは、いささか遅れて一九二五年六月号の後方の頁であっさり扱われている。九月、ＭＧＭでの最初の映画『ラ・ボエーム』の製作がいまだ始まらぬうちに、フォトプレイ誌は社説のなかでなぜか興奮気味にこう語った——

> リリアン・ギッシュにとって前途はどうでるだろうか？　批評にも流行や時世の好みがあるが、

ここ数年は彼女を銀幕の（エレオノーラ・）ドゥーゼと呼んで賛美するのがはやっている。だが、グリフィス氏のもとを離れて以降、他のトップ女優たち以上に彼女の芸術性を際立たせるような作品はいまだ現れていない。彼女がこれまで演じてきたのは、人生の大嵐に翻弄されながら名誉を守ろうとする娘、あるいは幸せを求めて孤立無援で闘うか弱き娘、という役ばかりであった。彼女には固く身に秘めた人生哲学があり、それはほとんど宗教の域に達していて、それを思う度に私［クワーク］は娘版〝ホイッスラーの母〟を想像してしまう。彼女はその静謐さの故に人がそう信じてしまいたくなるほどには知的な人物ではないかもしれないが、自らを最高給取りの俳優のひとりとなさしめた健全なるビジネスセンスは持ち合わせている（……）ドゥーゼだって、世にも稀なる芸域の広い女優だったのだから、ギッシュもバーバラ・ラ・マーのような役をやってみたらおもしろいだろうに。

一九二六年三月号では、『ラ・ボエーム』の劇場公開に合わせて、クワークは〝スクリーンの謎〟という長い記事のなかで二百万人の読者に向けて疑問を提出した。

リリアン・ギッシュは大衆にとっての人気女優という地位を完全には確立していない。彼女は一面的な感情、すなわちヒステリーによって偉大な効果を成し遂げているのだ（……）あたえられた企画をスケジュールどおりこなしていく通常の商業的スター俳優として、彼女の映画の興行見通しは、彼女演じる映画作品の性格に似て、悲劇的なものとなりそうだ（……）『ラ・ボエーム』の俳優演技をじっくり見た者はその感を強くするはずだ。ジョン・ギルバートとミス・ギッシュの演技の手法は水と油ほどに違う。ギルバートは、ギッシュは偉大な映画俳優であり、テクニックの知識は誰よりも豊富だと述べている。だが、彼の演技はそのために明らかに損をしている。

フォトプレイ誌一九二六年六月号の短評欄に、『ラ・ボエーム』は「素朴なラブストーリー。キング・ヴィダーのすばらしい演出とジョン・ギルバートの演技が光る。共演はリリアン・ギッシュ」とあり、十月号には『真紅の文字』(二六)の評があって、「リリアン・ギッシュが彼女ならではの処女の如き愛らしさで罪を意味する真紅の文字を身にまとう」とある。さまざまな話題がひしめくゴシップ欄にも彼女の名前が出ている。「「紳士は金髪がお好き」のヒロイン、ローレライ・リーをあなたなら誰に演じさせるだろうか？　われわれならリリアン・ギッシュを推すな。リリアンでだめならば、パラマウントにはハリー・ラングドンを引っ張ってきてほしい」

ＭＧＭにとってはいかにしてギッシュに愚作を作らせるかが課題だった。彼女が企画・製作に関わった『ラ・ボエーム』と『真紅の文字』は秀作だった。そこで撮影所は、彼女が病気の母親をロンドンから連れ帰ってくる隙をついて、『アンニー・ローリー』(二七)というお座なりの映画を用意した――セット、衣装から共演俳優のノーマン・ケリーまで、彼女が帰ったときにはすべて準備が整っていた。次いで、再び主導権を握った上で彼女が作ったのが『風』だった。セックスとバイオレンスが濃厚なこの映画をＭＧＭはしばらく手元にとどめ、第一回のアカデミー賞女優賞が無事にジャネット・ゲイナーの手に渡るのを確認したあとでこの映画を公開した。このあたりからギッシュの踏ん張りもきかなくなってくる。撮影所が差し出した陰々滅々とした反戦メロドラマ『敵』(二七)の出演を彼女は了承した。この映画の完成後、ここでお役御免にしても構わないぞとＭＧＭは彼女に伝えた。六本目の映画は作らなくてもいいといったのだ。ここにおいてクワークは、女優がたんなる女優の領分を越えてでしゃばるとどうなるか、ギッシュがその見本であり、見せしめであると書き立てた。MGMが彼女を手放したのも、この女優が週に八千ドルも取っていたからだと。金に細かく、愚かで、性的魅力に乏しい、時代遅れの遺物と烙印を押され、偉大なリリアン・ギッシュは三十一歳にしてハリウッドをあとにした。立ち去る彼女に同情の目を注ぐものはひとりもなかった。〝影の、そのまた影――影ばかりの世界〟。

いまから思えば、『イェスタ・ベルリング物語』を見たギッシュが、グレタ・ガルボをハリウッドに呼んだL・B・メイヤーには信頼を深くすると語ったのは何やら宿命的な感じがする。ガルボの到来でギッシュの得意とする役柄が瞬く間に古びたものとなり、彼女をはやく処分してしまいたい撮影所の思惑どおりに事が運ぶことになろうとは、彼女には想像もできなかったに違いないからだ。『イバニエズの激流』の製作が始まるまでMGMは宣伝写真の撮影などもあり、ガルボにスタジオ内を自由に歩かせた。そのときガルボは『ラ・ボエーム』撮影中のギッシュを目におさめている。そこには、ガルボがヨーロッパで学んだすぐれた水準、その高い域にまで、誠実と献身と意志の力によって到達したハリウッドでただひとりのスター俳優の姿があった。それを見てガルボは、アメリカの映画製作では女優はご都合主義や優柔不断や時間外労働や男尊女卑にいいように振り回される哀れな生き物とばかりは決まっていないと理解したのだ。一九二六年五月号のフォトプレイ誌は次のようなガルボのことばを伝えている――「いつの日かリリアン・ギッシュのような大スターになれたらうれしいわ。そうなったら宣伝も必要ないし、プロボクサーと握手するところを写真に撮られなくてもいいのだもの」。一九二六年二月『ラ・ボエーム』と『イバニエズの激流』は同じ週にブロードウェイで封切られた。エンバシー劇場にかかった『ラ・ボエーム』は名匠キング・ヴィダー監督、リリアン・ギッシュ、ジョン・ギルバート両名優の共演だったけれども、可もなく不可もない興行成績に終わった。キャピトル劇場にかかった『イバニエズの激流』は陳腐なストーリー、そこそこの監督（モンタ・ベル）、ヴァレンティノ系のしかし本物には数等劣るリカルド・コルテスと、無名の女優グレタ・ガルボの共演だったが、見事に大当たりを記録した。年収はギッシュの四十万ドルに対して、ガルボは一万六千ドルだった。

ハリウッド第二作『明眸《めいぼう》罪あり』（二六、原題は *The Temptress*〔妖婦〕）を撮ったあとガルボはこう述べた。「妖婦なんてくだらない役はもういい。派手な衣装を着て男をたぶらかしてばかりの役なんて何の意味があるの」この言を捉えてクワークは、フォトプレイ誌十二月号の社説に書いた。「もう少し英語をおぼえたらだね、お嬢さん、人に聞いてみるといいよ。美しくも賢明な女優が、悪女を演じる機会をあたえられず、品行方正な女性ばかりを演じてどのくらいの数これまで身を滅ぼしてきたか。一度でもいいから自堕落で、人を欺く性悪女を演らせてくれるなら、一年分の給与は返上してもいいという女優は何人もいるよ。もちろん例外はあるがね。リリアン・ギッシュは美徳を演じると週給八千ドルの報いがあると実証しつづけているんだ」。といったことがあったのち、リリアン・ギッシュで製作に入ると十一月に発表されていた『アンナ・カレニナ』が『愛（*Love*）』と改題されグレタ・ガルボ主演で撮られることになった。* これは一九二七年五月にMGMと新たな契約を結んだガルボの最初の映画だった。クワークはフォトプレイ誌一九二七年四月号であけすけな言い方をしている。「メトロはガルボをこういって脅したそうだ。契約書にサインしなければパスポートの期限が切れる六月にはスウェーデンに強制送還されるぞと」自らの才能を知悉し、自分が映画スターのなかの女王であることを知っているガルボは、また同時に、自分の治めるこの王国を離れれば汚れた放浪の元スターに転落するよりないことも承知していた。彼女は必ずしもスウェーデンに帰るのを望んではいなかった。契約額の件で長らく保留をつづけたのち、週給七千五百ドルでMGMと最終的に合意に達した。交渉事で撮影所を打ち負かしただけでなく、七カ月にわたってこの一件が国中に宣伝され強い衝撃をあたえるという余得まであった。MGMは自らの敗北もこのような結果も予測してはいなかった。異国にある若き女性が大会社の遣り手経営者を手玉に取った事実はハリウッドを震撼させた。

リリアン・ギッシュに対するクワークの洗練された破壊工作に比べれば、MGMのとった〝本人に墓穴を掘らせる〟作戦は杜撰きわまりなかった。その計画の全貌がすっきりと完成をみるのは、一九三六年のアーヴィング・タルバーグの死にともないルイ・B・メイヤーが、法外なギャラを払わずにヒット作確実のスター俳優を作り上げるという極めて困難な課題の解決に向けて、自らの好みにかなった女優の陣容の改革に着手してからのことになる。そして美貌、演技力、人気にいささかのキズも付けぬうちにジャネット・マクドナルド、ジョーン・クロフォード、ノーマ・シアラー、そして最後にはガルボも円満に会社から退いていった。リリアン・ギッシュの公開処刑からグレタ・ガルボの無血退位までに十六年の歳月が流れている。そしてハリウッドの製作者の手に残ったのは、未熟な女優と薹《とう》の立ったスター男優だけであり、茫然とたたずむ製作者の目の前でアメリカの映画館の灯がひとつまたひとつと消えていってている。

＊邦題は『アンナ・カレニナ』（二七）で、監督はエドマンド・グールディング。ガルボにはトーキー版の『アンナ・カレニナ』（三五、クラレンス・ブラウン監督）もある。

第七章

パプストとルル

フランク・ヴェデキントの一九〇四年の戯曲「パンドラの箱」にはプロローグがあり、サーカスのテントから猛獣使いが、左手にムチ、右手に装填された拳銃を持って進み出てくる。* 「さあ、いらっしゃい！」と彼は観客に向かって呼びかける。「どうぞ私の動物園に！」ヴェデキントのこの〝怪物たちの悲劇〟を映画化したのは監督のG・W・パプストだったのだが、その映画化において彼のキャスティングの妙が最も光るのは、自らをこの猛獣使いに擬した点だった。彼の手にしたムチは〝怪物〟を演じる俳優たちに感傷に浸る真似を許さなかった。そして拳銃の弾は観客の心臓をまっすぐに撃ち抜いた。ヴェデキントが「パンドラの箱」を上演した頃の世紀の変わり目のベルリンでは、この劇は嫌悪され、弾劾され、果ては上演禁止に追いこまれた。〝不道徳であり非芸術的だ〟と囂々《ごうごう》たる非難の声が上がったのだ。支配階層の神聖なる快楽が比較的プライベートなものであったこの時期に、それを暴露する劇が法の出動を招いたのであれば、支配階層の快楽が富と権力

＊このプロローグがある戯曲は正しくは「地霊」（一八九五）。映画『パンドラの箱』は「地霊」と「パンドラの箱」の内容を合わせたもの。

の象徴として公然とひけらかされた一九二八年のベルリンにおいて、ヴェデキントの原作を忠実になぞった映画はどのくらい激しい攻撃にさらされるのだろうか。撮影が終了するまで誰も完全には監督の意図を知り得なかったため、この映画の関係者は誰ひとり、獣的醜悪さに取り巻かれ、生きることに熱意を失いかけている〝不道徳な〟娼婦の物語に、パプストが作品の興行性を度外視していたとは夢にも思っていなかった。五年前にはデンマークの有名な女優アスタ・ニールセンが同じ原作の圧縮版である『地霊』(一二三、監督レオポルド・イェスナー)で主人公を演じていたが、そこには女性の同性愛も近親相姦も描かれてはいなかった。そこでのルルはドクター・ゴル、シュヴァルツ、シェーンら男性をむさぼり喰うセックスの怪物であり、唐突に消化不良を起こし、あっという間に死んでしまう。同種の映画が、パプストの手によってさらに洗練されて登場する、と観客は心の準備をしていた。そういう観客を幻滅させようと、また『地霊』でニールセンが見せたボブヘアを避けようとして、パプストは私の髪をカールさせてみた。しかしそのテストフィルムを見て失望した彼は、私のつやつやと輝く黒いヘルメット風ヘアスタイルには手をつけないことに決め、賭博船のシーンにおいてのみ私の髪をカールさせた。

ヴェデキント描くところの異常心理――原作者本人のことばでは〝悲劇の主題であるこの破滅的運命〟――の映像化、さらには娼婦をその犠牲者とする大胆な試みだけには飽き足らず、パプストはルルをその衣装を飾る花のごとくに〝純真無垢〟なものとして描こうという究極的な不道徳に挑戦した。「ルルはリアルな役柄ではない」とヴェデキントは語っている。「これは無意識に悪を招来してしまう原始的エロスの人格化であり、どこまでも受け身の役なのだ」プロローグのなかでピエロの衣装を着たルルが裏方に運ばれてくる。猛獣使いが彼女にいう。「自然のままに振る舞い、歪んだ偽りの愚行には陥らぬよう/仮にそれによって批評家の称賛に影がさそうとも/気をつけろ

――表情を作ったりする馬鹿な真似はな／子どもっぽい悪徳は恥だと思え」これがパプストの映画が公開されたときに現れたルルの姿であり、批評家の〝称賛に影がさす〟どころか称賛などはどこを探しても見つからなかった。「ルイズ・ブルックスは演技ができない」とある批評家は書いた。「彼女は苦悩しない。いやまったく何ひとつしないのだ」批評家に関していえば、パプストの銃は不発に終わった。失敗の張本人として袋叩きにあったのは私だった。それでもパプストは周囲の猛攻撃から私を守ろうと、できる限りのことをしてくれた。映画製作中のある夜、さるUFA映画の封切りに招かれ、パプストと私はグロリア・パラスト（ドイツの映画館）に出向いた。映画が終わると私たちは敵意に満ちた群衆をかき分けながら車に急いだ。若い女性が大声で何やら罵声を浴びせてきた。車の中に入ってから私は監督の膝をこぶしで叩きながら「何ていったの？　あの女、何ていったの？」と問い詰めた。しばらくしてパプストはようやく口を開いた。「〝あいつが例のアメリカ女よ。私たちのルルを演ろうっていう！〟といったんだ」この夜以降、パプストは私と映画との関係が表立って扱われるのを差し止めた。

周囲の人間にも事物にも自分の思いを浸透させる特別な能力を持ったパプストは、セットのなかでのあからさまな侮蔑的態度をすべて封じこめた。私自身いっさい不平はもらさなかったのに、楽屋の扉をドンドンと叩き、昼寝している私を「ブルックスさん！　出番だよ！」と大声で起こしにきた呼び出し係を、パプストはすぐにクビにして別の者に入れ替えた。来る日も来る日もセットの脇で椅子に腰掛けていたのは私付きのメイド、ヨジフィーネ・ミュラーで、彼女は以前付いていたアスタ・ニールセンを世界最高の女優とあがめていたのだが、私にもやさしい愛情を注いでくれた。というのも、彼女の目に私は世界最低の女優と映ったからだ。まったく同じ理由から、シェーンを演じた名優フリッツ・コルトナーは、逆に私とはひと言も口をきかぬという態度にでた。パプストの力添えもあり、私はいやな思いは自分の胸の内に入りこませぬようにする術《すべ》を学んでいた。コルトナーは、この映画に関わる他の全員と同じように、パプストが私に呪縛されていて、そのためこんな大役をホイホイとあたえたのだと考えていた。彼、そして彼らにとってこれは、ルル役の女優探しが大いに難航したが故の災厄だった。このときの女優探しの件については、助監督のひとりパウル・ファルケンベルクが一九五五年に思い出を書いている。「『パンドラの箱』の製作準備はそれひとつでちょっとした大河小説に匹敵した。パプストがルル役の女優を見つけられなかったからだ。手近には彼を満足させる女優はいなかった。製作関係者は何カ月もかけて女優探しに奔走した。私も、街や地下鉄や鉄道の駅で、数えられぬ数の女性に声をかけた。〝事務所までお越し願えますか？パプスト監督に会っていただきたいんです〟と。監督は几帳面にすべての女性と面談し、そしてすべてを不採用とした。最終的に彼が選んだのはルイズ・ブルックスだった」

〝自然のままに振る舞うルル〟〝子どもっぽい悪徳の持ち主〟はルイズでなければならないとパプストが判断した経緯には、出会い以前から私たち二人をつなぎ合わせていたかに思える神秘的な親和関係が働いていたようだ。彼がハワード・ホークスの映画『港々に女あり』（二八）を見たとき、彼にとって私はたんなる脇役女優以上のものではなかった。私のほうも彼の存在をまったく知らず、彼がパラマウントから私を借りようと交渉してうまくいっていないのを知ったのも、契約更改で撮影所本部に呼ばれたときが初めてだった。そのとき私の給料アップは拒否された。B・P・シュルバーグは、これまでどおりの給料で仕事をつづけるか、さもなければ会社を辞めるかのどちらかだといって迫った。映画がちょうどサイレントからトーキーに切りかわる頃で、あくどい撮影所はどこもこれを契約俳優の減俸に利用した。契約更改に伴う当然の給与アップを拒否され、私はパラマウントを退社すると答えた。ところでというように、シュルバーグはパプストから出演依頼が来て

ベヴァリーヒルズ、1928年。弟のテッド（テオドール）と。

マリオン・デイヴィス。右の写真は映画女優初期の頃のデイヴィス。自身の髪、眉、まつげ。口元のメイクも自らによる。

ウィリアム・ランドルフ・ハースト（左から二人目）を囲む三人の息子たち。左からウィリアム・ジュニア、ジョージ、ジョン。ハーストは自分の声が体格不相応に“か細く”、高音なのは子どもの時の病気のせいなんだと、屈託なく楽しげに語っていたものだ。

『チョビ髯大将』(26)。W・C・フィールズと。

『チョビ髯大将』の監督エドワード・サザランドとフロリダのロケ現場にて。このあとサザランドは私の夫となる。

『カナリヤ殺人事件』(29)【左頁も】。[上] 探偵ファイロ・ヴァンス役のウィリアム・パウエルと。
[下] 腰を下ろして休めるよう、カナリヤの羽根の部分は取り外しができた。

『パンドラの箱』。［左］ゲシュヴィッツ伯爵夫人を演じたアリス・ロベールは、映画史上初のレズビアン役に激しく抵抗した。パプストは、キャメラ横の自分が彼女のための“ルル”になることでこの問題を解決した。［右］劇場の舞台裏でのシーン。フリッツ・コルトナーと。

【右頁】『パンドラの箱』（29）。ルル初登場の場面。パプストが最初に撮影したのもこのシーンだった。

『パンドラの箱』。ルルと揉み合うなかで銃弾を受けたペーター・シェーン。息子にひと言残してこと切れる。

【右頁】『パンドラの箱』。［上］力ずくでルルを舞台に上がらせようとするペーター・シェーン（フリッツ・コルトナー）。［下］結婚式を挙げた直後、寝室に入ったシェーンは、自分の息子アルヴァ（フランツ・レデラー）が若い“母親”の膝に顔をうずめているところに出くわす。

『パンドラの箱』。結婚披露宴でゲシュヴィッツ伯爵夫人とタンゴを踊るルル。シェーンは心穏やかでない。

【左頁】『パンドラの箱』。［上］カール・ゲッツと。ゲッツ演じる老いぼれのシゴルヒは、子どもだったルルを女にして以来、彼女にまとわりつづけている。［下］冒頭場面でのシェーンと、彼に囲われているルル。

『パンドラの箱』。シェーン殺害の罪で裁きの場に立つ喪服の未亡人ルル。

『パンドラの箱』。切り裂きジャックを演じるグスタフ・ディースルと。このシーンの撮影の合間、スタジオ付きのピアニストが音楽を演奏し、私はチャールストンを踊った。パプストは私を無邪気に楽しませたかったのだ……切り裂きジャックの正体に気づかぬまま殺されるルルのごとくに。

『淪落の女の日記』(29)。［上］矯正院での私の髪は左右になでつけられた。［下］エリカ役のエーディット・マインハルトと。

『淪落の女の日記』。院長役のアンドルーズ・エンゲルマンと。

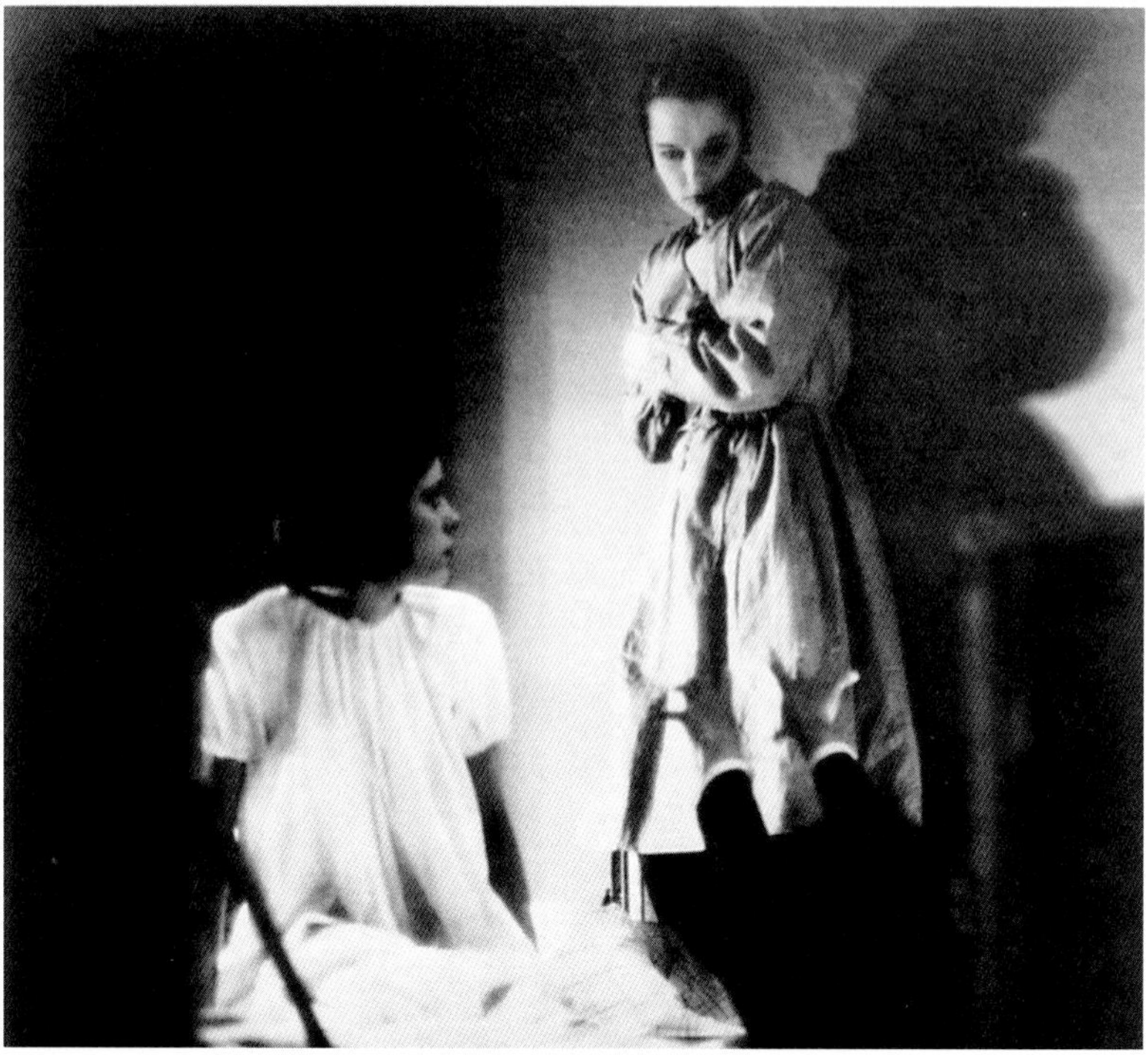

『淪落の女の日記』。［上］娼館でのティミヤーネ。左はエーディット・マインハルト。右はエキストラの女性。［下］上と同じシーン。

【右頁】『淪落の女の日記』。［上］エーディット・マインハルトと。［下］ティミヤーネを誘惑するマイネルト（フリッツ・ラスプ）。

『淪落の女の日記』。男たちの手でオークションにかけられるティミヤーネ。

『淪落の女の日記』。娼館でシャンパンを飲むティミヤーネ。

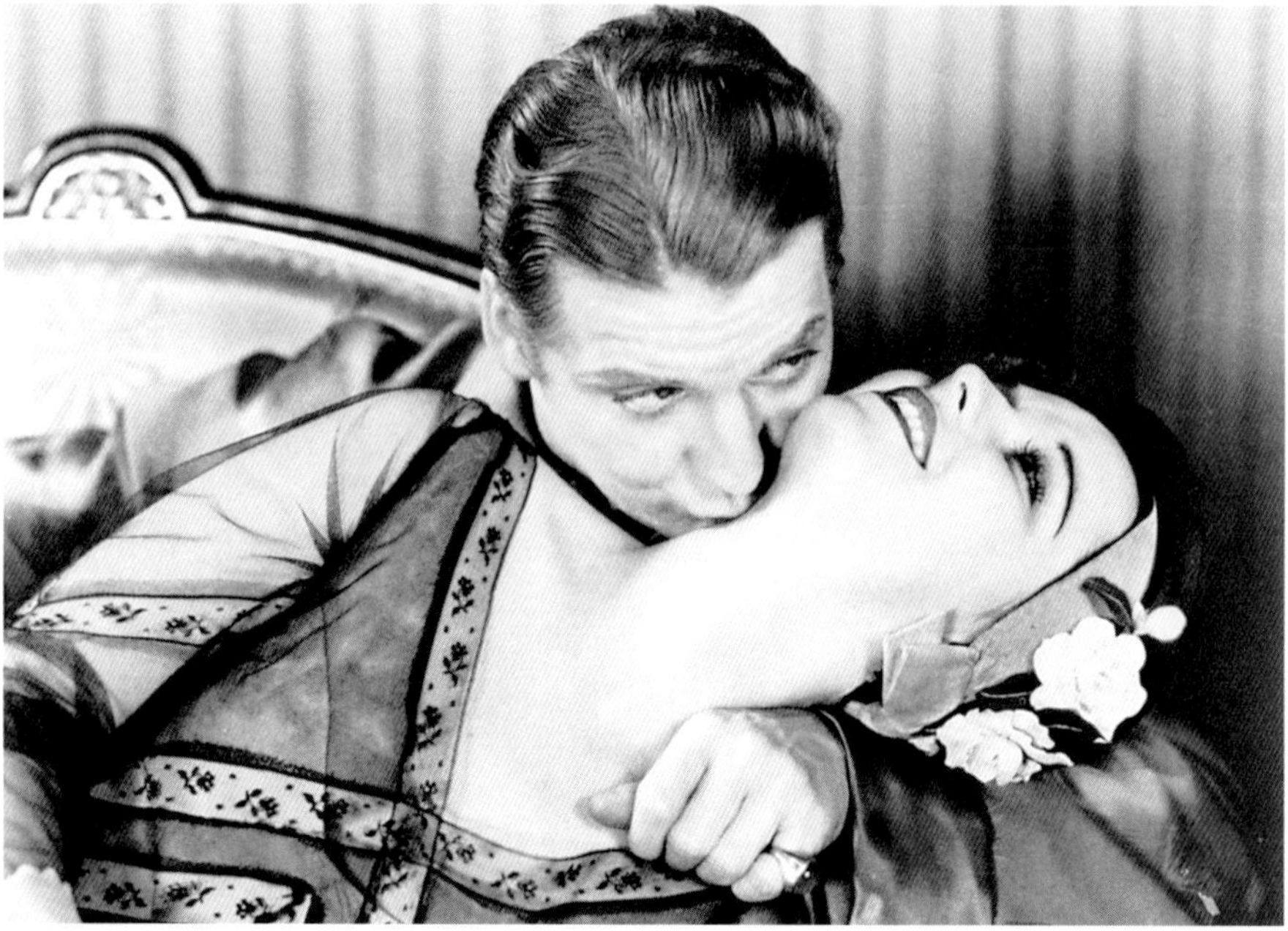

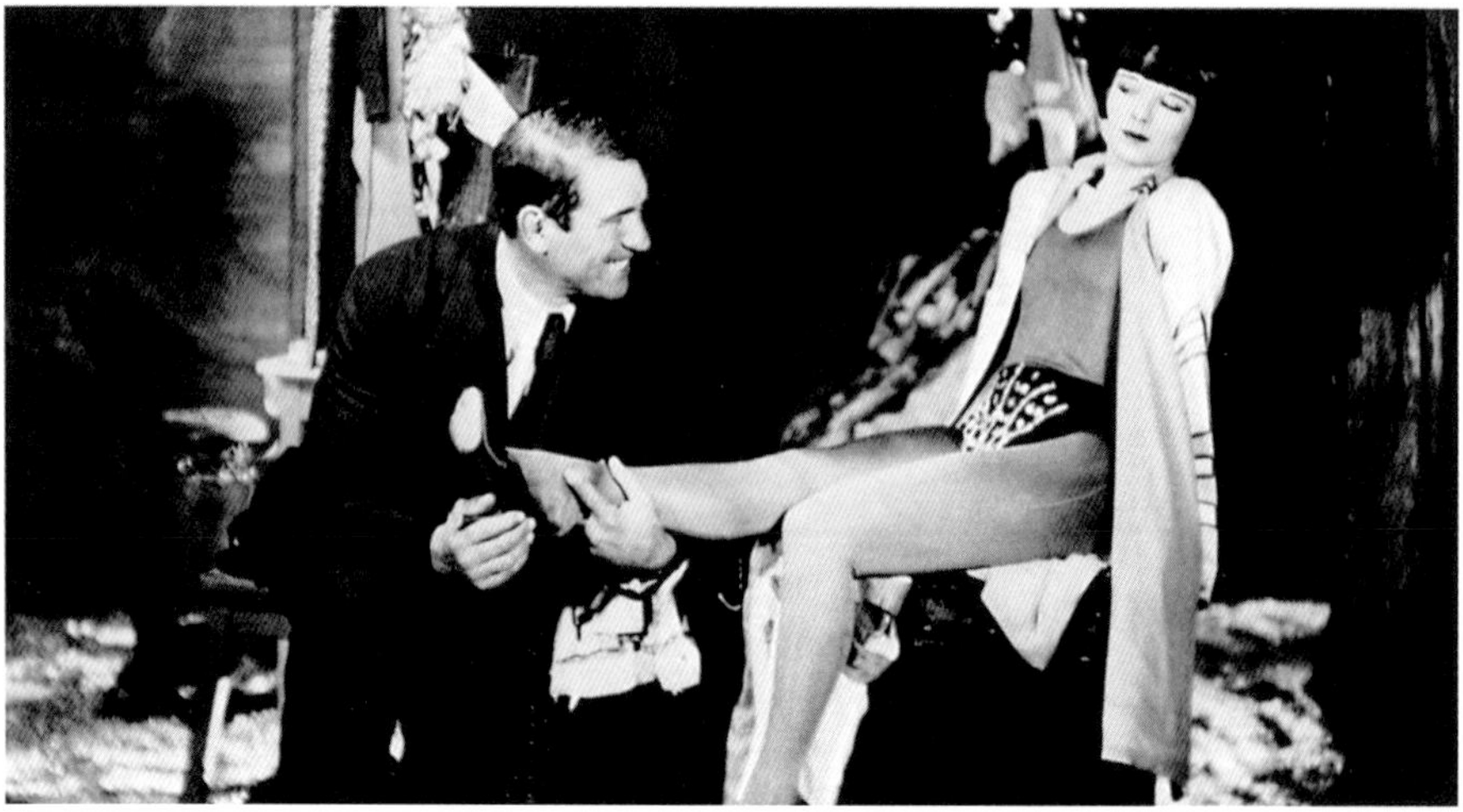

［上］『神から女性への贈り物』(31)。フランク・フェイと。［下］『港々に女あり』(28)。ヴィクター・マクラグレンと。この映画を見て、『パンドラの箱』のルルを演じるのは私以外にいないとパプストは確信した。

『ミス・ヨーロッパ』(30)。[左] パリの撮影所のセットにて。[右] パリのステュディオ・ロレルでの写真。

ニューヨーク、セントラルパークの59丁目口にて。1931年、ペキニーズのティキと。

いるぞといった。その話を受けるも受けないもいまや私の自由だった。受けますと私は応じ、シュルバーグはパプストに電報を打った。ものの十分もかからぬうちに面談は終わり、部屋の外に出た。私のあまりの平静さと決断の早さにシュルバーグは幾分か茫然としているように見えた。

そのとき少しでも躊躇していたら、ルルの役は私にはまわってこなかっただろう。ちょうどその頃ベルリンでは、マレーネ・ディートリッヒが、パプストともども、アメリカから来る返事を待っていたからだ。パプストはのちに語っている。「ディートリッヒでは若さが足りなかったし、何やら露骨な感じも不安だった。色っぽい目つきを一度でもされたら、この映画は茶番に堕してしまう。しかし彼女には最終決定の期限を伝えてあった。もう彼女と契約するしかないというぎりぎりのときに、パラマウントからルイズ・ブルックスを使ってもよいと電報が来たのだ」断っておかねばならないのは、パプストが語っているのは〝ジョゼフ・フォン・スタンバーグ以前〟のディートリッヒ、『奥様、あなたのお手に接吻を』(二九)のディートリッヒだということだ。あの映画の彼女は、ビーズ、ブロケード、駝鳥の羽根、シフォンのひだ飾り、白ウサギの毛皮等々を身にまとい、男たちのみだらな視線を受け流して闊歩するという役だった。この数年後には似たような運命のいたずらが彼女を一躍トップスターに引き上げる――スタンバーグの評伝作者ハーマン・G・ワインバーグから直接聞いたのだが、『嘆きの天使』(三〇)のヒロイン役に予定していたブリギッテ・ヘルムが使えなくなり、他の女優をいろいろ当たるなかでスタンバーグはディートリッヒに出くわすのだ。ディートリッヒに関してはもうひとつ。パラマウントの衣装デザイナーで、彼女のスパンコールや羽根飾りを美しく輝く光と影に変貌させたトラヴィス・バントンにこういったそうだ。「パプストがルルの役にルイズ・ブルックスを選ぶなんてね。この私を使えたのに!」

その結果、私の演じる罪悪感なしのルルが、受け入れがたい人物像として四半世紀のあいだ世に残りつづけるのだった。

比較的最近のこと、イーストマン・ハウスで『パンドラの箱』の上映が終わったあと、ひとりの聖職者が私に問いかけた。「あんな女を演じて、いったいどういう気持ちでしたか?」

「どういう気持ちって? すごくいい気持ち! すべてがごく自然に思えたわ」

相手はビックリしたようだった。その呆気にとられた不快げな表情を見て、また私自身スキャンダラスな告白をして聖職者を驚かす類いの女と誤解されたくなくて、次のような話をしてルルの世界は真実を衝いているのだとわかってもらおうとした。一九二五年の「ジーグフェルド・フォリーズ」に出ていたとき、私の最も親しい舞台仲間はレズビアンだったし、知人のなかに映画のシェーンとよく似た資産家の出版者が二人いて、彼らは舞台を後援する見返りにルルのような女性を何人もあてがわれていた、と。しかし、その聖職者は大都会でセックスがビジネスになっているという現実を認めようとはしなかった。それは『パンドラの箱』を見てその内容を現実と認めなかったベルリン市民と同じだった。私はベルリンに住んでいたから知っているが、エデン・ホテルのカフェバーには高級娼婦が列をなしていた。もっと安価な娼婦は外の通りを流していて、街角にはブーツを履いた女が立ち、ムチの要望にも応じられることを標榜していた。俳優エージェントはバヴァリアン・クウォーターの高級アパートに住むご婦人方のポン引きをしていた。ホッペンガルテンのダフ屋はスポーツ選手専用の乱交パーティの斡旋役だった。ナイトクラブ〈エルドラド〉では女装した魅力的なホモセクシャルたちがこれ見よがしで声のかかるのを待っていた。〈マリー〉ではレズビアンの女役、あるいは男役、どちらでも自由に選ぶことができた。劇場では性欲がうねりをなして雄叫びを上げていた。レビュー「チョコレート・キディーズ」ではジョゼフィン・ベイカーがバナナをぶら下げたガードルひとつのヌードで登場していて、それを迎える観客はまさにルルが舞台に登場する情景を描いたヴェデキントのことば「檻の中に肉を投げられた動物たちの興奮状態」の中にあった。

俳優はひとりの例外もなく、ごく自然に、他の俳優には反感を抱いている。相手の俳優がそこにいるかいないか、生きているか死んでいるかにかかわらず。ハリウッドの大半の監督はこの事実を理解していない。それは事の必然から命令を下すべき立場にいる自分たちに対して、俳優がなぜ喜びにむせんで身を投げ出そうとしないのか、そのことが監督にわからないのと同様なのだ。『パンドラの箱』の撮影のためにベルリンに赴いた私にとって、パプストの気魄が支配するセットはすばらしい解放感をあたえてくれただけでなく、その演出術には目の覚める思いをさせられた。彼は俳優気質から生じる俳優相互の敵対感、本能的拒否感をあおり、そうすることによってその熱気をキャメラの前にあぶり出そうとした。パプストが俳優の感情を操作して演技に深みと幅と力強さを加える好例は、フリッツ・コルトナーの振る舞いに見ることができる。コルトナーは私を憎悪していた。私とのショットを撮り終えるたび、彼は足を踏み鳴らして自分の楽屋に駆けこんだ。するとパプストは謎めいたほくそ笑みを浮かべてあとを追い、次のシーンのために彼をなだめすかしてやるのだった。シェーン役をやるコルトナーは私（あるいはルル）に対する性的衝動と、私（あるいはルル）を破滅させたいという激しい欲求とがせめぎ合い、縺れ合う感情を抱いていた。シーンのなかで彼が私の体を激しく揺さぶったとき、私の両腕に彼の十本の指のあとが青黒く残り、それはしばらく消えなかったものだ。そのシーンにはコルトナーもパプストも大いに満足気に見えた。私に対するパプストの感情も、コルトナーに似て、ルルに対するシェーンのそれに重なり合うものだった。パプストは私を主演に使った二本の映画――『パンドラの箱』と『淪落の女の日記』――のなかで、仕事への情熱を阻む激しい感情を抑えこむ目的で、自らの女性観、女性との関係性を考察していたように思われる。彼にとって性的愛情は余計なものでしかなかったから、それによって興奮したりはしなかった。燃えるような現実感で彼の存在そのものを呑みこむのは性的憎悪のほうだった。

パプストは巧妙かつ彼独特のひねった感覚から『パンドラの箱』の切り裂きジャックにグスタフ・ディースルを、『淪落の女の日記』の女好きな薬剤師助手にフリッツ・ラスプを起用した。この二本の映画のなかで私が美しいと思いまた性的魅力を感じた俳優はこの両名のみだった。切り裂きジャックとルルとのシーンではパプストの演出はきわめて単純だった。ここは男女のやさしいラブシーンであり、テーブルの上のナイフがロウソクの光に輝いて男の目を射る瞬間になって、初めてそれが暗転するのだ。『淪落の女の日記』の誘惑シーンではパプストはこれを一種のバレエとして、〝初心《うぶ》な〟娘と用心深い好色漢との間のほとんど無言の、流れるような、微妙な一連の動作と見なしていた。彼がフリッツ・ラスプをこの役に選んだのは、茶番に接しかねないほどのその抑制された演技と、優雅で力感あふれる身のこなしに惚れこんだからだった。そのシーンでラスプは、彼の抱擁のなかで崩れる私を両腕ですくい上げ、まるでそれがただの絹のガウンとローブだけであるかのように軽々とベッドへ運んでいく。

大方の監督と異なり、パプストの描く人物には型どおりの役柄というものはなく、また型どおりの感情的反応というものもない。D・W・グリフィス描く処女たちは、監督の指示により、気持ちが高ぶるとクスクス笑いの発作を起こす。パプストの映画にクスクス笑いする処女が出てくるとしたら、それは誰かにくすぐられたからに違いない。彼に関心があるのは反応の引き金となる刺激のほうだからだ。パプストが狙いを過《あやま》たなければ、俳優の感情的反応はそれ自体がひとつの生命となるのだが、決まった演技の型に慣れた観客にはそれはしばしば奇妙で物足りないものに思われてしまう。『パンドラの箱』が一九二九年に劇場公開されたとき、批評家はルルがサラ・ベルナール演じる椿姫のようには苦悩していないといって非難した。『パンドラの箱』の製作が始まる前の宣伝写真を見ると、パプストは科学者のような鋭い目で私を観察している。彼は撮影される映画のシーンを予見して、現実のなかでそれらと似通う状況に私を置いてみるよう策をめぐらしていた。例えば『淪落の女の日記』のさい、女優でのちに映画監督となるレニ・リーフェンシュタールがセットを訪れ、監督と片隅に引っこんで、おしゃべりしては笑いこけていたが、そのとき私の顔に張りついた外の世界をはねつける憂鬱な表情は『淪落』の物語の進展のなかでのちに幾度も出てくるものとなった。パプストは何が何を生じさせるかについて経験に基づく豊かな知識を持っていたので、彼の撮影はきわめてスピーディで、リハーサルも最少限なら、撮り直しもまずなかった。

私は快楽の世界の真実を描き出すパプストの腕前に感心していた。私がルルを自然に演じられたのはそのためだったと思う。他の俳優たちは反逆するように仕向けられていたが、ひょっとしたら彼の演出の最高の成果はそこにあったのかもしれない――一群の俳優たちに、行動動機が性的欲求の満足という一点にのみ集中したいびつな人物たちをすすんで演じさせたからだ。シェーン役のフリッツ・コルトナーは自分が一番の犠牲者になりたがっていた。近親相姦を予感させる息子アルヴァ・シェーン役のフランツ・レデラーは愛される人物になりたがっていた。老いぼれのヒモ、シゴルヒ役のカール・ゲッツはひょうきん者になりたがっていた。映画が初めて描くレズビアン、ゲシュヴィッツ伯爵夫人を演じるベルギー人のアリス・ロベールは男っぽい服装のなかにすべてを抑えこむつもりをしていた。彼女の最初の撮影シーンはシェーンとルルとの結婚式の場で、そのとき彼女はパリ製のシックなイヴニングドレスをまとい、貴婦人然とした威厳を漂わせてセットに現れた。パプストは、ここで伯爵夫人は別の女性とタンゴを踊るんだとシーンの説明を始めた。そして女性の肌に触れ、体を抱きしめ、愛を告白するのだと。ミス・ロベールは驚きのあまり、目をむき、手を震わせた。撮影に先んじた感情の激発を禁じているパプストは、ミス・ロベールの腕をつかむとセットの外に連れ出した。三十分後、二人はもどってきた。パプストはフランス語で彼女の耳に何やらやさしくささやいていて、ミス・ロベールは主演スターであるかのような笑みを嫣然《えんぜん》と浮かべている。事実、それからあと彼女は、私と一緒のシーンでは自分のほうがスターであるかのように振る舞いつづけた。私は視線をさえぎる邪魔者でしかなかった。二人のツー・ショットのときも、私の肩越しから彼女のクロースアップを撮るときも、彼女の目は私を通り越してキャメラ脇のパプストに向けられていて、パプストがそれに愛情こめて応えているのだった。この滑稽で複雑な策謀によってパプストは、張り詰めた描写の内から不毛なレズビアンの情熱を引き出すことに成功し、ミス・ロベールはじゅうぶん名声を維持できたのだった。その当時は彼女のふるまいはくだらぬものにしか思えなかった。観客が映画の中の役柄と女優の私生活とを同一視しかねないというのも、一九六四年にひとりのフランス人青年の訪問を受けるまで、私には思いつきもしなかった。パリの若者がなぜ『パンドラの箱』に熱狂しているかを語る青年の話を聞いていて、私は不安に駆られてこう問いかけた。

「あなたはまるで私が本物のレズビアンであるかのように話すわね」

「だって、そうなんでしょう!」と青年は答えた。私は思わず笑ったが、そのとき自分のイメージは三十五年にわたって倒錯の世界の中で生きつづけてきたのだと思い知らされた。

背の低いパプストは肩幅が広く、胸板は厚く、じっとしていると重々しく見える。しかし、動いているときは脚に羽が生えたようで、その動きは頭の回転に似合ってじつにきびきびしている。いつも三月の風のようにさわやかにセットに入ってくる。キャメラの据えられたところに直行し、キャメラ位置や照明をチェックし、そのあとでキャメラマンのギュンター・クランプと相談を始める。ギュンターは撮影するシーンのアクションから意味合いまで監督の完全な説明を受ける唯一の人間だった。俳優を呼び集めてのグループディスカッションなどけっして行なわないパプストは、次いで、俳優ひとりひとり別々に、シーンについて知っておくべきことを伝える。パプストにとっては舞台用の演技テクニックはセリフ、動き、情感のいずれをも凍らせてしまうものであり、映画におけるリアリズムにとっての大敵だった。彼が求めていたのは生命の衝撃であり、それによって予測を超えた感情を誘発させるのだった。プルーストは「私たちの生命はあらゆる瞬間において暗中をさまよう流れ者でしかない。一瞬ののちに何が待ちかまえているか、誰にわかるだろうか?」と書いている。自分の行き着く先について俳優に作戦を立てさせないために、パプストは俳優の思惑どおりにはけっして撮影を進めなかった。

ルルがシェーンを撃ち殺すシーンの撮影の日、フリッツ・コルトナーは最後の死の形相にいたるまで演技のすべてを練り上げてセットに現れた。口から流れ出る血はスポンジに染みこませたチョコレート・シロップなのだが、それも慣れない味に不意を衝かれないようにと慎重にテストを済ませていた。俳優にとって死のシーンは何よりも大切なものであり、舞台上で多くの死の場面を経験してきたコルトナーの演技はリハーサルではフリーパスだった。しかし、パプストは細かいショットの分断でコルトナーの演技の様相を一変させた。そこで重要なのは発射された拳銃から立ち上る煙であり、コルトナーにドレスを引き下ろされて私の右肩がむき出しになるタイミングであり、チョコレート・シロップが小道具然としていないこと等々だった――そういったさまざまな技術的細部によって、俳優があらかじめ用意した情感なるものは現実の断片のなかに飛散してしまうのだ。セリフはリハーサル中の俳優を見てパプストが最終的なかたちに決定した。冗談好きのハリウッドのベテラン俳優や監督たちは、サイレント映画ではキャメラの前では思いつきで何をしゃべってもかまわないという誤った考えを流布させている。字幕ライターが俳優の口の動きに合わせて字幕の文句を考えなければならないことを、そういう連中は忘れているのだ。ある日の夜遅く、ベヴァリー・ウィルシャー・ホテルのスイートルームに泊まっていた脚本家ラルフ・スペンスのもとを訪れると、彼はフィルム缶や中華の食べ残しやウィスキーの空き瓶に埋もれていた。彼は（ウォーレス・）ビアリー＝（レイモンド・）ハットン・コメディの一本に手を入れていたのだが、思いつく滑稽なセリフがどれも俳優の口の動きに合わないので途方にくれていた。サイレント映画のファンは俳優の口の動きを読むのがうまくて、カウボーイが馬に乗ろうとして恐ろしい悪態をついていましたよなどと、しばしばあとで切符売り場に文句をいいにきたりするのだ。ま、それはともかく、パプストのような監督は情感を取り出しそれを強めるような的確なセリフを俳優にしゃべらせた。ルルがシェーンの死体を見下ろすところでパプストは私に「血だわ！」というセリフをあたえた。自分が夫を殺してしまったことでなく、流れ出る血を見たことが、そのときの私の表情を決定するのだ。

映画監督の視点からものを見るには、自分に馴染みのある人の本当の笑顔を写真で撮るむつかしさを思ってみるといいかもしれない。監督は何人もの見ず知らずの人間に立ち向かう。彼らはみな自分の役の演じ方に確たる考えをもっており、初めから監督に対して敵対意識むき出しの者もいる反面、みなそれぞれ心の奥に痛みや屈辱を無数に抱えていて、何かの拍子にそれに触れられると猛烈に監督を攻撃して、周囲を面食らわせたりする。監督は監督で俳優から演技を引き出せないかもしれないという内心の恐怖を絶対に外には表そうとしない。エリッヒ・フォン・シュトロハイムのような監督は残忍に振る舞うことで俳優から激しい感情を引き出し、それをキャメラにおさめようとする。また、大根役者を使うことで自らの立場を強固にしようとする監督もいれば、特殊効果撮影や象徴《シンボリズム》的映像に頼ろうとする監督もいる。しかし、G・W・パプストのように真に偉大な監督は、ここぞというシーンではすべて、俳優の目をキャメラにしっかり捉えようとする。「観客には俳優の目を通して理解させねばならない」と彼はいっている。パプストは『心の不思議』（二六）を撮っていたとき、俳優の目に違いが現れるようにと、精神分析医を演じる男優に精神分析のコースを受講させた。パプストの天才は、俳優の心の奥に到達し、恐怖心を取り去り、個性の純粋な力を解き放つところにあり、それがひいては観客に新鮮な感動を呼び起こさせるのだった。

『喜びなき街』（二五）の撮影中、周囲の者は二週間にわたってガルボを外せと監督に要求しつづけた。パプストはそんな声を一顧だにしなかった。そして監督と女優が信頼感で結ばれたとき、ガルボは一世一代の純粋な演技で監督に報いた。それ以上に驚くべきなのは『パンドラの箱』におけるアリス・ロベール操縦法だ。というのも、彼女の場合心の奥に到達しても、解き放たれるべき偉大な女優の精神というものは持っていなかったからだ。彼女の夫は映画の資金源のひとりだった。ミス・ロベール本人はたいした女優でなく、演技への恐怖はベルリン憎悪、役柄への憎悪、私に対する憎悪というかたちをとった。他の監督であればぎこちない演技でも手を打ったところだろう。でもパプストはフランス語で甘くささやいて彼女の心に迫ろうとした。完成した映画のなかで彼女が見せるのは、常軌を逸した登場人物のひとりとして、狂ったように破滅の道に突き進む絶望的な女性の姿であり、それは激しくも完璧なものだった。『パンドラの箱』でいえば、ルルのヒモ役の老人はこの物語の男性側の主人公にあたる。彼は何かというと居心地のよい場所を求め、そこで酒とプラム・プディングを楽しむ。自分が何者か、何が望みかをわきまえており、執拗にそれを追求するのだ。ルルはというと子どもらしさ、つまり他人への無邪気な無関心を喪失し、そのなかで死んでいく。

私は本来ダンサーであり、パプストは本質的に振付家であるという事実が、『パンドラの箱』の撮影初日にうれしい驚きとともに互いの前に明かされた。手間暇かけた台本の英訳版を私は開きもせずに床に放り投げていて、憤慨した助監督がそれを持ち去っていたので、私はルルがパリでレッスンを積んだプロのダンサーであり（台本によれば「ジプシー、オリエンタル、スカートダンス」）、ダンスは彼女の表現媒体なのだということ（「絶望すると私はカンカンを踊るのよ」）を知らないでいた。撮影初日の午後、パプストは「このシーンではシゴルヒがルルにダンスの練習をさせるんだ」と私にいった。踊れるだけの空間と速めのテンポを指示したあと、彼は問いかけるような眼差しで「ここでそれらしくステップを踏んでほしいんだが、大丈夫かな？」といい足した。私はうなずき、彼はキャメラの脇に退いた。これは俳優に失敗の恥辱を味わわせないための、いかにもパプストらしい気遣いだった。もしここで私が、アスタ・ニールセンがそうだったようにスキップに毛の生えた程度の足さばきしかできなかったとしても、監督の問いかけるような眼差しは後悔と失望の渋面に置き換えられはしなかっただろう。しかし実際に演技が終わってみると、やはり内心には懸念があったのか、彼の反応は満面の笑み以上のものとなって現れた。パプストはセットを離れようとする私に近づき、両腕をしっかり摑まえ、まるで私がおかしなことをいってからかったみたいに、愉快そうに笑いながら私の体を揺さぶった。「そうか、君はプロのダンサーなんだな！」この瞬間、彼はルル役に私を選んだことが正しい本能的直感であったと気づいたのだった。パプストは彼自身がこの私を創造したかのように感じた。私こそ彼のルルだったのだ！　しかしながら、ベルリン駅に到着した私に渡されたバラの花束が、パプストが俳優としての私に払ってくれた最初で最後の敬意のしるしだった。そのときから私は、ご褒美の魚なしに、すべて自力でやっていくしかないオットセイと化したのだ。

四日後、今度はさほどうれしくない驚きが待ち構えていた。パプストが私のプライベートな生活までを自分の演出下に置こうとしたのだ。ルルの性格に喜びを見出すのは、彼にとって、映画の中のことに限られていた。自由時間における私のダンスと享楽の日々は終わりを迎えていた。毎夜朝の三時までともにベルリンの夜の生活《ナイトライフ》を楽しんだジョージ・マーシャルがパリにもどっていったのだ。翌日、セットの中で〝芸術家の舞踏会〟の招待を受けた私がそれを承諾したとき、パプストの静かな、しかしよく通る声が背後に聞こえた。「ミュラー！　ルイーズにはもう夜の外出はないからな」私はヨジフィーネがことばを発するより早く抗議の声を上げた。「でも、監督！　私は撮影中はいつも夜は外出と決めてるんです。寝不足にはなりません。撮影の合間に寝ますから。これまでもそれでやってきました！」パプストの耳には私のことばは届いていなかった。ヨジフィーネに一生懸命私の生活スケジュールを教えこんでいたからだ。その日以降、撮影が終わるとヨジフィーネは私をイーデン・ホテルまで連れ帰り、入浴、夕食、就寝までを見届ける。そして翌朝は七時に私を起こすのだった。イライラと落ち着かない気持ちのままベッドに入る私の耳には、シュトレーゼマン大通りの向かい側にある動物園から、檻に閉じこめられた哀れな獣たちの咆哮が聞こえてきたものだ。

映画の中の衣装に関しては、かなりの程度パプストに張り合えた。といっても、こちら側には一度も勝利は訪れなかったが。私が繰り出す必殺のパンチはいつも空を切った。パプストのフットワークが変幻自在だったからだ。私がベルリンに到着したのが日曜日、その週の水曜日が撮影初日で、撮影所に出向くと最初の衣装はパプストによって用意されていて、私は寸法合わせのためにじっと突っ立っていればいいだけだった。最初の衣装だから臨機応変の処置なのだろうと私は内心の不満を押し殺した。けれども、それからあとも、アーミン毛皮のコートからガードルにいたるまで、私が映画で身につけるものはすべて同様の運命が待ち構えていた。ハリウッドでは衣装選びのさい女優を外すなんて考えられない。事実衣装に関しては、私はパラマウントの監督に甘やかし放題に甘やかされていた。マニキュア師を演じたときはビーズで飾られた五百ドルのイヴニングドレスを、デパート店員を演じたときは黒サテンの三百ドルのアフタヌーンドレスを、学生を演じたときはオーダーメイドの二百五十ドルのスーツを身につけたものだ。女優に許される当然の権利と信じこんで、私は傲然とパプストに反抗した。パプストは細心の注意を払って私の衣装を選んでいた。登場人物同士の性的衝動がぶつかり合うシーンでは、見た目と同様に触感的にも蠱惑的な衣装が用意された。彼は私と共演する俳優たちに、それがダンス用のコスチュームであれ、ブラウスにスカート、あるいはナイトガウンであれ、その下の私の肉体を感じ取ってもらいたいと思っていた。バスルームを出てフランツ・レデラーとのラブシーンに入っていくところを撮影する日、私はあざやかな黄色の、豪奢なシルクのネグリジェを身にまとってセットに現れた。ヨジフィーネは私が着るのを拒んだペニョワール（入浴後の化粧着）を両手に捧げ持って、監督のところに向かっていた。待っているのはお叱りである。監督の指示を私に守らせるのが彼女の仕事だからだ。このときもパプストはヨジフィーネの言い訳を厳しい叱責のことばで一蹴し、そして私のほうに向き直ってこういった。

「ルイーズ、ペニョワールを着なきゃだめだ。素肌の上にじかにね」

「いやよ。そんなの着たくないわ。それに下が素肌かどうか誰にもわからないじゃない。そんな大きなウールのバスローブなんか着ていたら」

「レデラーにはわかるんだ」

反論のしようもない答えに、私はヨジフィーネを従えてすごすご引き下がるしかなく、バスルームのなかでペニョワールに着替えたものだった。

純白のウェディングドレスの、〝エプロンのように〟結びつけられた裳裾《もすそ》に反撥したときは、激しい動きの多い長いシーンだから簡単に解き放せるようにしてあるんだとパプストは説明した。しかしこのときばかりはと私も意地を張り、知ったこっちゃないわと裳裾を引きちぎり、彼に向かって駄々をこねつづけた。パプストはまったくの馬耳東風、裁縫師にもう一度裳裾を縫いつけるように命じるとそしらぬ顔で着替え室を出て行った。パプストは私の決定的敗北は、実際それは私の目に涙を浮かべさせたのだが、撮影の最終段階に訪れた。パプストは私の衣装トランクをかきまわして、売春婦に身を落としたルルが切り裂きジャックの手にかかって死ぬときの〝ボロ服〟を物色した。私の趣味を直感的に理解する彼が目をつけたのは、私のとくにお気に入りのブラウスとスカートだった。私は悲しみにくれた。「どうせダメにしてしまう衣装なんだから安物をどこかで買ってくればいいじゃない？　なぜ私のものじゃないといけなくて？」当然私の問いかけに答えはなく、そのかわり翌朝の撮影所の着替え室で見出したのは、処々に破れやほころび、油染みのついた、かつてはすてきだった私の衣類だった。衣装部にしまわれていた出所も定かでないズタ服ではなく、つい先日の日曜日アドロン・ホテルの昼食に着ていったばかりのブラウスとスカートが、姿を変えて、ルルの最後の衣装となったのだ。ヨジフィーネにスカートのホックを留めさせ、ブラウスに頭と両手を通し、衣装そのままに汚れ疲れた最悪の気分でセットに出て行った。撮影なんてどうとでもなれの気分だった。

ルース・セント・デニスとテッド・ショーンのもとでダンスを踊っていた二年のあいだに、適切なコスチュームは魔法の働きをすると教えられた。両人のデュエットで最も有名な〝土地を耕す者〟では、二人の衣装はジャガイモ袋と同じ粗麻布でできていた。ミス・ルースのソロ・ダンス

〝生け花〟では、あざやかな日本の着物風の衣装が絶大な効果を生み出していた。しかし、その後の三年間、映画界の贅沢三昧の習慣が私の感覚を堕落させた。そのために、一九五六年に『パンドラの箱』をまともに見るまで、ルルの性格とその破滅に向かう運命がパプストの選び抜いた衣装によって見事に象徴化されている事実を、私は見抜けないままでいた。ルルが夫を撃ち殺すときに着ている純白の繻子の花嫁衣装には、血の染みは一滴たりともついていない。ルルが夫を撃ち殺すときに着ているのは、白く清潔なペニョワールに身を包んだルルに向かってアルヴァが「ぼくを愛しているかい、ルル？」とささやくと、「私？ちっとも！」と答えを返す。ルルが、消える前のロウソクの最後の輝きのように、初めて強い愛の感情に打たれ、生を実感し、そして死んでいくのは、着古されて汚れの目立つ、街娼のボロ服を着ているとき。ルルは霧深いロンドンの小路で切り裂きジャックに声をかける。金を持っていないと男がいうと、「かまわないわ。あなたが気に入ったのよ」と彼女は答える。その夜はちょうどクリスマスイヴで、子どもの時から夢に見ていたものがルルにもたらされるのだ。性的異常者の手にかかって死んでしまうという夢が。

ハリウッドでサイレント版『カナリヤ殺人事件』を撮り終えた私は清々した気分でベルリンのパプストのもとに向かったものだ。『パンドラの箱』を終えてニューヨークにもどってくると、パラマウントのニューヨーク支社は、即刻ハリウッド行きを指令してきた。撮影所では『カナリヤ殺人事件』をトーキーに作り直していて、私の出番の一部を撮り直し、さらにはセリフの音入れをする必要があったのだ。私が行かないと答えると、パラマウントは契約書を持ち出した。私が拒絶をつづけると、私の言い値の金を出そうといってきた。別の俳優を使っていちから撮り直しをすると莫大な経費がかかるからだ。それでもこちらが頑として動かぬのを見て、ついに向こうも説得をあきらめた。私は自分の出演作すべての権利放棄書（一銭の代価ももらわず）に署名し、パラマウントは私に替えてマーガレット・リヴィングストンを使ってセリフを入れ、トーキー版『カナリヤ殺人事件』を完成させた。この一連の経緯――トーキー版製作のためにパラマウントが余計な出費を余儀なくされたこと、私が侮蔑的な態度をとったこと――に撮影所上層部の怒りはおさまらず、私にはトーキーに対応できる能力がなく、そのためやむなく解雇したというデマを広め、それがメディアにものり、一般の信じるところともなったのだった。

ハリウッドでは私ははすっぱ女優にすぎなくて、ファンレターが多く舞いこむようになっても、私に対する経営幹部側の気持ちは冷めていく一方だった。ベルリン駅のプラットホームに降りたってパプストの出迎えをうけたとき、私は初めて女優というものになった。彼は私をまっとうに敬意をこめて扱ってくれたのだが、そういう待遇はハリウッド時代には無縁だった。プストが私の人生と芸歴とを一眸《いちぼう》のもとにおさめていて、私には勇気づけや擁護がどこで必要なのかを知りつくしているかのようだった。そして彼がこれまでの私を理解しているから、お互い過去について語り合う必要がなかったように、それはいま現在のことについても通用した。私たちはほとんどいつも一緒にいたけれど――セットでも、昼食時も、それにしばしば夕食や観劇も――彼はめったに話しかけてこなかった。それでも、私が気にくわないウェディングドレスを引き裂こうとしたときには静かに着替え室に現れて私をなだめたし、楽屋のドアを無作法に叩いて私の名を大声で叫んだ呼び出し係の男をすぐにクビにしたし、最初のラッシュを見たときの私の内心の動揺を気配で察してからは、二度と私にラッシュを見せようとはしなかった。私が秘かに考えたり感じたファンレターが多く舞いこむようになっても、りすることとそれらに対する彼の反応ぶりを見ると、私たちにはある種の無言の意思疎通が確立されていたかのように思われる。他の人間に対しては、彼は彼一流の注意深いやり方で、笑みを浮かべながら、穏やかに、あるときは熱をこめて、正確を期して、際限なく語るのをつねとした。私に対しては午前中はひと言も語りかけずにいて、昼食のとき突然「ルイーズ、明日の朝はコルトナーとの大喧嘩のシーンを撮るから用意しておくように」とか「このあと最初のシーンで君は涙を流すんだ」とかいってくる。それが私に対する演出法だった。彼は理のまさった俳優にはとことんことばを尽くして説明する、悪擦れしたベテランには舞台用語で話す、そして私の場合は、あるひとつの明快な感情のなかに魔術的な手際で私を浸し、そうしてあとは自由に解き放つのだ。映画の筋立てについても同じだった。パプストはけっして目の前のアクションに直接関係のないことで私の頭をわずらわせなかった。しかし、そういうパプストのやり方のせいか、私は『パンドラの箱』では映画の内容について終始ごくぼんやりしたイメージしか持っていなかった。さらに、彼と次に撮った『淪落の女の日記』では最後まで筋立ても映画の意味も何も知らないままでいた。それらがよくのみこめたのは、製作から二十七年後、イーストマン・ハウスでこの映画を見たときになる。

そしてまた『淪落の女の日記』の撮影中に――厳密には撮影最終日だったが――パプストは私の将来に踏みこんできた。そのとき私たちは小さなカフェの庭で憂鬱げにテーブルにすわり、作業員たちが埋葬シーンのための墓穴を掘るのを眺めていたのだが、彼はいまここでいっておかねばと意を決したようだった。何週間か前、パプストはパリで私の友人連に会っていた――仕事以外の時間に私が毎日つきあっていた金持ちのアメリカ人たちだ。彼はその連中に業を煮やしていた。第一に、彼らのせいで私がドイツに行けず、ドイツ語を習得できず、そのために彼が望むような本格的な女優に私が成長できないでいる、と感じていたからだ。第二に、彼の目には彼らはわがまま勝手に振る舞う子ども同然の不良たちで、しばらくは私を相手に遊び呆けるだろうが、飽きがくると古い玩具のように私を捨ててかえりみないのが目に見えていたからだ。「君の生き方はルルそっくりだ」パプストはいった。「末路もおんなじだよ」

彼がここでルルを引き合いに出した意味がよくのみこめなかった私は、そんな話は聞きたくないとばかりに、うるさそうに彼をにらみつけた。その十五年後、彼の予言どおりハリウッドで行き詰まった私の耳にこのときの――強い口調で言い放たれた――彼のことばがよみがえってきた。そしてそのことばに従うように、荷物をまとめて私は故郷のカンザスに帰って行った。しかし、パプストと私との関係の最も数奇な顚末は、ポール・ローサ／リチャード・グリフィス共著「現在までの映画」の脚注の一節が私をある覚醒に導いたことだった。そこには私についてこう書いてある。「ルイズ・ブルックスはパプストがハリウッドからドイツに呼び寄せ、『パンドラの箱』の主役に抜擢した女優。それによって彼女の人生と経歴は一変した」これを読んだ私は、三十年前の自分が、ハリウッドにもどって『カナリヤ殺人事件』の撮り直しに従うことをなぜ頑強に拒みつづけたか、その理由をいまにして理解できたと思った。

エピローグ　なぜ私は回想録を書かないのか

「ぼくたちの問題はだね」一九三〇年、グラント・クラークは私にいった。「一部のハリウッドから見れば許しがたく不道徳であるのに、別の一部からは中途半端に道徳的に見えるってことさ」

このいささか皮肉な見解は彼も私もいわゆる中西部バイブル・ベルト（聖書地帯）の出身者だという事実を指していて、私たちがその血を引いているこの地域のアングロサクソン系農民は熱心なキリスト教信者で、自宅の居間では神に祈りを捧げ、納屋では近親相姦に励むといわれていた。私たちのことでいえば、パリ、ロンドン、ニューヨークのエリートたちから性教育を授かりながら、生まれながらの罪の意識がセックスにはともない、それが快楽にブレーキをかけていた。それと同様、不道徳の烙印のせいで、私たちはハリウッドのお歴々――道徳的なることの美を謳った映画を世界に広めることを使命にした人たち――が集うパーティからは締め出しをくらいながら、思わぬ瞬間潔癖主義者に豹変するとの評判のせいで、種々の楽しみが周到に準備されたパーティでは、食事が終わったところで私たちだけあっさり家に帰らされるのだった。

私がここでいっているのは、ハリウッド式乱交パーティと呼ばれる下品などんちゃん騒ぎのことではない。あるいは、エキストラ女優がわんさといて、ブルー・フィルムで下準備したプロデューサーや男優がこっそりそこに混じるというパーティでもなければ、酒を飲んだ挙げ句に寝室や芝生の上で寝技が始まるというパーティでもない。ここでいっているのは、私の知る限り、まだどんな回想録にも記されていない稀な類いの娯楽のことなのだ。

映画人の回想録にいまだ記されていないといえば、グラント・クラークの名前もそうだ。彼は映画史に織りこまれた辛辣な警句（〝ハリウッドは小舟のガラス底に映る薄汚い下水溝だ〟）の生みの親だが、この一句はいつもウィルソン・ミズナーが作者であるとして紹介されている。ミズナーは座談の名手で、彼がカナダのクロンダイクで五年間虚実取り混ぜ仕込んできたゴールドラッシュ逸話集は、語り始めると北極の夜よりも長いといわれた。彼は偉丈夫の上、将軍並みの掌握力を持っていて聞き手の心をつかんで放さなかった。一九二七年、金鉱掘りが靴ひもを結ぼうと身をかがめた姿勢のまま凍死したために大太鼓に入れて埋葬しなければならなかったというお馴染みの話をわが家で披露していたウィルソンは、カクテルを作ろうと立ち上がった私の体に片腕をまわし、そのまま膝の上に抱きかかえ、話が終わるまで私を鳥籠の鳥状態にした。

一九〇九年のニューヨーク、三十三歳のウィルソンは賭博に関するさまざまな逸話を劇作家たちに売りつける一方で、スポーツライターを多く知り合いに持つボクシング・マネージャーとして名を高めていた。彼がグラント・クラークを配下に引き入れたのはこの頃で、十八歳の天才作詞家だったクラークは新しいジョークのネタをウィルソンに提供していたが、三一年にハリウッドでモルヒネの過剰摂取のために死んでしまう。その二年後の三三年にはウィルソンも死去、その頃は暗黒街ものの原案でワーナー・ブラザースから幾許かの収入を得ながら、もぐりの賭博場に友人連を紹介してはその紹介料で生計を立てていた。

ある夜、アンバサダー・ホテルのココナッツ・グローブでフレッド・レヴィと一緒にいた私はウィルソンの姿を見かけ、一緒に加わらないかと声をかけた。ギャンブルは嫌いで、やり方も種類も何も知らなかったけれど、退屈を持て余していた私は、ウィルソンに賭博場に連れてってとせがんだ。賭博場ではフレッドはトウェンティワンをやり、私はダイス・テーブルのスツールに腰掛けてシャンパンを飲みはじめた。翌日ブラウンダービーで三人一緒に朝食をとったとき、私はサイコロで得た二百ドルの儲けを見せびらかしたが、フレッドが二千ドルをスッたことは蒸し返さなかった。その一年後、シカゴのナイトクラブ〈シェ・パリ〉にいると、ウェイターから紙片を渡された。その紙には〝ウィルソン・ミズナーの情婦さまへ〟と宛名書きがしてある。目を上げると、ダンスフロアーを挟んだ向こう側のテーブルにフレッド・レヴィがいて、笑顔でこちらに手を振っていた。フレッドの姿を見たのはそれが最後となった。

ウィルソン・ミズナーは映画のなかには創意ひらめく仕事を残していない。にもかかわらず、映画関係書を見ると彼は年を経るごとに知名度を高めているようだ。いまや名もなき存在となったグラント・クラークの歌は、昔のままに映画の中に流れている。彼は『ジャズ・シンガー』(二七)のアル・ジョルスンのために歌詞を書き、ファニー・ブライスには彼女の最高の歌「セカンドハンド・ローズ」を書いた。ジョークや逸話の作り手をより著名な人物へと置き換える映画関係ライターや出版社の悪しき慣例はますます映画史をいびつなものへと歪めている。そのうちにハリウッドの回想はみな同じようなものとなり、違いは著者の名前だけとなるだろう。

大監督エドマンド・グールディングの名前も映画史から消えて久しいが、彼のことからハリウッドにおけるセックスについての話題にもう一度たち返ることができる。

この原稿を書くにあたって自分の日記やノート類を見直したのだが、エドマンド・グールディングの名前は稀にしか現れてこなかった。ロチェスター公共図書館のビル・クセオを煩わせ、「定期刊行物目録」と「英国人名事典」を見てもらったが、どちらにもグールディングの項目はなかった。一九五九年の逝去のさい、訃報を載せたのは「ニューヨーク・タイムズ」と業界紙の「ヴァラエティ」の二紙だけで、その他の全国紙は彼の業績も死去も報道の価値はないと判断したようだった。グールディングは比類なき映画監督だったが、また同時に俳優、歌手、ソングライター、小説家、劇作家、シナリオライターとしてもすぐれていた。人間性も抜きん出ていて、一九三二年親友のイギリス人ダンサー、マージョリー・モスが結核で死期を悟ったとき、彼女と結婚、モスの人生の最後の三年間を平穏で美しい憩いの時間で満たしたのだった。

一九七七年六月、ケヴィン・ブラウンロウがサイレント映画を主題にしたテムズ・テレビ製作のシリーズ番組の取材にハリウッドを訪れ、昔の映画人の多くにインタビューすると聞き、エディ・グールディングのことを訊ねてみてと彼に依頼した。二週間後、誰もグールディングのことを話そうとはしなかったとブラウンロウから報告があった。グールディングの名は、罪とは無縁のセックスのイメージをかきたてるので、罪悪感にまみれたハリウッド人士はその前では為す術《すべ》を失ってしまうのだ。グールディングはセックス関係のイベントを設定するのに、映画を演出するのと同じ周到さをもってした。彼にとっての顧客は英国貴族かもしれず、銀行家あるいは大会社の重役かもしれなかった。呼ばれる女性はウェイトレスかもしれず、映画の大物女優かもしれなかった。三十八年間のあいだに彼は多くの人間の人生の転機に関わったが、それらの人間は最終的に彼との縁を切っていった。一九二五年、『三人の踊子』を監督した直後、彼は青い目を輝かせて、ジョーン・クロフォードという新しいスターを見出したとウォルター・ウェンジャーと私に語った。彼は演技の基本をクロフォードに教えこみ、翌二六年、彼女のために自分で脚本を書いた『巴里』を監督した。それでも、いくつかある自伝的書物のなかでクロフォードは、彼のことはお座なりにしか触れていない。これと鮮やかな対照を成すのがベティ・デイヴィスだ。彼女は自伝「孤独な人生」のなかで『愛の勝利』の主人公ジュディスを「これまで私が演じたなかで自分も観客もいちばん気に入っているのがこれ」といい、エドマンド・グールディングを「ハリウッドにおける数少ない最高クラスの監督のひとり」と讃えている。

私が初めてグールディングに会ったのは、カンザスの大草原をあとにしてまだ二年しか経っていない十七歳のときで、ある昼食の席だった。英国紳士の彼の目には、私は驚くべき野蛮な小動物と映ったに違いない。一九二四年公演「ジョージ・ホワイトのスキャンダル」の舞台で私を見ていた彼は、パラマウント撮影所でスクリーンテストを受けてみないかと訊いてきた。私が「イヤよ」というと、妙な表情で私をしげしげ眺めた挙げ句、「それじゃあ、午後の時間を私と一緒に過ごすというのはどう?」と質問を変えてきた。これには「いいわ」と私も答えた。話をしていてこれほど楽しい男性はおらず、その誘いを振って早々に別れてしまうほど、私はバカではなかったからだ。

私たちはタクシーでまず西六十丁目のさる家に向かった。そこで彼は私を車の中に待たせておいて三十分ほど〝女たち〟を表敬訪問した。次の訪問先は〈オテル・デ・ザルティスト〉に住むノヴェロ夫人(アイヴァ・ノヴェロの母親)で、ニューヨークの声楽教師として有名なこの女性を相手にエディは一時間ほどデュエットを楽しんだ。そして私たちはメイ・マレイがお茶に招かれている彼のアパートへと帰っていった。彼女のために何本もシナリオを書いているエディには、舞台をどのようにアレンジすればよいか細かいところまでわかっていた。「すわってもらう場所はここだな」小テーブルをグレーのビロードの椅子に近づけながら彼はいった。「メイはとても無垢で、永遠の若さの持ち主なんだ」テーブルの上には銀製の花瓶が置かれ、白いバラが一本だけ挿されていた。そして、いたずらっぽい笑みを浮かべると、花瓶の脇に春画の画帳を置いた。「彼女は気位の高い女性だからね――」と、ドアのベルが鳴って彼女の来訪が知らされたとき彼は私に注意をあたえた。「紹介されたときは正式なお辞儀をしてくれなくちゃいけないよ」グールディングが語ったとおりの無垢で若々しいメイ・マレイが入ってきた。白い薄手のドレスに淡いブルーの腰帯《サッシュ》、そしてそれに調和するブルーの小さなパンプスという出で立ちだ。私がひざを曲げ体をかがめてお辞儀をすると、女王のように軽くうなずいて挨拶を返してきた。残念なことに、舞台の稽古の時間が迫っていた私は離席せねばならず、春画の画帳に彼女がどんな感想をもらすのか、その場をじかに目にすることはできなかった。

エディに最後に会ったのは一九三八年、場所はベヴァリーヒルズで、そのとき彼は四十七歳だった。一九三二年度のアカデミー賞作品賞を獲得した『グランド・ホテル』以降名監督としての地位は揺るぎないものとなっていたが（そのときの監督賞は、ばかげたことに『バッド・ガール』のフランク・ボーゼーギの手に渡った）、相変わらず、いささか奇矯ではあるが熱意にあふれた社交演出家の一面を保持しつづけていた。その後も彼は、他の名を成した監督たちのように神聖な偉人集団に仲間入りすることはなく、演壇の上やテレビ画面の向こうに老骨をさらすことも絶えてなかった。

エディは私をとある瀟洒な家での昼食会に誘ってくれた。その家は昼食会のホストを務める若くてハンサムなウォリック伯ファルクが借りていたもので、つい最近離婚したばかりのウォリック伯は悲しみを癒すためにハリウッドにやってきたのだった。もうひとりのゲストは〝お高い身分〟に出世したジンクス・ファルケンバーグだった。ハリウッドの製作者たちは〝お高い身分〟には弱く、そのためにこの体格のよい健康的な美女もつかの間スター候補生となっていた。その日の朝、エディは自らワーナー・ブラザースで撮ったジンクスのテストフィルムを見てきたところだった。昼食の席でジンクスは「フィルムの出来はどうだったの」と彼に訊ねた。「全然ダメだ」と、プロの真顔になってエディは答えた。が、相手が瞬間色をなしたのを見てすぐにこう言い足した。「でも、あのナイトガウン姿に見る君のお尻は極上だったよ。ナプキンに包まれた二個のグレープフルーツの如くでね」どっと起こった笑いにジンクスは加わらず、案の定というべきか、私は彼女にとって何の利益ももたらさない馬のホネだったので、私にだけ憎しみの一瞥を向けると、プイと立ち上がり、そのまま外に出て行った。

人の生涯を綴ることに関してだが、当の人物の性的な愛憎や葛藤の本質的部分を書きこまない限り、読者はその人物の性格や行為を真に理解することはできない、と私はかたく信じている。一見意味不明の行動の数々から何らかの意味を見つけ出す方法はそれしかない。プルーストのことばを私流にいい換えれば、「私たちは愛を求めるなかで幾度人生の行程を逸脱してしまうことか。その愛もたった数カ月で跡形もなく忘れてしまうのに」ということになる。ヴィクトリア朝の人々ならタブーにしたであろうセックスに関して自分は誠実に向かい合った、と考えて、私たちはうぬぼれることがある。多くの暴露本が人を驚かせ、興奮させようとして、あるいは金儲けのネタにしようとして書かれているのは事実だけれど、本格的な本に描かれた場合の登場人物はこの上なく不可解で、読者の理解を超えたものでありつづけている。ガースン・ケニンの著書「トレイシーとヘプバーン」は精気横溢のキャサリン・ヘプバーンを男性遍歴の性的怪物として描いている。ブルック・ヘイワード（リーランド・ヘイワードとマーガレット・サラヴァンの娘）の著書「ヘイワイア」では、著者の母親とマーガレット・サラヴァンとはついに最後まで一致しない。両親の性的関係を扱わず、母親の情熱的で嫉妬深い性格にメスを入れようとしない著者は、母親の悲劇的な生涯を説明するのに女優だった母親のスクラップブックに逃げこんでいる。一九六〇年元日の母親の自殺ですら、父親リーランド・ヘイワードの五度目の結婚と結びつけられてはいない。

マーガレット・サラヴァンは正真正銘のヴァージニア佳人、また確信犯的ファム・ファタールで、ヘンリー・フォンダ、ウィリアム・ワイラーと離婚したあと、一九三六年、二十五歳でリーランドと結婚する。一九四七年、リーランドが彼女と別れてナンシー・(スリム・)ホークスと結婚すると、この意志強固な女性はかつての夫を奪還しようと、それからの十二年間女優業を放擲して破滅的人生を歩む。一九五九年ナンシーとリーランドが離婚し希望の灯が再びともる。しかし、彼女に届いた報せはリーランドがパメラ・チャーチルとの結婚を決意したというものだった。そして絶望に沈んだ彼女は自ら死を選ぶのだ。

私もまた、私の人生を読むに堪えるものとするだけの性的真実を書くことは忌避したい。自分にはバイブル・ベルトは外せない。私が回想録を書かない理由はそこにある。

私の見たルイズ・ブルックス——目撃者は語る

ロッテ・H・アイスナー

すべての始まりは一九二九年だった。その二年前の十月から、私はベルリンで映画・演劇を扱う日刊紙「フィルム・クリーア」紙の記者として働いていた。映画技法やスタイルの理解を深めるため、撮影所に日参し、この二十世紀の新芸術においては何がどのように行なわれるのか、そのありようを目におさめようとした(今日の映画批評家がこのような習慣を廃してしまったのはまことに遺憾だ)。

ある日の午前、ベルリン郊外の撮影所に『淪落の女の日記』を撮影中のG・W・パプストを訪ねた。私が到着したときは照明の調整中で、パプストはまず真っ先に、いかにも誇らしげにこの映画の主演女優を私に紹介した。この女優は際立った美貌の若いアメリカ人女性で、そのとき椅子にかけて本を読んでいた。驚いたことに、まだ年端もいかぬこの美女が読んでいたのはショーペンハウエルの「随感録」の英訳本だった。宣伝用にパプストが持たせせたな、と当然のごとく私は解釈した。こちらが大学出であることを彼は知っていたからだ。それでも私は、この見知らぬ女優が発する魔力のようなものをしだいに強く意識するようになっていった。彼女はほとんどしゃべらなかった。私が英語で問いかけてもそれは変わらない。この女優がルイズ・ブルックスだった。私はしばらくパプストの仕事ぶりに目を凝らしていた。その間ほぼ無言で通したブルックスは、押し出しの欠如と、撮影に際して彼女が投影する強烈な存在感との奇妙な食い違いで私を惹きつけた。

完成した映画をスクリーンで見たとき、同じ印象に打たれた私は、自分の感覚はまちがってなかったと確信した。さらに時を経て、一九五二年、「魔に憑かれたスクリーン」の執筆にかかっていた私は、このときの撮影所訪問を思い出しながら、パプストの二本の映画との関連で次のように書いた。「ルイズ・ブルックスは謎の女性のごとく感情を表に現さないのだが、これら二本の映画を圧倒的な存在感で領している（彼女は偉大な芸術家なのか、それともその美貌故に観客が彼女自身気づかぬ複雑な魅力をそこに見出しているだけの、たんなる魅惑的な女優にすぎないのか？）」この問いかけの答えはほどなく明らかになった。一九五〇年代、シネマテーク・フランセーズはルイズ・ブルックスをパリに招き、そのとき私は一カ月にわたって彼女にインタビューする機会を得た。ブルックスは――何ごとも自己流を貫く彼女らしさそのままに――二〇年代を風靡したあのボブヘアとは正反対に、長い髪をすべてしっかり後ろになでつけ、純真さの残る広い額をあらわにしていた（とはいえ、横顔の息をのむような輪郭線の美しさは以前と変わらなかったが）。彼女の最大の賛美者のひとりアド・キルーはこの髪型の変貌を嘆いていたが、彼には、ルイズ・ブルックスはあくまで今現在に生きていて、過去の輝きには意地でも背を向けてみせる人間であるのがわからなかったのだ。

その頃には、ルイズ・ブルックスが栄光の頂点で映画から離れたのは自らの意志によってであり、何人かのスター俳優のように、トーキーへの転換によってそれまで培った演技術ではやっていけなくなったためではないことを私は理解していた。じっさい、彼女の声は美しく、力強い響きを持っていた。どうして映画からさっぱり足を洗ったのかと私が訊ねたとき、同じことを何度も何度も繰り返すのがいやになったからだとぶっきらぼうな答えが返ってきた。最近のこと、三〇年代ベルリンの〝生き残り〟たちについてのドキュメンタリー（製作はカナダのテレビ局）を撮りにベルリンを訪れたアメリカの監督が、彼が取材したすべての人物のなかではルイズ・ブルックスに最も強烈な印象をあたえられた、と私に語った。彼いわく、彼女の声は非の打ち所がなく、どうしてアメリカの映画人がいま彼女を映画に起用しようとしないのか理解に苦しむ、ジョーン・クロフォードやベティ・デイヴィスのような例があるのに、と。

パリ滞在中のルイズ・ブルックスと多くの時間を過ごすうち、私はありのままの事実を受け入れるよりなくなった――自分の目の前にいるのは驚くべき個性を天から授かった人物なのだということをである。二〇年代に会ったときには謎めいて思われたこの個性、あるいは存在感は、彼女が人生を重ねるなかで作り上げたもの、高度な知性と心情に育まれたものであり、率直な意見、周囲の人間や事物に向ける明晰な観察眼、歯に衣着せず思うところを述べる奔放さはすべてそのあらわれだった。私は、あのとき手にしていたショーペンハウエルの本は本当に読んでいたのかと訊ねる誘惑に抗しきれなかった。彼女は事実読んでいた。それだけでなく、プルーストも読んでいたし、映画人のあいだで目にするのは稀な他の多くの著述家のものを読んでいた。しかし、この女性に関しては驚くものはもう何もなかった。その非凡な知的精神にはもうじゅうぶん納得がいっていたからだ。このとき以来、稀有な友情で私たちは結ばれている――意見の相違などではビクともしない確信に満ちた堅固な友情なのだ。だから「魔に憑かれたスクリーン」の新版が刊行されたとき、彼女のことをはるかによく知るようになった私は次のように書いた。「今日私たちはみな知っている

――ルイズ・ブルックスは飛びきりの知性を備えた驚異の女性であり、たんなる魅惑的な女優というだけではないことを」

ルイズ・ブルックスはもう映画には出ていない。いま熱中しているのは絵画であり、そのタッチはきわめて端的、幾分古代中国の水墨画のような趣がある。一九六〇年、私が新居に引っ越したとき、彼女はそんな絵の一枚を送ってくれた。すっきりとした強い線で一本の木が描かれていて、白黒濃淡の影がそのまわりを覆っているというものだ。中国の漢字に似せて朱色で署名がされている。同封された手紙のなかで、彼女はこれは年老いた中国人〝ル・ブル〟からのプレゼントだと書いていた。

彼女の手紙はいつもとても楽しい。というのも、この独立心旺盛の女性は、自己を見つめるとき、正真正銘の文筆家に姿を変えるからだ。これまでにも、身を投じていた頃の映画界や、出会ったり目にした映画人たち（リリアン・ギッシュ、グレタ・ガルボ、チャップリン、W・C・フィールズ、ハンフリー・ボガートら）についてのエッセイを著してきた。いずれも偏りのない目と洞察の深さにおいて類を見ない文章だった。率直で、時代の偏見にとらわれることを嫌う彼女はこれらの人々やそこに生じた出来事を、自らの真っ正直な感性のままに捉えている。これらのエッセイを一冊本にまとめようと企画した出版社は正しい判断をした。この本は〝華麗なハリウッド〟の裏側を明らかにしてくれるからだ。そしてまた、このような賛辞を連ねてもこの本の著者――われらが〝哲人〟を舞い上がらせることだけは決してあり得ないと安心できるのも嬉しい。彼女はこのあいだクリスマスカードに次のように書いてきた。「もうこれ以上書くのはやめにするわ。彼女のことばガラクタ文章に洗脳されている読者に真実を訴えるのは、徒労でしかないから」と。宣伝広報経由のに異を唱えようとは思わない。ではあるけれど、彼女の生涯を貫く〝真実〟への執着が、それがあまりにも強すぎるあまり、真実を必要とし、それを受けるに値する世界の人々に向けて、これ以上の発信を断念させる結果となったのは、なんとも残念でしかない。

本文章は一九七七年フランスの Edition Phébus より刊行された *Louise Brooks: Portrait d'une anti-star*（ルイズ・ブルックス——あるアンチ・スターの肖像）に書き下ろされたものである。

黒ヘルメットの女*

ケネス・タイナン

その一瞬がなければこれから書かれるようなことは何も起きなかった。昨年（一九七八年）の一月のサンタモニカ、暖かい日曜の昼前どき、ベッドに寝そべってテレビガイドをパラパラとめくっていると、地方局チャンネルでその日の午後一時から始まるある映画の題名が目にとまった。その映画は四半世紀前に初めて見たときから私の空想世界を刺激しつづけてきたものだった。地方局のチャンネル28にしてもその作品選択は少々奇抜だった。南カリフォルニアの住民の何人が、プールサイドでのシャンパン付きランチをやめて、あるいは海岸沿いルートを走るサイクリングをやめて、はたまたトパンガ渓谷での健康食ピクニックやマリブ海岸でのサーフィンをやめて、五十年前にべ

＊本文章は原著（二〇〇〇年版）の序文として掲載されたもの。初出は「ニューヨーカー」一九七九年六月十一日号。ケネス・タイナンは一九二七年イングランドのバーミンガム生まれ、高名な演劇批評家であるとともに舞台のプロデューサーとしても活躍した。一九八〇年没。なお、本稿に挿入した写真図版はさまざまな雑誌・宣伝媒体に掲載されたものである。

ルリンで作られたドイツのサイレント映画を見ようとするだろうか。しかもその映画は無心に快楽を求める若い娘が、悪意のないままに、愛を交わした男たちを――そして最後には自分自身をも――栄えある殺害犠牲者の地位に祭り上げるというもので、悲劇ではありながら、快楽主義の謳歌と呼べる作品だった。ちょうどそのとき、真昼の太陽が光り輝くカリフォルニアも、死の影こそどこにも見えぬなかで、同じ生活原理を心ゆくまで満喫していたのだ。

テレビの前に座をしめるとクレジット・タイトルが始まっていた。監督はゲオルク・ヴィルヘルム・パプスト、一九二〇年代後半のドイツ映画を代表する巨匠である。脚色はラディスラウス・ヴァイダで、原作は一八九〇年代に書かれたフランク・ヴェデキントの二つの戯曲、いずれも猥雑でエロティックな「地霊」と「パンドラの箱」。パプストは映画題名に後者を選んだのだが、シナリオは原作戯曲とはかなり異なっており、映画は原作の傑作舞台劇をさらに上まわる内容となっている。ヒロイン、ルル役のキャスティングを知ったドイツの女優たちは憤懣やるかたなかった。パプストが選んだのは、自身まだ会ったこともないカンザス出身の、二十一歳になるアメリカ人女優で、当時パラマウントの契約俳優だったこの女優は英語以外の言葉をまったく解さなかった。これがルイズ・ブルックスだった。ブルックスの映画デビューは一九二五年、出演作は二十四本しかなく、一九三八年を最後に映画界から姿を消した。傑作は『パンドラの箱』と、同じくパプスト監督のもとで作られた『淪落の女の日記』の二本、他は大半が当時の型どおりの撮影所作品だが、彼女のまわりには称賛と崇拝の献辞が、それも年を追うごとに数多く寄せられている。その一部を書き写してみると――

「演出無用の女優。スクリーン上を動き、そこに存在するだけで芸術作品を現前させる」――ロ

ッテ・アイスナー（ドイツ・フランスの批評家）

「熱狂的賛美者である若き観客たちは、彼女のなかにすぐれた女優、あやしくも輝かしい個性、映画史上類い稀なる美貌を見てとっている」――ケヴィン・ブラウンロウ（イギリスの映画監督、映画史家）

「映画史上もっとも神秘的でもっとも呪縛力の強い女優のひとり（……）誰よりもはやく映画演技の深奥を貫いた演技者」――デイヴィッド・トムスン（イギリスの批評家）

「ルイズ・ブルックスはどのような映画でも傑作に変貌させてしまうおよそこの世でただひとりの女優だ（……）ルイズは完全なる幻影、夢の女であり、もしその存在がなければ、映画ははなはだつまらぬものになってしまうだろう。神話をはるかに超えた魔法のような存在、真のまぼろし。彼女は映画の魅力そのものなのだ」――アド・キルー（フランスの批評家）

「その姿をひと目見た者はけっして忘れない。そこには究極の現代女優がいる（……）彼女がスクリーンに現れるやいなや、作り物の世界も芸術もかき消え、あたかもドキュメンタリーを見るかのような錯覚を観客はおぼえる。キャメラは何も知らぬ彼女をとらえる。彼女は映画的プロセスの知性、フォトジェニックなるものの完璧なる化身、映画がサイレント期末期に再発見したもののすべての具現化、つまり完全なる自然、簡潔のきわみ。その芸術はあまりにも純粋で、肉眼では捉えられない」――アンリ・ラングロワ（シネマテーク・フランセーズ館長）

私は映画が終わるまで、ということはルルが最期をとげるまで、テレビの前にすわっていた。映画のクライマックスとなるルルの最期のシーンは、端正なまでに暗示的に描かれていて、ルイズ・ブルックス本人はかつて「サイト・アンド・サウンド」に次のように書いた。「その夜はちょうどクリスマスイブで、子どもの時から夢見ていたものがルルにもたらされるのだ。性的異常者の手にかかって死んでしまうという夢が」映画が終わったところで私はテレビのチャンネルを切り換え、ゲーム番組やペットフードのコマーシャルで賑わう現実の世界にもどっていったが、幸いにも、彼女にかけられた呪縛は簡単には振りほどけそうになかった。ルイズ・ブルックスは『市民ケーン』のワンシーンを私に思い出させる。それはエヴェレット・スローン演じるいまや年老いたかつての同僚が述懐するところで、彼は若い頃ジャージーに渡るフェリーの上で白いドレスを着た娘の姿に目をとめる。そして彼はいう。「ほんの一秒姿を見ただけだ。娘は私のほうを見てもいない。でも、そのとき以来その娘は私の脳裏を離れない」と。

チャンネル28のおかげで、『パンドラの箱』との出会いは三度目となる。二度目に見たのは、何年も前になるが、フランスでだった。日記をひもとくと、先ほど紹介した諸氏のブルックス讃を青ざめさせるほど装飾過剰なオマージュが記録されていた。恥じらいもなく引用してみよう――

『パンドラ』を再見してL・ブルックスへの陶酔が深まるばかりだ。彼女は電流のように自分の体内を貫く。この恥知らずのいたずら小僧、おてんば娘。壊すことも、乗りこなすこともできぬ磁器製の雌の子馬。この大草原生まれの王女は、波止場の酒亭でも、ノイシュヴァンシュタイン城の玉座の間でも楽々と振る舞える。衝動のかたまりのような生き物、てらいなぞ無縁の妖婦。

エロスの絶頂においてもクスクス笑いの発作に身もだえする。そこには道徳もなく、利己心のかけらもない。釣り鐘形のあのつややかな漆黒の髪は、自分の潜在意識のなかで鈴の音を鳴り響かせる。要するに、彼女こそ自分が奴隷になりたく思う、あるいは奴隷にしたく思うただひとりのスター女優、詩人が全身全霊を傾けるに値する邪悪の淑女――

私はお前が美しいことを誓ひ、愛すべき女だと思つてゐて、
お前は実際は地獄の闇夜に似た人間ではないか。（シェイクスピア「ソネット」より。吉田健一訳）

次いで舞台はニューヨーク州ロチェスターに移る。ロチェスターについてまずは基本的情報をお伝えしよう。二十六万三千人と同州六番目の人口を持つこの都市は、オンタリオ湖に注ぐジェネシー川の河口をまたぐように位置している。一八八〇年代、この土地でジョージ・イーストマンは数々の実験ののちコダック・カメラの製造に成功、これによりわれわれ一般人はまわりの世界をモノクローム画像で捉えることができるようになった。イーストマンは映画の誕生にも関わっている。トマス・エジソンの撮影機・映写機に用いられた柔軟性のあるフィルムは一八八九年にイーストマンが製造した。ロチェスター市内にはコダック創設者を記念する建造物や碑が各所に点在する。そのひとつがジョージ王朝風の王宮然とした建物で、部屋数五十、新古典派的な背の高いポルチコを備えたこの家は一九〇五年にジョージ・イーストマンが自らのために建てたものである。一九三二年に彼は没するが、この建造物はロチェスター大学に寄贈され、学長の公邸となった。第二次大戦後まもなくイーストマン・ハウスは新たな顔を持つ。同社のパンフレットによれば「写真・映画撮影の芸術とテクノロジーの発展を明らかにする目的で、写真、映画、映像機器の世界で最も重要なコレクション」を一般に向けて開放したのだ。一九七二年、名称は大きく国際写真映画博物館と改

められる。同館は現時点においておよそ五千点の映画を収蔵している。そのなかの多くはここにしかないプリントで、ルイズ・ブルックスの映画は七点――他のどのアーカイブよりも数が多い――を保存している。私は一九七八年の晩春、近郊のモーテルにチェックインした。同博物館映画部の部長ジョン・B・カイパー博士のご厚意を得て、収蔵ブルックス作品（そのうちの六本が未見なのだ）を二日に分けて見せてもらえることになっている。試写会場は博物館内のドライデン劇場、一九五〇年本館に併設するかたちで建てられたこの立派な講堂はイーストマンの姪にあたるエレン・アンドラスとその夫ジョージ・ドライデンからの贈り物だった。

上映初日の前夜、ルイズ・ブルックスの初期の経歴を、私が得ている情報をもとにもう一度頭の中で整理してみる。ブルックスは一九〇六年カンザス州チェリーヴェイルに四人兄弟の二番目として生まれた。父親レナード・ブルックスは温厚な性格、小柄な体格の勤勉な弁護士で、愛情という点では娘のルイズとはやや疎遠な関係にあったようだ。小柄な造りは父親譲りだったのか、ルイズ自身いちばん高いときでも身長は百五十九センチだった。ただし、十五センチのハイヒールをはいていたのでスクリーンでは立派な背丈に見えた。母親、旧姓マイラ・ルードは九人兄弟のいちばん上に生まれ、結婚直前夫となるブルックスに、自分のこれまでの人生は弟や妹の世話に費やされた、自分の子どもで同じ目に遭いたくない、生まれてくる子どもには自力で生きていかせる、と宣言した。

しかし、マイラ・ブルックスは元気旺盛な女性で、諸芸に熱中して周囲に感化力を及ぼした。子どもにはけっして冷淡でなく、子育ても放棄したわけではない。何よりも自由を欲した彼女は、その自由への愛を子どもたちにしっかりと植えつけた。ルイズは貪欲なまでにそれを自らのものとした。彼女は、母親の後押しもあって、ダンスに魅せられた。ダンスのレッスンを受け、十歳のときにはロータリークラブなどの行事で踊りを披露し、報酬を得た。十五歳ですでに、当時の写真がしめすように、類い稀なる美貌《スーイ・ジェネリス》を誇るようになっていた。髪はうなじの辺りで短く切られ、クリストファー・イシャーウッドのいう〝あの比類なくも傲然とした首筋〟をあらわに見せている。すっぽり頭を覆う漆黒の黒髪は高く秀でた知的な額のところで切りそろえられ、両脇は左右の目をかすめ、きれいな巻き毛となって、左右の頬骨の上で艶出しされた括弧の両辺をかたちづくっている――十五歳で高校をやめ、ルイズは主婦アリス・ミルズとともにニューヨークに出た。

ニューヨークではデニショーン舞踊団のオーディションに合格する。デニショーン舞踊団は、一九一五年、ルース・セント・デニスとテッド・ショーンによって設立されたアメリカでも群を抜いて野心的なダンス・カンパニーだった。ルイズはそこの練習生としてスタートするが、ほどなく正式の団員となり、一九二二年から二四年にかけてツアー公演に加わって全国を巡演する。同僚のひとりマーサ・グレアムは終生の友人となった。「私はマーサ・グレアムのダンスを見て演技を学び、チャップリンを見て映画のなかでの動き方を学んだ」と彼女はケヴィン・ブラウンロウのインタビューで語っている。

しかし、団員となるのは規律を要求されることであり、彼女にはそれは重圧となった。ルイズは高度の職業意識に欠けると見なされて解雇され、一九二四年の夏にはジョージ・ホワイトの「スキャンダル」のコーラスガールのひとりとしてニューヨークの舞台に立っていた。三カ月後には再び気まぐれの虫がうずき、予告もなく舞台を離れるとロンドンに渡り、ピカデリー・サーカス近くの〈カフェ・ド・パリ〉でチャールストン・ダンサーとなった。このときロンドンを経験したルイズは、イギリスの〝ブライト・ヤング・ピープル〟（二〇年代ロンドンに登場した、社会のしきたりにとらわれぬ若い貴族や社交人士たち）はニューヨークの基準から見れば息も絶え絶えの絶滅種であり、イーヴリン・ウォーがこれらの集団をモデルに小説「卑しい肉体」を書き得たのは、かくも陰鬱な素材からでも傑作を生み出せるウォーの天才の証、と後になって語っている。

一九二五年初め、職の当てのないまま、無一文のルイズは借りた金でニューヨーク行きの船に乗りこむ。その彼女をフローレンツ・ジーグフェルドが真っ先に出迎えた。彼はレオン・エロール主演のミュージカル・コメディ「ルイ十四世」への出演をルイズに依頼する。ルイズはこの話を受けるが、自由を希求する彼女の独立心――他の人間にいわせれば無責任でわがままな振る舞い――はこの後もいっこうにおさまらない。彼女が後年「サイト・アンド・サウンド」に書いたように、「ルイ十四世」の舞台演出家は「ジーグフェルドの踊り子たちを躾がなってないといって軒並み嫌っていたが、なかでも一番にらまれていたのが私だった。時にだが、他に仕事が入ると劇場宛に平気で欠席通知を送りつけたからだ」。一九二五年五月、ルイズはロングアイランドにあったパラマウントのアストリア撮影所で映画デビューを飾る。ハーバート・ブレノン監督の『或る乞食の話』に端役として顔を出したのだ。ルイズは別のところで当時の撮影所風景を活写している――

撮影ステージは冬は凍えるほど寒く、夏は蒸し風呂のように暑かった。楽屋は窓のない四角い小部屋、エレベーターは機材用のものを共同使用、照明用のライトは強烈で撮影スタッフには押し潰されんばかり。しかし、それらは何ひとつ問題ではなかった。脚本家も監督もわれわれ俳優も、うるさい監視の目からいっさい自由だったからだ。ジェシー・ラスキー、アドルフ・ズーカー、ウォルター・ウェンジャーといったお偉方は五番街のパラマウントのオフィスに陣取ったまま顔を出さなかったし、製作主任もセットにはやってこなかった。脚本家や監督にはプリンストンやイェールといった大学出もいた。撮影も体力を消耗させせなかった。仕事が終わると私たちはイヴニング用に洒落た衣服に着替え、〈コロニー〉や〈トウェンティワン〉で食事をしたあと、観劇に繰り出すのだった。

ハリウッドはこれとは異なり、撮影所がB・P・シュルバーグによって牛耳られていた。シュルバーグは品性下劣な搾取家で、女優と見れば口説きにかかり、スタジオ内には監視の目を光らせていた。ハリウッドにあっては読書家なんてお笑いものだ。ここには劇場も、オペラも、コンサートもない。あるものといえば、ひたすら映画なのだ。

「ルイ十四世」においても模範的生徒ではなかったが、ジーグフェルドはウィル・ロジャーズやW・C・フィールズに加えて、ルイズを一九二五年版「フォリーズ」に出演させる。これは彼女にとって最後のブロードウェイの舞台となる。この年彼女をめぐる男性のひとりに、当時「ニューヨーク・タイムズ」の控えの演劇批評家、ふさぎの虫にとりつかれた才人ハーマン・マンキウィッツがいた。「フォリーズ」の舞台をさぼったある日、ルイズはマンキウィッツの腕に抱かれて「ノー・ノー・ナネット」の初演の舞台を見る。観客席の灯りが消えてこれからがショータイムとなったとき、すでに相当きこしめしていたマンキウィッツは、自分はこれからひと眠りする、批評文のネタになるようメモをとっといてくれ、とルイズに頼んだ。翌日のタイムズ紙には、彼女の感想を反映した文章が掲載された――「(「ノー・ノー・ナネット」は)同種のものとしてはきわめて称賛に値する」そして批評子はさりげなく次のように付記する。「だが音楽は耳になじんだ旋律の繰り返しばかり……聞きおぼえという点では「ハムレット」をすら凌ぐ」

こういったお遊びは、もっとまじめなジーグフェルド・ガールたちのあいだでのルイズの人気を高めはしなかったけれど、彼女とW・C・フィールズとのあいだには永くつづく親密な感情が生み出され、「フォリーズ」公演中もフォールズの楽屋のなかでルイズはいつも優雅な接待をうけた。彼女がフォールズについて書き残した文章には、対象となった人物と同程度に、書き手についても教えてくれるものが多い。

一九二五年九月「フォリーズ」は全国巡演ツアーを開始した。ルイズはニューヨークにとどまり、パラマウント映画『美女競艶』に水着美人の役で出演しながら、都会生活を楽しんだ。そんな折、パラマウントとMGMの二社から五年契約を提示され、ウォルター・ウェンジャーのもとへアドバイスを求めに行く。ウェンジャーはパラマウントの重役のひとりで、ルイズとの〝つきあい〟は断続的につづいていた。「この決定的な時期に」と彼女はずっとあとになって「ロンドン・マガジン」に書いている。「私には映画向きの個性と演技力があるとウェンジャーが少しでも勇気づけてくれていたら(……)ブロードウェイやハリウッドに徘徊する人食いたちの魔手から私を救うことになっていたかもしれない」ところが、ウェンジャーはMGMに行くようにと勧める。理由はこうだった。もしパラマウントを選べば、誰もがウェンジャーの愛人だから入ってきたなと思い、彼女の取り柄は女優としての才能ではなくゆるい貞操観念にあると見なされるだろうと。この理屈に激昂したルイズは、当てつけのようにパラマウントと契約を結ぶ。

入社して一年のあいだにルイズは六本の映画に出演する(この間、彼女より七歳年上の友人ハンフリー・ボガートはブロードウェイ俳優として呻吟していた。映画界から声がかかるのはまだ四シーズン先となる)。マスコミも彼女に好意を見せ始めた。ルイズがベッドで横になったまま出迎えた「フォトプレイ」誌の記者は彼女のことをこう書いた。「マンハッタンの申し子。まだ二十歳《はたち》にもならぬ若さ。洗練された冷徹ぶり。黒い目もなめらかな黒髪も艶出しした漆のよう。皮膚はツバ

キのように白く、すっきりと伸びた脚は楽を奏でる」

ルイズを演出指導したのは、パラマウントにソフィスティケイテッド・コメディ黄金期をもたらした若き監督たち、フランク・タトル、マルコム・セント・クレア、エドワード・サザランドらであった。製作順に並べると次のようになる。

・『美女競艶』。監督はフランク・タトル。彼はルイズに、喜劇を演じるコツは百パーセントまじめに演じることだと教えた。タトルはビービー・ダニエルズものを四本、クララ・ボウものを六本撮っている。

・『三日伯爵』。監督はマルコム・セント・クレア。女好きな洒落者を演じて絶妙な俳優アドルフ・マンジューの相手役に、セント・クレアはルイズを配した。このときの共演者の演技スタイルについて彼女は後年次のように語っている。「マンジューは演じているときどんな感情も持っちゃいない。よくいってたものよ。〝さあ、ルビッチその一をやってみるぞ〟〝次はルビッチその二だ〟って。彼の演技はまさにそのとおり。共演しててもこちらはどんな感情もかきたてられはしない。でも、スクリーンの彼を見ると完璧でしょ。すばらしい俳優だったわ」

・『チョビ髯大将』。チャップリンの『巴里の女性』で助監督を務めたこの映画の監督エドワード・サザランドは、W・C・フィールズの映画を、これを第一作にして計五本監督している。その三本目『国際喜劇ホテル』は多くのフィールズ・ファンからこのトップ・コメディアンの最高作と見なされるもの。大酒飲みのプレイボーイだったサザランドとルイズは一九二六年に結婚——この過ちは二年も経たぬうちに離婚というかたちで是正された。

・『駄法螺大当り』。監督はセント・クレア。ジョージ・ケリー作のブロードウェイのヒット舞台劇の映画化。

・『ジャスト・アナザー・ブロンド』。ファースト・ナショナルへの出張作品。

・『百貨店』。最初の一年間の総仕上げとなるフランク・タトル監督作品。イーストマン・ハウスが最初に収蔵したブルックス作品でもある。博物館が私ひとりのために用意してくれた〝ルイズ・ブルックスの饗宴〟について、私のメモはここから始まる。

第一日目

マンハッタンの百貨店で働く姉妹を描く粋なコメディ『百貨店』では、エヴリン・ブレントは名ばかりの主演。ジャズ狂いで男にも手の早い妹を演じるルイズが、その無頓着な小悪魔ぶりで映画をさらっている。このときルイズは二十歳。肉付きもよく、力仕事に向いていそうなほど。それでも、あの漆黒のヘアスタイルに枠づけられた容貌は、すでにルルの胎動を予感させる。白いトップハットを頭にのせて仮装舞踏会に出かけるところなどとくにそうだ（そこで彼女は極めつけのチャールストンを踊る）。ルイズは姉のボーイフレンド――仕事はショーウィンドーの飾り付け師――を誘惑するのだが、そのさいの道徳観念のカケラも窺わせぬ無邪気さは彼女のトレードマークとなるものだ（このシーンのあいだ私は思わず「ピンと針」の一節をハミングしていた――〝デイジーの花輪《チェーン》に腰を降ろしていた私、いまはチェーンストアの売り子《デイジー》になっている〟）。ガルボは無邪気さを、ディートリッヒは道徳観念の無さを、それぞれ壮大なスケールで演じのけられるだろう。が、あっさり平然と享楽主義者を演じてしまうのはひとりブルックスのみだ。快楽への欲求があまりに輝かしくて、それが彼女自身や他の者に苦痛を強いたにしても、私たちはとうてい非難する気持ちになれない。

女優は自ら演じる役柄に対して何らかの道徳的な判定を下す傾向にあり、その演技は観客に向けて無言の命令を発信する。「私を愛して」「私を憎んで」「私を笑って」「私と一緒に泣いて」という具合に。ルイズにはそれがない。キャメラの前の彼女は「これが私よ。どう思おうとお好きなように」と宣言している。どうぞご勝手に、と観客など無視しているのだ。私たちは演出されていない現実をのぞき見しているかのように、偉大な写真家アンリ・カルティエ＝ブレッソンのいう〝決定的瞬間〟を目にしているかのように思ってしまう。彼女のベストの作品群でルイズは——まるで意識などしないままに——サイレント映画の演技術を再発明している。

彼女の場合は正式な演技指導を受けていないのがプラスに作用している、と思わずにいられない。「演じているとき、自分が何をしているのかまったく何もわかってはいなかった」と彼女はドキュメンタリー作家のリチャード・リーコックに語っている。「自分のあるがままに振る舞っていただけ。でも、これは世界一むつかしいことなのよね——それを意識しているとね。でも、私は意識していなかった。だから楽だった。余計なものは何も持っていなかったの。パプストは最初私に猛烈に腹をたてた。というのも、俳優に理詰めで接するのが彼の演出だったから。私に理詰めで来たってダメ。理屈に反応なんかできないんだもの」ルイズを見ていると、オスカー・ワイルドのレディ・ブラックネル（戯曲「まじめが肝心」の登場人物）のセリフを思い出す。「無知ははかなくも脆い珍奇な果物です。ちょっとでも触れるとしぼんでしまいます」

これまでのところを読み直していて、「観客など無視している」という箇所でハタと止まった。ふと疑問がわいたのだ——映画女優としての彼女に成功をもたらしたこの資質こそ、後年、その成功をやすやすと放棄させたものではなかったのか？

フランク・タトルの映画にもどろう。同じアパートに住むヤクザものの誘いにのり、ルイズは職場の同僚たちが積み立てていた金を競馬につぎこんでしまう。この中年のヤクザをオズグッド・パーキンス（アンソニー・パーキンスの父親）が演じている。この俳優についてルイズはのちにケヴィン・ブラウンロウにこう語っている。「これまで共演したなかで最高の男優はオズグッド・パーキンスだわ（……）共演する男優の善し悪しはどこにあると思う？　タイミングよ。感情は必要なし。それはダンスと同じ。ダンスのパートナーもタイミングがすべてでしょ。オズグッド・パーキンスはこちらがすっと反応できるタイミングでセリフを渡してくれる。要はタイミング。感情なんて何の意味もありはしない」（傍点筆者）。このコメントはルイズが映画演技について何を学んだかを教えてくれる。感情それ自体は、いかに痛切に感じられたものであれ、それでじゅうぶんではない。観客にとって重要なのは、俳優がしめしてくれるもの、キャメラの目をかいくぐって俳優がこっそり観客に差し出すものなのだ。これと同種のことをジョン・ストリーベルの人気漫画のヒロイン、ディキシー・ドゥーガンが口にしている。ルイズをモデルにしたこの漫画が最初に登場したのは一九二六年だ。「ジーグフェルド・フォリーズ」のコーラスガールになると固く決意したディキシーは「フォリーズで成功する秘訣は、クールにかまえてかっこよく見せること《ホット》」とひとり考えるのだ。ところで、パーキンスをダンスパートナーにたとえた一節は、ルイズがファティ・アーバックルについて述べたことばを思い出させる。アーバックルはウィリアム・グッドリッチの変名で、ルイズも出演した二巻物喜劇『ウィンディ・ライリー聖林に行く』（三一）のメガホンをとっている。「彼は生気のかけらもない状態で椅子にすわっていた。役者生命を抹殺されたあのスキャンダル以来、彼はとても人当たりのいい、しかし命の灯の消えてしまったような人間になっていた（……）かつては見惚れるほどすばらしかった。ダンスの名手で――あの人は舞踏場のダンサーとして鳴らしていたの――あの人と踊ると巨大なドーナッツに抱かれて宙を舞っているように感じて、それはうっとりとしたものよ」

『百貨店』のなかのどんなルイズが私の脳裏に残っているだろうか？　手近にある金魚鉢の水で頬をぬらし、悔恨の涙に見せかけるところ、あるいは彼女にとっての最後のシーン、不徳な行ないを何ひとつ罰せられないまま、百貨店のオーナーとロールスロイスにおさまり意気揚々といずこへか去っていくところ、といったコミカルなシーンの数々。そして罪の意識のかけらもない晴れやかな表情を捉えたクロースアップ・ショットのすべてだ。

一九二七年、ルイズはパラマウントのハリウッド撮影所に移り、そこで四本の作品に出演する。それら四本、『夜会服』『オール持つ手に』『弥次喜多空中の巻』『狂乱街』はどれひとつイーストマンの所蔵庫には入っていない。この年を記念するよすがにと、私は一枚の写真を手に入れた。ルイズが借りていたローレル・キャニオンの屋敷で撮られたもので、彼女は両手を横に広げ、つま先立ちでプールの飛び込み板の上に立っている。水着は黒のワンピース、白のベルトが腹部に堅く締まり、現代版「白鳥の湖」のオデットとオディールを一身に兼ねたかのように見える。

一九二八年の初めにフォックスで撮った映画（幸いにも博物館に収蔵されている）は、のちに彼女の俳優人生を一変させるきっかけとなる『港々に女あり』で、脚本・監督はハワード・ホークス。ホークスも二年前に監督デビューを果たしたばかりの当時まだ新鋭だった。デイヴィッド・トムスンがその著書「伝記風映画人名辞典」の中で「ホークスによって見出された、あるいは新生面を開拓された」女優のなかに、キャロル・ロンバード、リタ・ヘイワース、ジェーン・ラッセル、ローレン・バコールと並べてルイズ・ブルックスの名を挙げているのは、この映画を念頭に置いてのことだ。『百貨店』と同様、ルイズが演じるのは道徳観念などどこかにうっちゃらかした快楽追求型の女性だが、雰囲気はこちらのほうがずっと暗い。彼女に操られるのは荒くれ者の船乗り、ヴィクター・マクラグレンで、彼には同じ船乗りの、いつも女で競い合う悪友（ロバート・アームストロング）がいる。喧嘩友だちの豪快な友情といえば舞台劇「栄光」のフラッグとクワートが思い出されるが、二六年に作られた映画版『栄光』ではやはり一方をマクラグレンが演じていた。『港々に』ではマルセイユに上陸したマクラグレンが空中サーカスの出し物に出くわす。その花形スター、紹介の口上にいう〝マドモワゼル・ゴディバ、海神《わたつみ》の花嫁、海の恋人〟はいうまでもなくルイズで、以前よりもほっそりとした体型をタイツ、スパンコールで飾ったパンティ、ティアラ、黒いベルベットット・マントで包んでいる。彼女の妙技は高い梯子の天辺から浅く水を張ったタンクめがけてダイブするというもので、跳ね上がったしぶきでびしょ濡れになったマクラグレンはひと目でイカレてしまい、この〝高貴な淑女〟の為すがままのパトロンとなる。紹介されたアームストロングは、以前この女と出会ったことがあり、男から金を貢がせるだけが狙いのけちな玉の輿狙《ゴールドディガー》いの女だと正体を見抜いているのだが、友人には幻滅させまいと黙っている。エロティックなほのめかしが充満したシーンがある。ルイズがアームストロングとソファーにすわっていて、マクラグレンには壁際で彼女の靴を磨かせている。後者が靴磨きに精を出しているすきに、ルイズはそっと前者のももをなでさする。この愛撫にアームストロングは反応をみせないが、拒絶もしない。ひとりを靴で、もうひとりを指先でたぶらかす彼女は、ミルクの入った二つの皿を物憂げに舐め比べているネコのように見える。このシーンをベルリンで見て、パプストは『パンドラの箱』の女優はこれだと確信したに違いない。『港々に』の話が終わりに近づく頃には、ルイズをめぐって二人の親友は不倶戴天の敵同士となり、マクラグレンは『嘆きの天使』のエミール・ヤニングスをも凌ぐかと思われる激しい悲嘆と憎悪のなかで苦悩する。しかし、男を手玉に取るルイズにはメロドラマめいたところもなければ、企みの跡も見られない。彼女はただ己の性《さが》に従っているだけなのだ。

パラマウントはフォックスからもどった若きスター（ルイズも二十一歳になっていた）を、やはり息の詰まるような三角関係のドラマ『人生の乞食』に出演させる。監督はハワード・ホークスと同じく当時三十二歳のウィリアム・ウェルマン。これを見ても、この時期の映画は、若者が中軸を担う稀有な芸術であったことがわかる。製作に入る前、撮影所は行方をくらましたルイズを見つけ出すのにひと苦労する。エドワード・サザランドと離婚したルイズは新しい恋人ジョージ・マーシャルを追ってワシントンに行っていたのだ――マーシャルは洗濯店の一大チェーンを作り上げて財を成し、のちにはアメリカンフットボールのプロ・チーム、レッドスキンズのオーナーとなる実業家だった。しぶしぶカリフォルニアにもどったルイズは気乗りのしないまま仕事に入っていく。共演者のひとり、『オール持つ手に』ですでに一度顔を合わせているリチャード・アーレンには反感をもっていたし、監督のウェルマンからはプロ意識に欠けた俳優と当初からにらまれていたからだ。このように辻占はよくなかったが、『人生の乞食』（イーストマン・ハウスに収蔵されている）はルイズの最高の映画の一本となった。

『人生の乞食』はジム・タリーの原作を脚色したもので、三〇年代に多く作られる大不況を背景にした映画群の先駆けとなっている。ルイズが演じるのは農夫の家で働く孤児で、ある夏の朝、この養い親の農夫にレイプされそうになり、手近にあった銃で撃ち殺す。逃げようとしているところに、腹を空かせた浮浪者（アーレン）が玄関先に現れる。娘が事情を話し、それからのちは同情した男との逃避行となる。このときルイズはだぶつき気味の男物の服装で少年に変装、大きな鳥打ち帽をかぶってボブの黒髪を隠すのだ（確たる伝統をかたちづくる男装の世界に彼女がしめした第一歩。その後ガルボ、ディートリッヒらがこの世界をさらに豊かにしていく）。二人はほどなくホーボーの一団に囲まれる。このリーダーが強暴だが理性も兼ね備えた大男で、これをウォーレス・ビアリーが好演している。彼はルイズの変装を見破るが、警察が男装の彼女を追っていることから、女の恰好をしたほうがかえって安全だと教える。そしてどこからか女性用の衣類を盗んでくるのだが、これがギンガム地のドレスにひもをあごの下で結ぶボンネットというもので、これに着替えたルイズは子どもに変装した女性、一種のおとなロリータに変貌する。この恰好でキャメラをじっと見つめる彼女は純真さと倒錯の入り混じったイメージを印象づける。三角関係が最も緊迫の度を高めるのは、ビアリーが銃を突きつけ、アーレンに女をよこせと脅すところだ。ルイズはアーレンをかばって二人の中に割って入り、彼を殺すなら私も殺せという。ここは真に迫っていて、ビアリーは面食らいながらも女の熱情に感じ入る。愛がどうのと話には聞くがお目にかかるのはこれが初めてだ、と彼のセリフ字幕はいう。ビアリーは銃をしまい、二人に車をあたえるのだ。

一九二九年にルイズが出演した三本目のアメリカ映画はマルコム・セント・クレア監督の『カナリヤ殺人事件』、ウィリアム・パウエルが主人公のファイロ・ヴァンスを演じたS・S・ヴァン・ダインの探偵小説の映画化である（これはイーストマンのコレクションには入っていない）。この頃にはルイズの顔は海外でも知られるようになっていて、この映画はパラマウントには大スターを目前にした女優がいると世間に予期させるはずのものだった。当時撮影所はサイレントからトーキーへの転換期に入っていた。ルイズがのちに「イメージ」（イーストマン・ハウスが後援する映画研究誌）に書くように、ハリウッド各社の製作本部はこの大変革を「契約破棄、給与減額、スター懐柔（……）の絶好機」と見なしていた。二八年秋、パラマウント西海岸撮影所長B・P・シュルバーグは契約更改を迎えたルイズをオフィスに呼び、契約更改に伴う給与アップは現在の状況では認められないと告げた。『カナリヤ殺人事件』はいまのところサイレント作品として撮られているが、こののちルイズの声がトーキーに対応できるかどうかは疑問だ、とシュルバーグは指摘し（ルイズの声は鈴のように明瞭な美声だったのだからこれは言いがかりに近い）、現在の給与（週七百五十ドル）のままで契約を継続するか、いま入っている映画を最後に契約を打ち切るか、どちらかを選ぶようにと迫った。シュルバーグが驚いたことに、ルイズは会社を辞めるほうを選んだ。彼女が退出しようとしたところで、シュルバーグはふと思い出したように、ドイツのG・W・パプストという監督から出演依頼の電報が何通も来ているぞと伝えた。

　その当時四十三歳のパプストは伸び盛りの女優を見つけ出し、大役をあたえて開花させる稀な手腕をすでに何度か証明していた――アスタ・ニールセン、ブリギッテ・ヘルム、そしてグレタ・ガルボ（女優としての三作目『喜びなき街』は彼女がスウェーデンの外に出て撮った最初の映画）がその代表例だった。シュルバーグは知らなかったが、ルイズはパプストからの出演依頼とその出演料週給千ドルの話をすでに耳に入れていた。情報源は恋人のジョージ・マーシャルで、彼はＭＧＭのさる早耳の監督から教えられたのだ。ルイズは依頼に応じる旨をパプストに伝えるようにと平然とシュルバーグに返答した。「ちょうどその頃ベルリンでは」と彼女はのちに「サイト・アンド・サウンド」に書いている。「マレーネ・ディートリッヒがパプストのオフィスで待機していた」これはディートリッヒが『嘆きの天使』でスターになるまだ二年前の話だ。パプストから見たディートリッヒには、しかしルルに不可欠な純真さが欠けていた。『カナリヤ殺人事件』の撮影が終わった日、ルイズはさっさとハリウッドをあとにしベルリンに向けて旅立った。ベルリンでは当時ヨーロッパを代表する監督、しかし数週間前まで彼女が名前を聞いたことすらなかった監督が待っていた。

　『パンドラの箱』は――イーストマン・ハウスで私は四度目の出会いを果たすのだが――〝高級娼婦〟が最後には罪の報いを受ける教訓話ととられてもおかしくない内容になっている。ルルを主人

公にしたヴェデキントの二つの戯曲はじっさいそのような印象をあたえるものだったようだ。一九二二年、アスタ・ニールセンをルル役にして映画化作品が作られているが（監督はパプストではない）、先達の演技をルイズはこう要約している。「彼女はヨーロッパのサイレント映画に特徴的な、目の玉をぐるぐるまわすような大仰な演技に終始している。ここでのルルは（……）男性を血祭りに上げるセックスの怪物でありながら、胃痛の発作を起こしあっという間に死んでしまう」ルルは当時の多くの芸術家の脳髄に取り憑いた。二八年アルバン・ベルクは十二音オペラ「ルル」の作曲に着手したが、この作品は荒涼としたスタイリッシュな音型を表層に持ちながら、本質的には愛の苦悶が脈打つ露骨なメロドラマだった。パプスト゠ブルックス版ルル物語が他と一線を画すのはその道義的クールさにある。ここでは罪の存在や応報の必要性といったことは前提となっていない。ここで描かれる一連の出来事において、登場人物は全員それぞれの幸福を追い求めているのだが、ルルにとってそれはセックスを介しての刹那的充足感の達成であり、富や社会的地位の向上を追い求める他の人物たちと比べて、いささかも優劣に差のあるものとは見なされていない。

『パンドラの箱』はルルの住むアールデコ風に装飾されたアパートの中から始まる。彼女はここに囲われていて、囲っているのは新聞社主ペーター・シェーンである（舞台の名優、がっしりした体型だが都会的なフリッツ・コルトナーが、まわりの人間を権力で抑えつける――しかし情婦にだけは頭が上がらぬ――頑迷な資本家をこれ以上なくリアルに演じている）。ペニョワール姿のルルが検針に来たガス会社の男と気安くおしゃべりしていると、玄関のベルが鳴り、薄汚れた身なりのずんぐりした老人シゴルヒが入ってくる。シゴルヒはルルのかつての愛人だが、いまは放浪者に近い生活をしている。ルルは大喜びでこの老人を迎え入れる。ガス会社の男が不服そうに立ち去るなか、ルルは白鳥の優雅さでシゴルヒの膝の上に腰を休める。このときに見せるルイズの首の線は忘れがたい。シゴルヒが笛を取り出して吹き鳴らすと、ルルは思いつきの振付で楽しげに踊る（この場面の撮影本番まで、ルイズが正規のダンサーであったことをパプストは知らなかった）。このシーンを見ていて私は、ヴェデキントの戯曲にあって映画にはないシゴルヒのセリフを思い出した――「動物性は人間のなかにある唯一純粋なものだ（……）動物として経験したものは身にこびりつき、どんな不幸に襲われようと奪い去られはしない。生涯自分のなかに残るのさ」窓辺に立ったシゴルヒは路上の大柄な若者ロドリゴを指さしてみせる。この若者はサーカス芸人で、ルルとコンビを組みたがっているのだ。

思いがけなくペーター・シェーンが来訪し、ルルはシゴルヒにブランデーの瓶を持たせバルコニーに退避させる。シェーンはルルとの関係を清算しにきたのだった。自らの社会的地位をさらに強固にしようと、閣僚の娘との結婚を決断したからだ。この報せにもルルは激した様子を見せない。ソファーに腰かけたまま彼女はシェーンに腕を伸ばす。そしらぬ風を装っていたシェーンもたまらず誘いに応じ、二人は絡み合う。バルコニーにいたルルの愛犬が酔っ払ったシゴルヒに吠えかかり、それを潮にシェーンはあたふたと立ち去る。入れ替わるようにロドリゴが入ってきてルルに紹介される。ロドリゴがたくましい腕の筋肉を見せびらかすと、大喜びのルルは女生徒のようにその腕にぶら下がる。

場面はシェーンのマンションに移る。シェーンの息子アルヴァ（ハリウッド来訪以前のフランシス・レデラー）がピアノに向かいミュージカル・レビューのための作曲に没頭している。そこにゲシュヴィッツ伯爵夫人（アリス・ロベール）が入ってくる。寡黙なレズビアンである彼女はレビューの衣装デザインを担当している。ルルが飛びこんできてロドリゴとのペアの出し物の提案をする。ここのところでアルヴァ、伯爵夫人両人ともルルに特別な関心を抱いていることが明らかとなる。

ルルはペーター・シェーンのデスクに近づき、婚約者の写真を手に取る。彼女の内には嫉妬も怒りもない。目を細めもしなければ唇をゆがめもせず、ただ純粋な興味からしげしげと観察するだけだ。ルルに続いて入ってきたペーターはその写真を取り上げ、ルルに出て行くよう命じる。退出する前にルルはアルヴァと翌日のランデブーを約束し、彼の口にしっかりとキスをして若者を当惑させる。ルルはエナメル革の光沢の頭をツンとそらし、意味ありげに、からかうような視線をアルヴァにくれてから部屋を出て行く。アルヴァは父親になぜルルと結婚しないのかと訊ねる。ペーターはイラつきながら男はあんな女と結婚しないのだと答える。ペーターは息子に、レビューでルルに大きな役をあたえるのはどうだろうと提案し、そうしてくれれば彼の新聞が彼女の人気をあおるようにするがと約束する。アルヴァは興奮する。しかし父親に、あの女には気をつけろと改めて警告され、困惑顔で部屋を出て行く。

ここまでが導入部であり、主要登場人物とそれぞれの行動動機とが明確に設定される。留意すべき点は、抵抗しがたい危険な魅惑の持ち主ではあるものの、ルルは本質的にまわりから利用される存在であって他を利用する側ではないということだ。さらには、彼女を同情するようにとは観客は要請されておらず、それは物語の最後まで変わらない。ルルの鳥を思わせる身のこなしや、動物的性格についてはすでに触れたけれど、もうひとつ付け加えるならば、物語の流れにおいて、彼女は大きな捕食魚が泳ぎまわるタンクのなかの、色鮮やかな小さな熱帯魚のごとくに思われる。ここからあとは、この映画の名声を決定づけた四つのシーンに絞って見直してみよう。

一　〈レビュー開幕の夜の舞台裏〉パプストは幕間時の舞台裏のパニック状態――装置の転換や衣装替え等々――ときらびやかな万華鏡的混沌を見事に捉えていて、十二年後の『市民ケーン』のケーン新夫人、スーザン・アレグザンダーのオペラ歌手デビューのシーンを予期させる。アルヴァとゲシュヴィッツもこの場にいて、ヒット舞台となる予感に心を震わせている。ペーター・シェーンが婚約者のマリーを連れて関係者口から喧噪のなかに入ってくる。舞台袖で着替えをしていたルルはペーターの姿を認め、笑顔を送る。ペーターは気まずそうに目をそらし、マリーとその場を離れる。これに怒ったルルは舞台に出るのを拒否する。「私は全世界のために踊るけれど、あの女の前では絶対に踊らないわ」ルルは大道具部屋に閉じこもる。ペーターは彼女をなだめにいく。ルルは壁にもたれた恰好で、首を振りながらすすり泣きする。かと思うと、クッションの上に身を投げ出し、駄々っ子のように手足をバタバタさせる。癇癪を起こしているようでいて、シェーンの様子をじっと観察しているルルは、彼が気を落ち着かせようとタバコに火をつけると、「ここは禁煙よ」といって、彼のすねに蹴りをいれる。二人のシーンはヒステリックな修羅場から企みの喜劇に、そして色っぽい濡れ場へとムードを変転させる。知らぬ間にシェーンとルルは笑い合い、愛撫し合い、全身で愛の行為に没頭している。そのときドアが開き、マリーとアルヴァが二人の痴態を目の当たりにする。ルルは勝ち誇ったように立ち上がると、衣装を整え、二人の横をすり抜けて舞台に上がっていく。ペーター・シェーンの婚約は破談となった。

二〈結婚披露宴〉純白の花嫁衣装に身を包んだルルは勝ち誇った元娼婦というよりも初聖体の日を迎えた少女のように見える。ペーターの富裕層の友人連が彼女のまわりに群がる。ルルはゲシュヴィッツと頬を合わせてダンスを踊る。ゲシュヴィッツは狂おしいまでにルルに惚れている（おそらく映画史上初めて、ここであからさまなレズビアンを演じているのがベルギー人女優のアリス・ロベール。だが、彼女は愛欲の眼差しでルイズを見つめるのを拒んだ。パプストはこの問題を解決するために、自らが彼女の視線の先に立ち、ロベールに情熱的な眼差しを送るよう指示してそれをクロースアップで撮影、それをあとでルイズのショットと繋げたのだ。ルイズにとってはこのようないわ」)。

なシーンは何でもなかった。彼女はフォリーズ時代の親友のひとり、フリッツィ・ラヴァーンの話をよくしている。「彼女はしらふのときは男が好き、酔うと女が好きになるの。相手が誰にしろベッドに入ったあとでぶんなぐられたって話は聞かないから、どちらとでもとても上手だったに違いないわ」)。

シェーンの寝室では酔っ払ったシゴルヒとロドリゴが婚礼のベッドの上にバラの花びらをまき散らしている。ルルがそこに加わり、何やら性の饗宴が始まりそうな雰囲気が漂う。花婿のシェーンが入室、この情景に憤激し、引き出しから銃を取り出して二人の男を家から追い出す。この騒ぎに他の招待客たちも恐れをなして退散する。シェーンが寝室にもどると、息子のアルヴァが頭をルルの膝に埋め、自分と駆け落ちしてくれと哀願している。シェーンは息子を出て行かせる。シェーンとルルは二人きりとなる。ここからのシーンは部分的描写と簡潔なショット連繋によって生み出されたサイレント映画演技の極致となっており、暴力的描写を最小限に抑えたなかで、ひと組の男女の命がけの闘争に決着がつけられる。シェーンはルルに近づき、彼女の手に銃を押しつけると、これで自殺してくれとすがって頼む。彼は銃を持つ相手の指を握りしめ、引き金を引く勇気がなければ野良犬のように撃ち殺してやるといって迫る。悲嘆の極みにある男の絶望の表情を、ルルは魅せられたように見守る。二人が体を寄せ合い抱き合ったかに見えたとき、ルルの体がこわばり、一陣の煙が両者の間から立ち上り、シェーンがゆっくりと床に崩れ落ちる。銃声に驚いたアルヴァが飛びこんできて、父親のもとに駆け寄る。シェーンの口からは血が流れ出てくる。父親は息子に、次はお前の番だと警告する。ルルは銃を手にしたままその場に立ちすくみ、目を見開いて死体を見下ろしている。ルイズはのちに、俳優からある感情を引き出そうとするとき、パプストはつねに具体的な事物を用いたと述べている。このシーンで彼が用いたキーワードは〝血〟だった。「自分の夫を殺害した事実ではなく」と彼女はつづけて書いている。「男の口から流れ出た血が私の表情を決定するのだ」観客が見るのは〝獲物の前に立てるヴィーナス〟ではなく化石と化した子どもの姿なのだ。

三〈裁判と逃亡〉ルルは故殺とされ禁固五年の判決を受ける。が、裁判長が判決文を読み上げるなか、ゲシュヴィッツに導かれた仲間が火災報知器を鳴らし、その混乱に乗じてルルは脱出に成功する。ルルは持ち前の気ままな性情そのままに、また型どおりの筋立ての裏をかいて、まっすぐシェーンの住まいに帰ってくると、まるで舞踏会のあとの上流子女のような振る舞いに時を費やす――タバコに火をつけ、ファッション雑誌に目を通し、ダンスのステップを踏み、戸棚を開けて毛皮のコートを撫でさすり、風呂に湯を張ってゆっくり体を浸すのだ。このひとりだけのシーン――誰がこれを逃亡中の犯罪者と考えよう――をこのような堂々たる落ち着きと確信をもって演じきれるのはおそらくルイズ・ブルックスただひとりだろう。そこにアルヴァがやってきて、ルルが犯罪現場にもどっていることに唖然とする。両人はパリへ逃げるのが上策だと考え、列車に乗りこむが、車内で悪党貴族に正体を見抜かれ、脅されて賭博船の客となる。ゲシュヴィッツ伯爵夫人、シゴルヒ、ロドリゴもみな船上の人となり、ここからしばらく映画はメロドラマに迷いこむ――チャンドラー風に味つけされたドストエフスキーといったところか。ロドリゴがルルを脅し、わが物にしようとする。このやりとりを耳にしたゲシュヴィッツは切歯扼腕、自らロドリゴに言い寄り（ちょっと想像もつかない男女の組み合わせではある）、スキを見て彼をあっさり殺してしまう。一方で、船主の悪党貴族はルルをエジプトの売春宿に売りさばこうとする。ルルを救おうとアルヴァはカード賭博に打って出る。インチキが見つかり袋叩きに遭う寸前、船に警察の一斉手入れがはいる。アルヴァ、ルル、シゴルヒは混乱のなか、うまくボートに乗り移り二重の危機から逃れ出る。このシークエンスでは、パプストはいやがるルイズを説いて髪型を変えさせた。左右の頬にかかる巻き毛は消え、額にかかっていた前髪はウェーブをかけて後ろに流され、額は露出することになった。これは過ち以外の何物でもなく、ルイズの神聖なイメージを損なっている。あたかもイタリアの名匠が聖母マリアを描きながら光輪を書き落としたかのような失策だ。

四〈ロンドン、破局〉ロンドンの貧困地区であるイーストエンド。時はクリスマスイヴ。濃霧の漂うなか救世軍がキャロルを演奏し、貧しい人たちに食物を配っている。端整な顔立ちだが血色が悪く悲しげな若者が当てもなく人混みのなかを歩いている。彼は救世軍の若い女性隊員に幾許かの金を寄付し、返礼にロウソクとヤドリギの小枝をもらう。通りの壁には夜間女性の一人歩きを戒める警告文が貼ってある。女性ばかりを狙った殺人鬼がまだ捕まっていないのだ。近くの屋根裏部屋でルル、アルヴァ、シゴルヒが極貧生活を送っている。窓ガラスは割れ、部屋のなかにはキャンプベッドと椅子が一脚、キッチンテーブルの上にはオイルランプと縁《ふち》の欠けた食器、パンナイフがのっているだけのわびしさ。ルルの髪型はもとにもどっているが、身なりはみすぼらしい。三人は食べるものにも事欠くありさまだ。金を手に入れるには身を売るしかないルルは通りに出て、救世軍に寄付をした先ほどの若者に声をかける。若者はルルの後について階段を上りかけてふと足を止める。背中にまわした彼の右手には飛び出しナイフが握られている。ルルは上体を倒し、手を伸ばしてやさしく促す。若者は金がないんだといいにくそうに説明する。ルルは、かまわないわ、あなたを気に入ったのだからと正直な気持ちを伝える。若者は握っていたナイフを手から放し、ナイフは階下に落ちていく。二人は一緒に屋根裏部屋に入る。アルヴァとシゴルヒはしばらく前からどこかに姿を消している。

屋根裏部屋では浮き浮きした心やさしいシーンが展開するが、感傷には陥らない。この冷厳たるクライマックスは避けられぬ帰結であり、またなくてはならぬ終局なのだ。切り裂きジャックと、彼の手にかかることになる女は、恋人同士のようにむつまじく見える。男は椅子に腰掛け両手を伸ばす。ルルは膝を折り、羚羊《かもしか》のように身軽に男の膝の上にすわる。ルルの美貌が晴れ晴れと輝く。楽しそうにじゃれ合うなか、ルルは男のポケットを探り、彼が救世軍からもらったロウソクとヤドリギの小枝を取り出す。ロウソクに火をつけてテーブルの上に立て、その横にヤドリギの小枝を置く。二人はやさしく抱き合った姿勢で、テーブルの上に目を注ぐ。男はヤドリギの小枝を手に取り、ルルの頭にのせ、しきたりどおりのキスを要求する。ルルは目を閉じて唇を差し出す。ロウソクの炎が一瞬燃え立つなかテーブルの上のパンナイフの刃が光り、男の目がそこに吸い寄せられる。男は抗うが誘惑は振り払えない。ルルにキスをしようと体を傾けながら、男は右腕を伸ばしてナイフの柄をつかむ。殺害の瞬間、男の顔はキャメラには映らない。観客が見るのは男の背中を抱き寄せるルルの開かれた右手の大写しであり、その右手が固く握られたと思うと、力なくダランと垂れ下がる。そして画面は暗転していく。突然、映画において、美の破壊がかくも雄弁なる抑制をもって描かれたためしはない。ペーター・シェーンが撃ち殺される場面と同様、暴力的な死はあらわには描かれず、暗示されるだけなのだ。スイス人批評家フレディ・ビュアシュがのちに書いたところを敷衍すれば、ルルの死は、いかなる意味においても、罪ある人間に下された神の裁きではない。ルルは自由の追求という高いモラルと調和する人生を貫いたのであり、そこには贖罪の必要は生じないのだ。

ルルを殺したあと、男は通りに出、霧の中に姿を消す。映画はここで終わりにすべきだった。パプストは、アルヴァが弱々しく屋根裏部屋を見上げ、そこに通りかかった救世軍の行進のあとに従い、そのまま画面から消えていくシーンを付け加えているが、思わせぶりな蛇足といわざるを得ない。とはいえ、ルイズの提案する代案がいいかというとそれも疑問だ。彼女は持ち前の率直さで「ナイフがヴァギナに突き刺さって映画は幕を閉じるべきだった」と語っているからだ。切り裂きジャックを演じたグスタフ・ディースルはキャストのなかでただひとり、ルイズが男性として強い魅力を感じた俳優だった。「私たちはお互いにぞっこんだったわ」ルイズはリチャード・リーコックのインタビューに答えている。「最終シーンは撮っていてもいちばん楽しかった。彼がナイフで私を殺す場面なんだけれど、撮影の合間にはみんなで歌を歌い、私はチャールストンを踊った。悲劇的な場面を撮っているなんて誰にも想像できなかったでしょうね。まるでクリスマスパーティのように陽気だった」ルイズの要請でパプストはピアニストをひとり雇い、合間合間にジャズを演奏させた。そういうジャズ特有のリズムで浮き立つ休憩時間、ルイズとディースルはよくテーブルの下に隠れ、二人だけのお祭り遊びに興じたのだった。

ルイズはのちに自分が演じ上げたこのルルについて意見を述べている。「私が演じたのはパプストが考えたとおりのルルだった。それは、例えばヴェデキントが意図したような、男を次々と破滅させていく女ではなく、私がそうであるように頭のネジが少々ゆるんだ女なの。彼女が結婚したとしたら、私みたいにどうしようもない悪妻になっていたでしょう。一日中ベッドに寝そべって本を読み、ジンをチビチビやっているような」現代の批評家はルイズ・ブルックスのルルを別格扱いにし、映画の殿堂に奉っているかのごとくである。デイヴィッド・トムスンはそれを「映画を代表する女優演技のひとつ」と表現し、「スタンバーグ作品のディートリッヒ、ホークス作品のバコール、『気狂いピエロ』〔六五〕のアンナ・カリーナ」らに比肩するその種の最高峰と見なしている。トムスンはそこに『めまい』〔五八〕のキム・ノヴァクまで含めていた。もちろん完璧な人間はひとりもいないのだが。

二日目

ルイズがパプストとコンビを組んだ二作目『淪落の女の日記』を初めて見る。これはマルガレーテ・ベーメの同名小説を映画化したもので、一九二九年の夏に撮影された。『パンドラの箱』を撮り終えたルイズはニューヨークにもどり、富豪の恋人ジョージ・マーシャルとの関係を再燃させる。マーシャルは、ジョゼフ・P・ケネディがバックボーンとなった新会社RKOが週給五百ドルで契約を望んでいるとルイズに伝えるが、ルイズは「カリフォルニアは大嫌い。誰がもどるもんですか」とけんもほろろの挨拶を返す。パラマウントからも、カリフォルニアの撮影所で仕事が待っていると連絡が入った。『カナリヤ殺人事件』をトーキーに転換させるために撮り直しとセリフの音入れが必要となっていたのだ。ルイズはこれも拒否する。拒絶を駆け引きと見てとった撮影所側は大幅な賃上げで懐柔を試みるが、ルイズは見向きもしない。代役をたてざるを得なくなったパラマウントは怒り心頭に発し、ブルックスの声は使い物にならないと事実無根の中傷記事をばらまいた。

ちょうどこの頃（一九二九年四月）パプストから電報が届く。フランス映画『ミス・ヨーロッパ』の共同製作者として、監督予定のルネ・クレールともども君を主役に望んでいる、すぐにこちらに来てくれないか、との内容だった。パプストを厚く信頼するルイズは、二週間後にはパリにいて、ルネ・クレールと並んで宣伝用写真のためにポーズをとっていた（「たいそう小柄で控えめな、ひ弱そうな男性」と彼女はのちにクレールについて書いている）。写真撮影が終わり、クレールに送られてホテルにもどったとき、クレールから「自分はこの映画を降りるつもりだ、君もそうしたほうがいい、製作費が集まってないしこの先集まる見込みもないいんだ」と伝えられ、熱意がいっぺんに冷めてしまう。数日後、クレールは正式にこの企画から撤退する（そして着手したのが『巴里の屋根の下』〔三〇〕であり、つづく『ル・ミリオン』『自由を我等に』〔ともに三一〕と相まって、クレールは世界的名声を築いていく）。仕事がなくなっても、週給千ドルをもらい続けていたルイズは、金持ちの男どもを大勢従えて、大騒ぎすべく列車でアンティーブに向かった。パリにもどるとベルリンのパプストから電話が入った。『ミス・ヨーロッパ』が延期となったいま、彼の監督する『淪落の女の日記』に主演するようにとのことで、給与は現在の半分だった。師のいいつけにはすなおに従う彼女はすぐに列車に乗ってベルリンにやってきた。

　ゼップ・アルガイアーによって可憐に撮影された『淪落の女の日記』のルイズは、『パンドラの箱』のときの溌剌さには及ばなくとも、見る者を虜にする点では変わらない。元来、スカウトされた映画俳優の移動方向はヨーロッパからハリウッドへという西に向けてのもので、ハリウッドは渡来した俳優の出身国に合わせてイメージ作りを周到に行なった。ルイズは東へ向かったまれな俳優だったが、パプストとの二本の映画において、役柄上の性格をヨーロッパ的なものへと一変された。より正確にいえば、彼女のためにパプストがあらかじめ準備した文脈のなかで、ルイズのアメリカ的ながむしゃらさにこの世の無常と死の意識が忍びこんだのだ。『淪落の女』の主題は未成年者の性的堕落だが、堕落を引き起こすものは性行動ではなく、性行動を断罪する権威主義的社会となっている（パプストはフロイト派マルクス主義者ヴィルヘルム・ライヒの著書に目を通していたに違いない。性的抑圧と政治的抑圧との関係性についてのライヒの理論は当時ベルリンで熱い論議の的になっていたからだ）。それはまたルルを断罪したのと同じ社会でもあった。じっさい『淪落の女』に〝ルル教育法〟という副題を付けてもおかしくなかった。この映画の主人公はさまざまな苦難を経て、『パンドラの箱』のヒロインを演じるに理想的な女性へと変貌するからだ。彼女の名前はティミヤーネ・ヘニング、裕福な薬剤師の十六歳になる娘である。はじめて登場するティミヤーネは内気だが好奇心にあふれた娘で、獣の横行する大人の世界を驚きの目で眺めている。彼女は父親の店で働く好色な助手に誘惑されて妊娠する。この秘密が露見したとき社会の二重基準《ダブル・スタンダード》が発動される。助手の男はお咎めなし、しかるにティミヤーネは、一家の体面を守るため、赤ん坊を取り上げられたうえ、自らは矯正院送りとなる。その矯正院はスキンヘッドのおぞましい院長とサディスティックなその妻とによって刑務所のように運営されていた。

　矯正院の生活はきびしく統制されている。収容者は太鼓の音に合わせて運動をし、メトロノーム（院長の妻が振る長い指揮棒のようなもの）のリズムにしたがって食事をとる。ティミヤーネはスキを見てこの地獄のような施設を脱走し（『淪落の女の日記』は『制服の処女』〔三二〕など抑圧的施設を描くその後の何本かの映画の先行作となっている）、赤ん坊が預けられていた産婆のもとを訪れるが、赤ん坊はすでに死んだと知らされる。当てもなくさまよう彼女に、食事と宿を提供するいい場所があると露天商が教える。〝露天商〟はウィンナソーセージ売りで、この男が、一緒に脱走した仲間が書き残した住所にティミヤーネを連れて行く。行ってみると、予期に違わずそこは娼館だった。ところが意外にも、ティミヤーネは悲惨な道には転落していかず、そこに恰好の居場所を見出し、心身ともに解放される。娼館で彼女は花開く。文字どおりの意味で〝快楽の女〟となるのだ。ルイズは、他の女優がこういう状況におかれたならば演じるであろうようには演じていない。ペーソスに訴えもしなければ、職業的快楽に何か不道徳なものがあるとにおわせもしないからだ。『パンドラの箱』同様、刹那刹那に生きながら、肉体を解放した歓びに浸っているかにみえる。いまそこにある愛は、それが金銭でやりとりされるものであっても、いま現在の歓びに他ならず、これから先に待ち受けるものは不確かであり、思い煩う価値すらないものなのだ。私はパプスト作品におけるルイズの演技についてフレディ・ビュアシュのことばに同意する。彼はこういった——「（ルイズの演技は）教会、祖国、家族が社会に強要する壊滅的通念に対する、無垢と狂気の愛の勝利を讃えている」と。娼館における彼女の奇矯な顧客のひとりは、彼女が太鼓を叩くのを見てオーガズムに達する。これは矯正院内の生活と皮肉に呼応していて、パプストは性の禁圧は異常な性行為の温床になるとほのめかしているのだ（さらに皮肉にも、このシーンは検閲にひっかかり、現行のプリントの大半において削除されている）。ルイズがもっとも輝くのは――肌にぴったり張り付くサテンを着て動物的な歓喜の表情を浮かべる――ナイトクラブでの余興のくじ引きで、自らを一等賞の賞品にと名乗り出るところだ。「パプストのリアリズム好みのおかげで、あのシーンではみんな本物のお酒を飲んでいた」と彼女はのちに回想している。「ドイツ式に、温めた甘いシャンパンをね。汗だくになってあのシーンを演じていたわ」

惜しむらくは、この辺りから映画はふてぶてしさを失い、月並みな価値観に傾斜していく。ティミヤーネはナイトクラブのダンスフロアーの向こうに父親の姿を認める。すると、傲然と胸を張って、彼女を家から追い出した父親を無視するのではなく、まるで感傷小説のヒロインのように、罪悪感に苛まれ始めるのだ。娘が家を出たあと、父親は家政婦と結婚し二児を得ていた。この邂逅の三年後に父親は亡くなる。父親はティミヤーネに莫大な遺産を残していた。それをティミヤーネは、いまや一文無しとなった義母にすべて譲渡する。義母の幼い子どもたちが「私のような人生を歩まなくてもよいように」との気高い配慮からだ。名誉回復のかなった元娼婦のティミヤーネは高齢の伯爵の妻となり、*自分がかつて押しこめられていた矯正院の理事に任命される。矯正院を訪れた彼女は院長らの厳格にすぎる指導を厳しく非難する。「もう少しの思いやりさえあれば」と夫がこと

*タイナンのあらすじでは省略されているが、ここまでの経緯において伯爵の甥が重要な人物として関わっている。

ばを添える。「誰もが生きる望みを失わなくてすむのです」こうして映画は腰砕けのままエンディングをむかえる。

「パプストは興味をなくしたようだった」とルイズは後年インタビューで述べている。「彼は〝もううんざりだ〟という意味合いのことばを吐いて、甘い終わり方をくっつけた」彼の当初の、もっと意気軒昂な意図は、ヒューマニズムでは社会の問題は解決できないというものだった。彼はティミヤーネに夫のリベラルな思想を軽蔑させ、最後は娼館の女主人におさまらせたかった。しかし、ドイツ国内の配給業者たちにはそういう過激な結末は支持されず、パプストは結局現行のような終わり方を受け入れざるを得なくなった。その結果、この映画はいわば〝キズのある傑作〟となってしまったが、妥協の色濃い終局部にもかかわらず、中心を占める彼女の演技は決してその輝きを失ってはいない。

一九二九年八月、ルイズはパリにもどった。思いがけなくも『ミス・ヨーロッパ』の資金が集まったのだ。ルイズにとってヨーロッパでの最後の映画となる『ミス・ヨーロッパ』は、彼女の最初のトーキー作品となる。とはいえ、彼女はフランス語はできなかったので声は別人の吹き替えだったのだが。監督は忘れられて久しいアウグスト・ジェニーナで、ルネ・クレールは原案者としてクレジットに名前を残していた。三〇年代の多くのフランス映画同様、『ミス・ヨーロッパ』は愛の破綻が犯罪の引き金となるわびしげなフィルム・ノワールで、トーキー初期のため音楽はかん高く、かすれ気味に聞こえる。ルイズが演じるリュシエンヌはタイピストで、新聞社が主催する美人コンテストに応募する。シモーヌ・シモンが演じそうな役柄だが、コンテストに優勝した折のルイズの喜びようは――体をくるくる回してトロフィーや賞品を見せびらかすのだ――感情の爆発を表して、冷感症的なシモンの及ぶところではない。リュシエンヌは見事なまでに社会的慣習の内側にとどまっている。彼女は〝美女ナンバーワン〟であることが嬉しくてたまらず、コンテストを主催した新聞社で植字工として働いている夫にこう通告する。あなたは近所の催し物に連れて行ってくれるくらいが関の山だけど、私はもっと豪華で高価なお祝いがほしいの、と。リュシエンヌは夫を捨て、映画女優への道を選ぶ。嫉妬に狂った夫は妻の主演する映画の試写室に忍びこみ、扉の陰から彼女に向けて銃を発射する。アイロニー好きのフランス映画らしく、銃弾を受けたリュシエンヌが息絶えるとき、試写室のスクリーン上では生き生きとした彼女が映画の主題歌「焼きもちはやめて」を歌っているのだ。ルイズは『ミス・ヨーロッパ』においても個性と才能をじゅうぶん発揮していたが、所詮映画そのものが型どおりの通俗作品に過ぎなかった。

　ルイズの美が絶頂にあったこの時期を境に、彼女の女優人生は急坂を転げ落ちるように落下していく。一九三〇年、コロムビアと契約を結ぶためにハリウッドにもどる。社長のハリー・コーンは幾度もオフィスから呼び出しをかけてきたが、いつ行っても彼は上半身裸で彼女を迎え入れた。何事につけ単刀直入なコーンは、要求に応じればいい役を与えてやるぞと意図を明らかにしたのだ。ルイズははねつけ、契約の話は立ち消えとなった。別の伝手《つて》でつかんだ仕事は二巻物コメディ（『ウィンディ・ライリー聖林に行く』）で、これはスキャンダルで追放されたファッティ・アーバックルが変名で監督についたマイナー会社製泡沫作品だった。次いでかつての友人フランク・タトルがキャロル・ロンバードの主演映画『宣伝の価値あり』の脇役をまわしてくれた他、マイケル・カーティス監督『神から女性への贈り物』では端役のおこぼれにあずかった。しかし、ハリウッドではルイズ・ブルックスは高慢で扱いにくく、協調性に欠け、映画作りの邪魔になるという噂が広まっていた。一九三一年五月、敗北を認めてニューヨークにもどる。本人は気が進まなかったが愛人のジョージ・マーシャルに押し切られ、ノーマン・クラスナ作の舞台コメディ「もっと大きな声で」の脇役出演が決まる。十月二十六日、ジャクスンハイツで試験興行の幕が開くも、一週間とたたぬうちに演出のジョージ・アボットから解雇をいい渡される。その半月後ルイズは二十五歳となった。このとき以降、二度と舞台には立っていない。

何百万のアメリカ国民と同じく、長い失業期間がこのあとにつづく。一九三三年、しだいにくされ縁の様相を呈してきたマーシャルとの仲を清算すべく、シカゴの若き資産家ディアリング・デイヴィスと結婚する。が、六カ月後には熱も冷め、自分のほうからデイヴィスのもとを離れる。そのしばらくのち、ハンガリー人ダンサーのダリオ・ボルザニとコンビを組み、プラザ・ホテルのペルシャルームやナイトクラブなどをまわり、ダンスペアとして活動を始める。しかしそれも、キャバレーめぐりの単調さに耐えられず、三五年八月にはコンビの解消となる。同年秋、パプストが突然ニューヨークに現れ、ゲーテの「ファウスト」をグレタ・ガルボ主演で撮る話が進んでいる、ついてはトロイのヘレン役で出てくれないかと打診してきた。ルイズの胸は期待に膨らむが、ガルボがグレートヒェン役を断り、企画は流れる。ルイズはもう一度ハリウッドを訪れる。リパブリック社から声がかかり、ミュージカル映画『ダンシング・フィート』のテストを受けたのだ。しかし、リパブリックは彼女ではなく、ダンスもできないブロンド女優を選ぶ。「それが私の息の根をとめた」とルイズはのちに書いている。「それからは真っ逆さまの転落。一文無しの私に男が群がってきた」一九三六年、ユニヴァーサルはバック・ジョーンズもののウェスタン『空っぽの鞍』のヒロイン、ブーツ・ブーン役にルイズを配した（イーストマンが所蔵する最後のルイズ・ブルックス作品である）。この映画のルイズは戸惑いがちで、活力に欠け、弱々しげに見える。髪はうしろに流し、額には不安な影が差している（複雑に入り組んだストーリーの多くが夜間のシーンであるのもジョーンズとルイズには有利に働いていない）。翌年にはパラマウント映画『犯罪王』の端役があり、次いで彼女曰く「地獄行きの片道切符をハリー・コーン自ら私にプレゼントしてくれた」。肘鉄をくらわされた恨みをいまだ根に持つコーンは、グレース・ムーア主演ミュージカル映画『間奏楽』のなかの、その他大勢のダンサー役でいいならテストを受けさせようといってきた。コーンが驚いたことに、ルイズはこの話を受けた――それほど金に困っていたのだ。コーンはかつてのスター女優の落ちぶれた姿をしっかり宣伝させたうえで、形ばかりのスクリーンテストを受けさせた。テストフィルムを見たコーンはひとこと「見ちゃおれん！」と吐き捨てた。一九三八年の夏、リパブリックは『空の駅馬車強盗団』で当時はまだマイナーな主演俳優だったジョン・ウェインの相手役にルイズを選んだ。この低予算ウェスタンを最後にルイズ・ブルックスの女優生命は幕を閉じる。

ルイズ本人の申し立てによるとプロになって以降、総収入は十二万四千六百ドルだったとのこと。内訳は映画で十万四千五百ドル、舞台で一万百ドル、その他諸々で一万ドルとなっている。十六年間の合計と見ればさほどの額ではないと人は思うかもしれない。だが、ルイズは友人に「こんなに稼いでたのって驚いたわ。でも、私ってお金には無頓着だったから」と語っている。一九四〇年、彼女はハリウッドをあとにし、今度こそは二度ともどらなかった。

イーストマン・ハウスは宏壮な邸宅が並ぶロチェスターの高級住宅地に、木々が心地よい陰を作る広い芝地を隔てて立っている。ルイズ・ブルックス映画連続試写の二日目が終わり、私はブリーフケースにノート類をしまうと映画部のスタッフに礼を述べ、外に出てタクシーに乗りこんだ。タクシーの行き先は数ブロック先のアパートだ。アパートではエレベーターで三階に上がり、廊下を少し歩いたところのドアのベルを鳴らした。長い沈黙のあとロックを外す大きな音がした。ドアがゆっくりと開き、ピンクのナイトガウンの上にウールのベッドジャケットをはおった華奢な体の女性が姿を現した。握りがゴム状の突起になった金属製の頑丈な杖で体を支え、昂然と胸を張っている。白黒入り混じった髪をオールバックにし、ポニーテールに結んで肩の下までたらしている。足は素足のままだ。このやせ衰えた老女に人は「夜への長い旅路」のジェイムズ・タイロンの妻の姿を重ねるかもしれない。あるいは威厳に満ちたその堂々たる風采にジャン・ジロドゥ作「シャイヨの狂女」の気ままな女主人公を見てとるかもしれない。私は自分の名前を伝え、今日訪問の約束があったことをいい添えた。向こうはうなずくと、私を家の中に迎え入れた。私はうやうやしく女性の体を抱擁した。これがルイズ・ブルックスとの初めての身体の触れ合いだった。

そのときルイズは七十一歳。数カ月前まで、彼女はもう死んでいると私は思っていた。最後の映画出演から四十年がたっていた。引退後それほど長く存命だとは考えられなかった。そのとき私は気づいていなかったのだが、スクリーン上での全盛期、彼女はまだ二十歳前後の若さだったのだ。一九七八年一月にテレビ放映された『パンドラの箱』を見てはやる気持ちを抑えきれなくなった私は各方面に問合せをし、ほどなく彼女がロチェスターに住んでいること、腰の変形性関節症のためほとんど寝たきりの状態にあること、一九五六年以降、ガルボ、ディートリッヒ、キートン、チャップリン、ボガート、フィールズ、ギッシュ、ザス・ピッツ、そして当然のパプストといった彼女の仕事仲間や同時代人を題材に鋭く生きのいいエッセイを、主に映画専門誌に二十篇ほども寄稿してきたことを知るに至った。これらの情報を仕込んだのち、ルイズ本人に遅ればせのファンレターを送り、すぐに返事を受けとった。それをきっかけに文通が始まった——彼女の手紙は、大胆な表現豊かな文章が特徴で、それがまた豪快な筆跡にぴったりマッチしていた。電話のやりとりで信頼関係はさらに深まり、それが私のロチェスター訪問、さらにはこれから綴ろうとしている彼女との対面へと結びついていったのだ。

ルイズは一九六〇年以降、歯医者への通院と、病院に一度出かけた以外は外出していない。彼女は医療を信頼しておらず、この一度だけの病院行きは三十二年ぶりに受けた診察だった。「あなたはひどいことをしているのよ」と彼女は私を部屋に入れながらいった。「この二十年、棺桶のなかに入っていたのに、あなたはそんな私を外に引きずり出そうとしているのだから」彼女のアパートは二部屋から成っている。いずれも飾り気なく質素で、チリひとつなく清潔だ。大きなほうの部屋に、私の記憶に残っているのは、ヴェネチアンブラインド、緑色のソファー、テレビ、表面がフォーマイカのテーブル、簡易台所があり、肌色の壁には二〇年代を思わせる絵画がまばらに掛かっている。もうひとつの部屋は小さくて、ベッド（シングル）、新聞の切り抜きその他で一杯になった作り付けの戸棚、十字架像と聖母マリア像が上に載っている整理だんす、本がうずたかく積まれたスツールくらいでもう余裕はなくなっている。本はプルースト、ショーペンハウエル、ラスキン、ホセ・オルテガ・イ・ガセット、サミュエル・ジョンソン、エドマンド・ウィルソン、その他現役の作家のものも多くある。「私はおそらく世界で一番本を読む馬鹿者でしょうよ」部屋のなかを途切れ途切れに紹介しながら彼女はいう。小食のルイズだが（体重は八十八ポンド〔四十キロ〕）、二人の昼食用にてんこ盛りのオムレツを用意してくれていた。しかし、初対面の緊張からか二人とも食欲はなく、オムレツの山をくずすまではいかなかった。私はプレゼントに用意していた高価なブルゴーニュ産赤ワインのボトルを鞄から取り出した（かつては大酒飲みだったルイズも、いまでは特別の時にごく少量をたしなむだけになっている）。彼女の体は椅子には長時間腰掛けていられない。そこでワインを持って寝室に場所を移し、彼女はベッドの上で脚を伸ばし、ワインを静かになめながら、しなやかな手振りを交えて語り始めた。私はベッドの傍に椅子を引き寄せ、一心に耳をすました。

彼女の声はクジャクの叫声からキジバトのフルートに似た低音まで、さまざまな鳥の鳴き声を連想させる。口跡はしゃべりの速度がどのように変わろうともつねに明瞭で、笑い声は凧のように空高く飛翔する。ルイズ・ブルックスがあれほどの美貌でなかったとしても、ハリウッドはなぜ彼女の美声という宝物に気づかなかったのだろう。印象強く語れる人がたいていそうであるように、彼女は他人の声音に敏感に反応する。彼女はケヴィン・ブラウンロウに好きな女優（「できるものなら生まれ変わってでもなってみたい女優」）はマーガレット・サラヴァンだと語っている。理由は声にあって、ルイズはそれを「何ともいえず独特で、こだまのような遠い響きを持っている」とか「妖精のような、神秘的な——雪の中の歌声のような声」と形容している。

〝世を捨てたロチェスターの麗人〟との会話は数日間に及んだが、ここでは叙述の都合上一回のセッションとしてまとめてある。

私の注文を受けて、ルイズは映画の世界を去ったあとの人生から語り始めた。「なぜ映画とオサラバしたかって？　七百の理由を挙げられるわ。どれも本当の理由よ。一九三八年にジョン・ウェインとのあの映画を撮ったあと、さらに二年間西海岸にとどまっていた。けれど、私に会おうとする人間は私と寝ることしか考えない奴らばかり。ウォルター・ウェンジャーが警告したわ、これ以上ここでぶらぶらしているとコールガールになってしまうぞって。そこで実家のあるカンザス州ウィチタに尻尾を巻いて帰っていった。でもそこも地獄に変わりはなかった。ウィチタの住民は私を成功者と見て憎悪するか、失敗者と見て軽蔑するかのどちらか。私にしても会って嬉しい人間がいるわけじゃない。若い人のためのダンス・スタジオを始めたの。これはいろんなことをドラマ仕立てにしたので若者たちには受けたけど、お金にはならなかった。四三年にニューヨークにもどり、半年間ラジオ番組に出ていた。でも、これも中途でヤメ。理由？〝元スターの傷つきしプライド〟

その他百の理由があるわ。［ここで彼女は大笑いする。この会話においても一貫して、ルイズには自分を哀れむようなところはまるでない］四四年から四五年にかけては出版代理店でウォルター・ウィンチェルのコラムのための材料集めといった仕事をした。これも途中でやめさせられ、それまでホテル住まいだったのが、五十九丁目とファースト・アヴェニューにあるゴミ溜めのようなアパートに移っていった。黄色い錠剤の詰まった催眠薬の瓶をもてあそんで幻想にふけるようになったのはこの頃よ。でも、気分一新、四六年の七月からはあの高慢で人を人とも思わぬルイズ・ブルックス嬢は、〈サックス・フィフス・アヴェニュー〉（高級百貨店）で売り子として働くようになった。週給四十ドルでね。自分は〝堅気の実直な女性〟である、と証明しようとしたの。でも招いた結果はただひとつ、ニューヨークに住む著名人の友だち全員から総スカンをくらい、以後の付き合いを絶たれたってこと。それ以後はイーストサイドに住むいかがわしげな婦人、それが私となった。〈サックス〉は二年後に辞め、少しは金を稼ごうとお定まりの自伝執筆と相成るの。そのときの自伝の題名「裸でヤギに乗って」は、ゲーテの「ファウスト」からの引用。〝ワルプルギスの夜の夢〟の場面で若い魔女が自分の容姿を自慢する。「わたしゃ裸で雄山羊に乗って／肉づきのいいところを見せてやるのさ［手塚富雄訳］」とね。しかし老婦人がちょっとお待ちと声をかける。いまは若くてきれいでも、いずれあなたは腐るのよ。そのとおり、間違いなく腐るのよ、と。このやりとりから取ったのだけど、自伝の原稿は一度読み返したあとで焼却炉に突っ込んで燃やしてしまった」

ルイズは原稿焼却の理由は自分の慎み深さのせいだと言い切っている。七八年彼女は「フォーカス・オン・フィルム」に〝なぜ私は回想録を書かないのか〟と題されたエッセイを寄せた。そのなかでルイズは自らを典型的中西部人と定義し、「私たちがその血を引いているこの地域のアングロサクソン系農民は熱心なキリスト教信者で、自宅の居間では神に祈りを捧げ、納屋では近親相姦に励むといわれていた」と書いた。彼女の性教育の場はパリ、ロンドン、ベルリン、ニューヨークだったけれども、その快楽には「罪の意識が（……）ブレーキをかけていた」のだ。そして彼女は次のように結論する。「私もまた、私の人生を読むに堪えるものとするだけの性的真実を書くことは忌避したい。自分にはバイブル・ベルトは外せない」のだと。

ワインをちょっぴり注ぎ足されたあと、ルイズはどん底時代の復習をつづけた。「四八年から五三年までは囲われ者のような境遇ね。三人のお金持ち紳士に面倒をみてもらってたの。でも、考えてみればいつだって囲われ者だったわ。三人のそれなりの男が私の面倒をみていた。週千ドル稼いでいたときですら、いろんな払いはジョージ・マーシャルや、彼と似たような男たちにまかせていたのだから。でも、かたちに残るものは何ももらってない――現金も、宝石もなーんにもよ。あなた信じられる？　宝飾品なんて興味はなかった。パプストにお前は生まれついての娼婦だっていわれた。けれどもし本当にそうなら、出来損ないの娼婦ね。財産もお屋敷も手にしてないからよ。自分の生活と将来を考えて金持ちから分捕るだけ分捕るっていう才覚には欠けていた。いまこの時を生きてはいけるのだけど、それ以外はからきし無能だった。それはともかく、三人のそれなりの男が私の面倒をみていた。ひとりは金属板製造会社の社長で、彼が残してくれたのは、世界でひとつしかないというアルミでできた手作りのゴミ箱よ。本人がデザインしたもので、リビングに置いてある。私のたったひとつの勲章ね。さあ話をつづければ、五三年の前半、三人の男がそれぞれ別々に私と結婚したいといいだした。私は逃げ出すしかなかった。三人の誰も愛していないのだから。じっさい、人を愛したことは一度もない。仮に誰かを愛したとして、その男に忠誠をつくせるものかしら？　男は私を信頼できる？　あやしいものだと思うわ。パプストは賢かった。私と出会う前から私にはルルの男性放浪癖が身についているると見抜いていたのだから」

ルイズは一瞬いいよどんだあと、ほのかに自嘲的な、これまでと同じ口調でことばをつづけた。

「たぶん物書きの情婦にでもなっていればよかったのかもね。ほら、このあいだの日曜日二人で電話で話をしてたでしょ。あのとき私の内なる秘密の小部屋が破裂し、突如体中にどんな男とも経験しなかったような愛情があふれだしたの。あなたは切り裂きジャックの生まれ変わりか何かで、遅れて訪れた愛の使者だったのかしら？　でも、こちらは刺し殺されるからではなく老いさらばえているからその愛を受けとめられはしないのだけど。あなたはどうしようもないごろつきよ。こうやって現れて私の平穏な老後をめちゃくちゃにするのだから！［私はそのとき驚きのあまり何ひとつことばを返せなかったが、ルイズがこのとき完全にしらふの状態だったことは、誇りを持って書き添えさせてもらう］三人の男の話にもどれば、結婚を避ける唯一の策はカトリック信者になることだと考えた。そうすれば、教会の観点からは私は依然としてエディ・サザランドの妻なのだからとね。そこでイーストサイドのカトリック教会に通い始めた。最初は順調だった。そのうちやさしくも純粋な指導司祭が私に恋するようになった。私のような女性を見るのが初めてで、また彼を男として扱う女性は私が初めてだったらしい。教会のなかで大問題となり、その指導司祭はカリフォルニアに左遷され、後任にはいかめしい若い宣教師が就いた。しかし、しばらくするとその彼も、夜間私のアパートで特別指導をほどこすのはどうだろうかなどといいだすようになった。でも、私は誘惑には負けず、一九五三年九月に無事カトリックの洗礼を授かった」

ルイズはここでタバコに火をつけ一服する。煙にむせて軽く咳きこんだあと、話を再開する。

「五二年にちょっと奇妙なことがあったのを忘れるところだった。子ども時代、チェリヴェイルで私たちの近所に住んでいた女性から、ある日手紙が届いたの。何枚か写真が同封してあって、そのなかの一枚に髪がやや白くなった端整な顔立ちの五十がらみの男性が写っていた。小さな女の子と手をつないでいる。その女の子は私なのね。写真の裏にその女性はこう書いていた。〝子どもも好きだった独身男性フェザーズ氏です。この人はよくあなたを映画に連れて行き、おもちゃやお菓子を買ってあげていましたね〟この写真は私がずっと——何年間かしら、三十七年間ね——記憶から消し去っていた出来事を思い起こさせた。私が九歳のとき、フェザーズ氏は私に淫行をはたらいたの。私とルルの共通項がこれでまたひとつ増えたわね。ルルが初めて男を知ったのはまだほんの少女のときだった。当の相手はあのシゴルヒで、彼は中年男だった。フェザーズ氏は私の人生にどういう影響を及ぼしたのかってよく考えるわ。セックスに対する私の態度を決定したのは間違いない。私は当たりがやわらかで、やさしく、つきあいやすい男には満足できない。どこか威圧するもの、支配するものが向こうにないと気持ちが動かないの。そしてそれがすべてフェザーズ氏から始まってるのは確かだと思う。キスしたりされたりの歓びは、気持ちの上でも肉体的にも、キスそのものとは全然別のところから発しているのね。ところでね、フェザーズ氏とのことを母に話したのだけど、あなた信じられる？［彼女は大笑いする］母は私が悪いといったのよ！　私が誘ったんでしょってね。いつだって正直な告白は報われないのよ」こんな調子でルイズは語っていくのだ。自らの性生活を開けっぴろげに、軽やかに話題にし、バイブル・ベルトの締め金をひとつまたひとつと外していく。

五四年はルイズが最底辺に落ちこんだ年だった。「コールガールになるにはプライドが邪魔をした。イーストリバーに飛びこむのは無意味だった。私はカナヅチじゃなかったのでね。催眠薬に頼ろうにも手に入れるだけの金がなかった」五五年、ほんの少し事態は上向き始め、人生に希望の灯がともったかに見えた。シネマテーク・フランセーズの活力旺盛の館長アンリ・ラングロワが〝映画の六十年〟と題した大展示会をパリで催した。パリ市立近代美術館のエントランス・ホールを領したのは二枚の巨大な引き伸ばし写真で、一枚はカール・ドライヤー監督の名画『裁かるゝジャンヌ』（二八）の主演女優、フランス人のファルコネッティで、もう一枚は『パンドラの箱』のルイズ・ブルックスだった。ある批評家に、事もあろうにガルボやディートリッヒといった正真正銘のスターを差し置いて、こんな小粒の女優を優先させるとはどういうわけだと問い詰められたラングロワは、「ガルボもディートリッヒもあるものか。ただひとり、ルイズ・ブルックスあるのみだ！」と憤然とやり返した。同じ年、二〇年代からの友人たちが会を結成し、ルイズが極貧に陥らぬよう、幾許かの生活費を彼女に毎年支給できるよう手配した。それと相前後するように、イーストマン・ハウスの主任学芸員ジェイムズ・カードが彼女のマンハッタンの住み処にやってきた。ルイズの映画に心酔しているカードは、彼女の作品の多くが収蔵されているロチェスターに移り住んではどうかとルイズに強くすすめた。このことばに動かされ、一九五六年、ルイズはロチェスターの住民となった。

「ロチェスターはまずまずの土地柄に思えたわ」と彼女は話をつづける。「ニューヨークより物価は安いし、私の昔を知っている人間に出くわす心配もない。そのときまで自分の映画は一本も見ていなかった。それはいまでもそうなんだけど、いまはちょっと意味が違って、通しで見たことはないということになるの。ジミー・カードが私の映画を何本も見せてくれた。でも、それはちょうど酒浸りの時期だったので、いつも最初の五分ほどをぼんやり見るとあとは寝入ってしまう。『パンドラの箱』だってまともに見てやしない。ここでの上映に二度立ち会ったけど、どちらのときも酔っ払ってたわ。紹介役は務めたものの、映画はろくに見てなかった」自分の出演作以外の映画の場合、ルイズはアルコールを体に入れておく必要を認めなかった。自分が女優だったためか、彼女は映画と真剣に向き合ったことはなかった。しかしカードの指導のもと、映画の芸術性に目覚め、自分なりの映画観を持ち始める。一九五六年、自らの完璧に近い記憶力を駆使して、「イメージ」誌にパプスト論を書く。これを突破口にして、その後何年ものあいだに、「サイト・アンド・サウンド」(ロンドン)、「オブジェクティフ」(モントリオール)、「フィルム・カルチャー」(ニューヨーク)、「ポジティフ」(パリ)といった映画専門誌、研究誌に観察眼鋭い特異な文体の記事を書いていくのだ。

ブルックス熱は一九五七年以降急速に沸騰する。この年アンリ・ラングロワがルイズに会うために大西洋を渡った。翌年、彼は〝ルイズ・ブルックスを讃えて〟と題する映画祭を開催、彼女の作品を上映するシネマテーク・フランセーズは連日満員の盛況となった。ルイズ自身、経費主催者持ちでパリに飛び、『パンドラの箱』の上映に引きつづいて行なわれたレセプションに出席、大喝采で迎えられた(このときの観衆のひとりジャン゠リュック・ゴダールはのちに『女と男のいる舗道』[六二]を監督したさい、主役を演じたアンナ・カリーナに黒ヘルメットの髪型を真似させてルイズにオマージュを捧げた。ゴダールはこの映画の女主人公について「この若くて可愛いパリの売り子は身体は男にあたえてもこころは許さないのだ」と語った)。一九六〇年一月、ルイズはニューヨークに行き、九十二丁目のカウフマン・コンサート・ホールでの『ミス・ヨーロッパ』の上映会に顔を出した。そこで絶妙のスピーチを披露、満員の観衆を大喜びさせる。翌日ロチェスターにもどって以降は、公の場からパタッと姿を消してしまう。

たまにインタビュアーやファンが訪れたが、だいたいにおいて、本人曰くの「牛乳配達夫や掃除の女性とことばを交わすだけの事実上完全なる隠棲独居生活」に入っていく。ルイズはさらに語る。

「週に一度ジンを一パイント飲んで、ディケンズのいう〝ジン覚醒〟の状態になる。それから四日間は夢うつつに過ごし、残りの三日で本を読み、少し書き物をし、雑用をかたづける。ところで、司祭様はもうなし――教会とは六四年に縁を切ったから。時折、届いた手紙に返事を書く。例えば六五年、イタリアのアーティスト、グイド・クレパックスがとてもセクシーな漫画を描いて大評判になった。主人公はルルの私にそっくりのヴァレンティナという娘。じっさいヴァレンティナは私そのものだったといってもいい。クレパックスは霊感を授けていただき感謝すると礼状を送ってきた。そのとき彼は私を二十世紀の神話のひとつだと思うと書き添えていた。私はモデルとなって光栄、これでようやく本、ジン、タバコ、コーヒー、パン、チーズ、アプリコットジャムを抱えてベッドの上で恍惚状態に入れそうだと返信した。六〇年代からは関節炎に悩まされ、七二年に障害者用ステッキを購入し、それがないと歩けなくなった。五年前、私の身体はついに音を上げた。開拓者の血は私の中には流れていないようね。何が何でも頑張るんだとは発奮しなかったもの。完全なる降参よ。まともに転んで腰の骨は砕ける寸前。それでジンとは永遠のおさらば。他の楽しみとも縁を切ったわ。そのときは覚悟した。これから先はまったく無意味な空虚な生活が待ち構えているだけだと。それからはどうにかこうにか生きる恰好をつけているだけ。役立たずの脳みそに精一杯の活を入れながらね」

二〇年代の象徴として、またフラッパー、ジャズ・ベイビーといった金ピカ時代の〝踊る娘たち〟の典型として、ルイズに匹敵するのは、すでに故人となった者も含めほとんどいない。さらにその種の女性にあって、ニューヨーク、ロンドン、ハリウッド、パリ、ベルリンといった時代の最先端の地をすべて仕事で経験している点で、彼女に肩を並べられる者はどれだけいるだろうか。それらの都会にあっては新奇な快楽が、新たな芸術と同じ激しさ、同じ熱狂をともなって（往々にし

て同じ顔ぶれによって）追求された。ルイズが寝室の戸棚を開けるとマニラ紙の封筒類がなだれをなして落ちてきた。いずれも彼女の絶頂期を伝える思い出の品々がいっぱいに詰まったものばかりだ。長年月の読書癖で感性を磨き深めたこの孤独な独学者は、大勢のなかで光り輝いていたかつての自分を、私のためにもう一度思い返してくれるのだったが、自分でもそれが思いがけず楽しいようだった。私に見せる写真の一枚一枚に彼女はその場で説明を加えてくれた。過去を想起するルイズを見ていると、〝年老いた自分〟が〝若き自分〟と会話を交わすマックス・ビアボームの漫画が思い出されてくる。

「これは一九二二年の私。初めてニューヨークに出て来たときのね。〝頭が空っぽ美人〟のレッテルを貼られて最後までそのままよ。たいていの〝頭が空っぽ美人〟は自分じゃ賢いと思っていて、それでうまく世間を渡っていく。他の連中だってさほど頭がいいわけじゃないんだから。いまの時代でもその手の女性はテレビのトークショーにたくさん出ているわ。でも、ほんの少数だけど、頭が空っぽだって自分で分かっている美人もいて、そういうのは傷つきやすいし、救われない。まわりのいい笑いものになってしまう。マリリン・モンローを知ってるわけじゃないけど、あの人を自殺に追いやった原因のひとつは自分の愚かさに気づいていた辛さだったと思う。私も笑いものだったわ。はじめはブロードウェイ、それからハリウッドで……［写真を指して］これはハーマン・マンキウィッツ。いまの時代に生きてれば、トークショーのゲストで大受けする人ね。二五年このハーマンが私に教養を授けようとして〝ルイズ・ブルックス文芸サークル〟なるものを創設した。ドロシー・ナップと私はジーグフェルド・フォリーズのなかの美人の双璧でニューアムステルダム劇場の五階にある大きな楽屋を二人で占領していた。そこにウォルター・ウェンジャー、ギルバート・ミラーたちが集まってきた。ハーマンから読むようにいわれた本を私が批評する、それを拝聴するというのが表向きの理由だったけど、本当は大鏡の前でドロシーが着替えをするのを見るためだった。馬鹿は馬鹿なりに、選り抜きの知的エリートたちに喜びをあたえたかと思うといくらか慰めにはなるわ……これはきっとジョゼフ・スケンクね。MGMの大御所だった弟ニックの意をうけて、二五年私に週給三百ドルの契約話を持ってきた。でも私はその話を蹴って週給二百五十ドルのパラマウントに行った。MGMに入って〝ジョー・スケンク・ミンク・クラブ〟の一員になっていればよかったかもしれない。ランチの時間にレストランの〈トウェンティワン〉に入ればこの会員のメンバーはひと目でわかるの。ミンクのコートを着たままでいるからよ……ミサゴの羽毛に包まれているこの女性はフリッツィ・ラヴァーン。フォリーズの同僚だった一時期、同じ部屋に住んでいたわ。彼女は大勢のフォリーズ・ガールを誘惑していて、その数はジーグフェルドとウィリアム・ランドルフ・ハーストが征服した数を合わせたよりも多かったといわれている。私がレズビアンだと名を高めたのはそのためね。基本的にレズビアンには偏見を持ってないわよ私は。まわりがそう思うならと勝手に思いこませて楽しんでいた。人前でフリッツィと堂々と腕を組んだりしてね。彼女にはブルガリア人のボーイフレンドがいた。小柄な男で背丈は私たちと同じくらい。フリッツィと私は彼のスーツを着こんでニューヨークのあちこちに出没したの。カリフォルニアの野蛮未開の地に引き移ってからも、レズビアンの住まいに呼ばれると、太陽の下で服を脱いで手術の傷跡の見せ合いっこをしましょうって必ず誘われたものね。でも私が熱中するのは男性の体だけ。考えてもたまらないのは、『パンドラの箱』のアリス・ロベールと踊るあのシーンがあるために、おそらく私は陰鬱なレズビアンとして永遠に映画史に名前を残してしまうってこと。さる友人にいわれたわ。「ルイズ・ブルックス、君はレズじゃない。ホモなんだ」って。どういう意味か読み解いていただけるかしら？　ところで、私の名前もそろそろ聞き飽きたでしょ。改名を考えているのよ。先週の「ヴァラエティ」誌の中だけで五人のブルックスが出てきたものね。ジューン・カプリスとか、ルイズ・ラブリーとかどう？」

私は首を横に振った。

ルイズは引きつづき思い出の品々の説明にとりかかる。「これはわかるわね。マーサ・グレアム。この人の天才はツアー公演を何年かともにするなかで骨の髄まで思い知らされた。彼女は突然怒り狂うの。まさに青天の霹靂。二人で舞台袖で出番を待っていたとき――そのとき私は十六歳だったけど――彼女は私の両腕をつかんで揺さぶるの。「そんなきついシューズを履いてどうするの。足がダメになるじゃない！」って叫んでね。またいつだったかのマーサは、鏡に向かって静かにメイクをしていた最中、ピンで髪に花をつけようとしていると思ったら、化粧瓶をつかんで鏡に投げつけた。鏡は砕けて粉々。しばらくボンヤリしたあと、別の化粧台に移ってまた何ごともなく花を髪につけ始めたわ。これで思い出すのは、バスター・キートンのロードスターに乗せてもらってMGM撮影所の彼のバンガローに行った夜のこと。彼の居間には壁に沿ってガラス扉の付いた本棚が並んでいる。酒を飲んでない完全にしらふのバスターは、居間に入ると電気をつけ、野球のバットを取り上げた。そうしてゆっくり歩きながら、ひとつひとつ本棚のガラスをそのバットで叩き割っていった。すべての本棚のすべてのガラスをひとつ残らずね。あの小柄な体にどれほど鬱屈した思いを抱えていたのでしょうね！……さあ、やっとスコットとゼルダ（・フィッツジェラルド）のお出まし。私が二人に会ったのは一九二七年の一月、場所はロサンゼルスのアンバサダー・ホテル。二人は寄り添うようにソファーに腰掛けていた。まるでコメディ・チームのコンビのように。なんてこぢんまりした人たちなんでしょうというのが第一印象ね。私の目的は天才作家に会うことだったのだけど、その場を圧していたのはゼルダの横顔から発する燃えるような知性。ショッキングだったわ。

それは魔女の横顔だったから。ところで、私はいまスコットの手紙を読んでいて、妙なことに気がついた。初期のまだヘミングウェイが有名になる前の頃、スコットはいつも彼の名前の綴りを間違えていた。mを二つ書いていた。じゃ、いつから綴りを間違えなくなったか。スター作家として、ヘミングウェイに追い抜かれたちょうどそのときからなのね……これはマリブの誰かの邸宅のプールで開かれたパーティね。たしかに私はハリウッドの撮影所システムをこきおろしてきたけど、もし誰かが二〇年代ハリウッドの生活はどんなだったかと訊ねたら——そうね、すばらしくも退廃的な、心ゆくまで満足な生活を楽しんでたって答えるわ。それは私たちだけのもの、外部の人間はけっして入ってこない世界。トーキーになって多くの俳優がハリウッドを離れたのは声のせいだっていわれてる。でも、それは表向きの話。本当の理由はトーキーのおかげで夜を徹してのパーティができなくなったから。夜明けまで起きてはいられなくなったからなの。撮影所の仕事が終わったら家に帰って翌日のセリフを覚えなくちゃいけない。朝の八時にはその日の撮影の準備ができてないといけない。それからなの、撮影所機構の支配が本当に行き渡るのは。心も体も撮影所の言いなりになってしまう。夜明けにベッドから引きずり出され、夜は宣伝広報部の監視の下ベッドに入るまでね」

ルイズはここで少し間を置く。半世紀前に終焉を迎えた歓楽の夜々に思いをはせているのだろうか。ふと我に返ると、また話し始める。「ベッドといえば、この写真はタルラー(・バンクヘッド)だけど、彼女はみんなが考えているほどセックス狂ではないと私はにらんでいた。その種のことじゃ私のカンはよく当たるのよ。これからお金持ちの男友だちとエリゼ・ホテルで会うっていうときがあって、私は見ていたのだけど、タルラーったら数日前にその男からプレゼントされたエメラルドの指輪をするのは忘れても、その男にプロデュースさせたい劇の台本は忘れなかった。彼女は狡猾なわけでも男好きなわけでもない。たんにビジネスライクなだけだった……これはハーストのサンシメオンに呼ばれたゲストの面々。二八年に撮られた写真ね。明るく笑っている黒髪の娘は私の大の親友だったペピ・レデラー。マリオン・デイヴィスの姪、脚本家チャーリー・レデラーの妹で、このときはまだ十七歳だわ。私の最初の夫エディ・サザランドがよくいってたけど、贅沢にあこがれを持たず、有名人と顔を合わせることに興奮せず、ハーストに金や昇進の無心をするわけでもなければ、サンシメオンは退屈な場所だって。彼のことばは正しいと思う。でも、ペピがいるかぎり、そこはいつも楽しかった。彼女はどこであれ、そこを新鮮で心浮き浮きさせる場所に一変させてしまう。サンシメオンの大食堂に入るのが私は大好きだった。シエナから取り寄せた中世の幟が列を成して天井に揺らいでいる。ゴシック様式の巨大な暖炉があり、長方形の大テーブルは四十人がすわれた。マリオンとハーストは最重要の客を両脇に迎えて中央に向かい合って席につく。テーブルの端っこにはペピの一団が別の世界を作っている。私もそちらのほうの一員で、ペピはこの集団を〝堕落青年団〟って呼んでいて、そこはいつも笑いが絶えなかった。ハーストは酒を認めていなかったけど、ペピはウェイターのひとりと友だちになっていたから、好きなだけシャンパンを持ってこさせた。ペピはその気持ちさえあればひとかどの物書きになれたわ。しばらくの間、ハーストの豪華季刊誌「コノスール」で働いていたけど、それはコネだけで手に入れた仕事。誰もそんな彼女をまじめに考えてはいなかった。ペピは規律というものを身につけたことがなく、果ては酒とクスリにおぼれて死んでいった。三五年、ロサンゼルスの病院の精神科病棟の窓から飛び下りたの。二十五歳だった。数年前マリオン・デイヴィスの伝記本の索引に彼女の名前を見つけて胸が痛んだわ。そのとき昔タイプして残していたゲーテのことばを思い出した。それがこの写真の下にも書きつけてある——「人にとって本当に大切なのは何かをあとに残すことではなく、みずから行動し人生を楽しみ、それによって他人をも行動にかりたて人生を楽しませることなのだ」。これこそペピの姿だった」

一九二〇年代の記憶からあふれ出る名前のなかに、ルイズが尊敬してやまぬ特別なものがひとつある——チャップリンだ。「フィルム・カルチャー」に掲載された彼女のエッセイのなかに、プライベートなパーティの場で披露されたチャップリンの即興芸が紹介されている。

彼は滑稽なパントマイムを演じて自分の青年時代を思い出した。また、さまざまな映画のさまざまなシーンを演じ上げ、ありとあらゆる人間の模写をやってみせた。トイレットペーパーが舞うなかで踊るイサドラ・ダンカン、鼻くそをほじりながらハムレットの独白をするジョン・バリモア、お尻を振り振り部屋のなかを歩くフォリーズ・ガール。最後のを見て私が泣き出すと、チャーリーは私の物真似ではないと断じて否定するのだった。彼がどういおうと（……）あんな馬鹿げた歩き方は絶対にやめようと私は決意した。

私のためにルイズはチャップリンの話題に踏みこんでくれた。「一九二五年、チャップリンが『黄金狂時代』のプレミア公開でニューヨークにやってきたとき、私は十八歳。私の倍の年齢だった彼と夏の二カ月間、恋人同士としてすばらしい時間を過ごしたわ。あの人が亡くなったと聞いてから、私の心は五十年前にもどったまま。別世界から来たあのすてきな人の正体を何とか見極めたいと思いつづけている。彼は〝放浪紳士チャーリー〟を作り上げただけじゃない。もちろんそれだって奇跡に違いないけれど。驚くべきなのは、彼は自分の力で自らを貴人の域に高めた人だってこと。独学で教養ある話し方を身につけた。ホテルのバスルームに辞書を置いて毎朝ひとつずつ新しい単語を覚えるようにした。朝着替えをしながらその日一日の自分の振る舞い、行動を練り上げる。自分の考える完璧な英国紳士にかなうようにとね。彼は洗練されたプレイボーイで、ペギー・ホプキンス・ジョイス、マリオン・デイヴィス、ポーラ・ネグリらと恋を楽しんだ。ビジネスの才覚も飛び抜けていて、自分の映画の権利を保持し収益の五割をつねに要求した――これにはジョー・スケンクをはじめ、甘い汁を吸おうと狙っていたスケンクと同類の経営者たちを怒り狂わせた。じっと動かないでいる彼の姿って思い出せない。すわったと思えば立ち上がり、出て行ったと思ったら入ってくる。静かなのは電気を消してベッドで休むときだけでしょうね。お酒も睡眠薬もいらない。子どものようにすっと寝付いてしまう。意地悪なハーマン・マンキウィッツはいったものよ。「人が彼の膝下に跪くんじゃない。彼は人のすわっているところに行き、その前に立ちつくすんだ」ってね。でも、あの人はどんなに私たちの目を釘付けにしたことでしょう！　その輝かしい美しさ、無尽蔵な独創性にみんなすっかり虜になってしまう。芸術と実生活のどちらにも等しく天才ぶりを発揮したのはあの人しかいない。洒落た服装をして人に見せびらかす、上品で気の利いたいいまわしを振りまわす、というのが大好きだった――法廷の証人席にすわっていてもね。離婚劇のさなかリタ・グレイが悪質な噂を広めたでしょ。彼には倒錯した少女趣味があるって。これで彼もおしまいだってまわりはささやき合ったけれど、本人は意にも介さなかった。他にも嘘八百のひどいことをいわれても決して自分で自分を弁護しなかった。私なんかいまだに怒りがおさまらないのに。でも一段上のところを生きていたのね。自尊心や嫉妬や憎悪、そういったものは超越していたの。あの人は他人を傷つけるようなことをいったことがない。生きるうえでの怖れをまるで持っていなかった。リタ・グレイと彼女の母親が彼からあたえられたベヴァリーヒルズの屋敷のなかで、どうやって彼を窮地に陥れようかと悪知恵を絞っていたのに、見事なまでに風馬牛だった――『黄金狂時代』の成功に浸り、まわりに群がるファンたちに囲まれそれで満足していた。でも、自分から他人の喝采を強要したというわけじゃない。私との間がつづいていたときも、いわゆる恋愛という意味で私が彼を愛しちゃいないってことをよくわかっていた。そしてまったく気にしていなかった。それでまたひどい嘘っぱちをひとつ思い出すわ。これだって彼は人の口の端に上るにまかせていた。それは彼がけちで金に汚いってこと。人は忘れているのね。彼は初期の主演女優で彼の相手役（エドナ・パーヴィアンス）に終生給料を払いつづけたってことを。また、映画を撮っていないときも所員に給与を払いつづけていた。そんな製作者はどこを探してもいないわよ。楽しい夏が終わったとき、彼はジャッカルの毛皮もカルティエの腕輪も買ってくれなかった。「どう、これチャップリンから貰ったのよ」ってまわりに自慢できるようなものは何ひとつね。彼がニューヨークを去った翌日郵便が届き、中にはチャーリーのサインで高額な小切手が入っていた。でも私は礼状ひとつ書かなかったわ。どうでしょう、この恩知らず」

二〇年代末のヨーロッパでの思い出の品々はがっちりした体格の、ハンサムな黒髪の男の写真――なぜか列車から降りるところのものが多い――から始まる。この男はジョージ・プレストン・マーシャル。ルイズの愛人で、二七年から三三年のあいだ彼女の相談役を務めていた。「もしあなたが『パンドラの箱』を気に入っているなら、ジョージ・マーシャルに感謝しなくてはね」とルイズは語る。「あの映画の件で声がかかったとき、私はパプスト監督の名前すら知らなかった。いい話だからぜひ受けろとジョージが強くすすめたの。彼は演劇や映画が大好きで、ショービジネスで働く若くて可愛い女性には軒並み手を出していた。私の親友も含めてね。ベルリンまで私はこのジョージに連れられて行った。同行していたイギリス人召使いがぐでんぐでんに酔っ払って、プラットホームでぶっ倒れてしまった。それもパプストの目の前でね」

ルイズのコレクションのなかにはルル役争奪戦の競争相手だった例の女優のものは何ひとつない。私がそれを話題にすると、辛辣なことばが返ってきた。「ディートリッヒ？　あの女策士が！　彼女も私と同じ〝頭が空っぽ美人〟なんだけど、自分じゃ賢いと思っているほうの部類で、まんまと人を騙しおおせているくちなの。でもこれは私の異常な嫉妬心かもしれない。だって彼女はあなたのお友だちなんだから。そうなんでしょ？」償いの気持ちをこめてなのか、ルイズは『嘆きの天使』のローラ役のディートリッヒを称賛し始めた。そのとき、突然インスピレーションを得たかのように大声を上げた。「ねえ、マレーネをパリから呼び出すってどうかしら？　彼女と私で回想録が書けるんじゃないかしら。いやもっと名案があるわ。彼女と私が互いのことを書き合うのよ――〝ローラによる『ルル』、ルルによる『ローラ』〟よ」

しかしながら、婉曲に表現して、ディートリッヒはルイズの理想とする〝スクリーン上の女神〟のイメージとは一致しない。しかし、いったい誰が彼女の理想のイメージと一致するだろうか――その声が魅惑の対象であったマーガレット・サラヴァンを別にして。ロチェスター訪問の数カ月後、私はルイズから手紙を受けとった。そのなかで彼女は意外な女優を称賛していた。こんな具合に――

いまさっきトロントのラジオ放送を聴いていた。モントリオールで映画を撮っているエヴァ・ガードナーの記者会見だった。私は彼女の美貌にはこれまで一度も興奮したことはなく、見た映画も一本きりで、その『イグアナの夜』（六四）で彼女が演じていたのは受け身の役だったから、彼女の静的な力以外何もそこには見出せなかった。どこかのホテルの一室で行なわれているこの会見では、お決まりの質問ばかりのせいもあって、エヴァは目新しいことやハッとさせるような

ことは何もいっていない。ただ「シナトラはとてもやさしくもなれば、どうしようもなく下劣にもなったわ――ねえ、あなた、もう一杯作ってちょうだい――私は五十四本の映画に出たけど、理解できた役は『キリマンジャロの雪』（五二）のひとつだけ……」なんていっている。偉大な演技も美もセックスも話題にせず、その語りには思索や知的な関心を匂わすものはかけらもない。でも人生で初めて、私は自分が映画女優であることに誇りを持った。演劇とは全然別な映画女優というものにね。エヴァは映画スターはかくあるべしと私が考えるそのものだった。ハリウッドに汚染されていないユニークで神秘的なパーソナリティを持った美しい女性。それに彼女はとても強靭だった。自分を機械の生産品にさせないために逃げ出す（ガルボはそうしたわ）、なんて真似は必要なかった……知りたいのは、時折空想するのだけど、エヴァにあの独特の輝きをあたえている高潔さを、その気配なりとも、かつて私は持っていただろうかとね。

マニラ紙の封筒から次に出てきた写真には、スパンコールで飾ったイヴニングガウン姿のルイズが謎めいた幾分わびしげな表情でテーブルにすわっている。まわりはタキシード、ブラックタイ、ウィングカラーと正装したチョビ髯の男たち。彼らは受話器を手に話していたり、大笑いしていたりしているが、ひとりとしてルイズに視線を向けていない。奥の壁にはオーク材の羽目板が見え、その前に立つウェイターは焦点がぼけている。冷ややかな目付きをしてルイ・ジューヴェそっくりの顔立ちをしたウェイターだ。「場所がどこかわかるでしょ」とルイズはいう。

いや残念ながらわからない、と私は答える。

「〈ジョー・ゼリー〉よ！」と彼女は大声を上げる。「パリでいちばん有名なナイトクラブよ。一緒に写ってる男たちの名前はもう思い出せないけど、右端の男はいつもエーテルばかり飲んでいた。

私の左隣はスウェーデンとイングランドのハーフ。いくつものホテルで彼と同部屋に泊まったわ。まだほんの若者だけど、髪が雪のように真っ白で、みんなからエスキモーって呼ばれてた。その隣の男は可哀想にこの写真を撮った翌日死んでしまった。カンヌでモーターボートのスクリューに巻きこまれてね」

以来私は、一九二〇年代と聞くと〈ジョー・ゼリー〉での狂乱の一夜を捉えたこの集団写真と、その中央でにこりともせず座っている天使の姿を思い出す。

ルイズはいちばん部厚いファイルから二人の人物が写った写真を取り出した。クローシェをかぶった彼女がホンブルグ帽をかぶったずんぐりした紳士と腕を組んで立っている。男性は鉄縁のメガネをかけ、蝶ネクタイに仕立てのよいビジネススーツ姿。年齢は四十代前半だろうか。「パプストよ」ルイズのことばはあっさりしている。「一九二八年、場所はベルリン。『パンドラの箱』を撮っていたときね。さっきいったように、私はジョージ・マーシャルと一緒にベルリンに来たのだけど、パプストはジョージを嫌ってた。毎晩ジョージが私をナイトクラブに連れまわして遊んでいたから。数週間でジョージはパリ経由でアメリカに帰っていった。それからあとはパプストの命令で、撮影が終わるとホテルに監禁状態。誰もがパプストは私に恋していると思っていた。たまに夕食に招かれて彼のアパートに行くと、彼の妻のトゥルーディがバーンと大きな音を立ててドアを閉め、外に出ていってしまう。パプストはしごくまっとうな紳士だったけど、他に類のない猥褻写真の一大コレクションを持っていた。黒いレースの扇だけを持ったサラ・ベルナールのヌードというのもあった。あなた知ってる？　女優が自分の裸の写真を映画監督に送るのが二〇年代ヨーロッパの慣習だったそうね。そういうのを彼はいっぱい持っていた。それはともかく、私はベルリンでは彼とは寝てないわ。でも一九二九年、パリで彼が『ミス・ヨーロッパ』の企画をまとめ上げようとしていたとき、二人でレストランに行ったことがあって、そのとき私がちょっと騒ぎを起こした。私の親しい友人だったさる男性の顔をバラの花束ではたいたの。友人の顔が血まみれになったのを見てパプストは仰天し、有無をいわさず私を引っ立てると、そのままホテルに送り届けた。ホテルに帰ってから私はどうしたか？　最高の気分だったから、動転している彼を落ち着かせ、不安を取り除いてあげようとした。どうやって？　天にも昇るような最高のセックスを味わわせることによってね。私は彼をベッドに引き入れ、抱きつくと体も心も捧げつくした［彼女の声は歓喜に震える］。彼はこんな経験をしたことないっていう様子だった。男って女を興奮させると自分に勲章を授けたくなるのよね。嬉しくってどうにもしようがなくなる。翌朝パプストはまっすぐ歩けないくらいご機嫌だった。そして『ミス・ヨーロッパ』を延期にして『淪落の女の日記』を先に作るよう計画を変更した。彼は私との関係をつづけたがったけど、こちらにその気がなかった。ベルリンにもどってからはまた『パンドラの箱』のときの繰り返し。ただしこのときの私の男はジョージ・マーシャルではなくてエスキモー――〈ジョー・ゼリー〉にいた白髪の男だったけど」

　ルイズはやさしく笑い声をあげ、その情景を思い起こした。「パプストは駅まで迎えに来て、私が列車からエスキモーと降りてくるのを見て愕然とした。加えて私は首のところにいぼをこしらえていたし、〝エスキー〟がコンパートメントのドアを閉めたときに指を挟んでいた。パプストは厳しい目で私をにらみ、翌朝から撮影に入るぞといい放った。それから私を引きずるように病院に連れて行き、いぼを焼き切らせた。『淪落の女』の最初のほうのシーンを見ると私の首元に絆創膏がはってあるのが見えると思うわ。〝エスキー〟のことでパプストの気持ちを傷つけたくなかったけれど、彼との一度だけの夜を繰り返す気にはなれなかった。皮肉なのは、パプストは気づかぬままで終わるのだけど、エスキモーと私はベルリンのホテルで同宿していても、一緒に寝てはいなかったってこと。彼とベッドをともにしたのはもっとあと、『淪落の女』の製作が終わってパリで数日過ごしたとき。別れる前の晩「エスキモー」って彼にいった。「さあ、今夜よ」って。それが幾度めかの〝ルイズの一度だけの夜〟だった」

ルイズ語録拾遺

――恋人としてどこの国の男性がすぐれていると思いますか？

「イングランドの男が最高ね。教会に虐げられているアイルランドの男が最低」

――お好きな映画は？

「『巴里のアメリカ人』『ピグマリオン』『オズの魔法使』。がっかりしないで」

――どれも夢をかなえる物語ですね。パリと呼ばれる空想の遊技場で、若くて快活なダンサーを連れて逃亡するアメリカ人。ロンドン上流階級の注目と称賛の的となる、しがない花売り娘。魔法の世界への旅を経て、幸せは出発点にあったことを悟るあなたと同じカンザス州の女の子。

「やっぱりがっかりしたのね」

――とんでもない。どれも超一流の映画で、みなどこかあなたを映し出している。


ロチェスター訪問以前にやりとりした手紙のなかで、彼女は「ベッドでひとりすわったまま、生きつづける口実の何もないままに頭を狂わせていく――こんな生活に意味があるものならどうか教えてちょうだい」と書いてきた。いくつかの答えを思いついたので、遅ればせながら記しておきたい。すなわち（a）彼女がフィルムに残した映像をこよなく愛する者たちが存在する。そういう人々からの称賛を受けとめるため。（b）同様に、彼女と会話を交わす栄誉に浴したい者たちがいる。そういう人々の希望をかなえ喜びを授けるため。(c) 書物のなかから先人たちの知恵を採集したいという彼女自身の渇望をいやすため。(d) 彼女がさる友人に語ったことばの真偽を確認するため。そのことばというのは――「スペインの哲学者ホセ・オルテガ・イ・ガセットは〝われわれはみな迷える生き物だ〟といった。この事実を認めてはじめて、私たちには自分を発見するチャンスが訪れる」。

彼女の人生の軌跡を多くの男たちがかすめていったにもかかわらず、ルイズは自分自身の人生を頑なに突き進んできた。彼女は一人乗りの人生飛行士なのだ。このような自立性が支払わねばならぬ代償は、当然ながら孤独であり、彼女の孤の精神は彼女が活字に残したなかでも最も透徹した一節に予示されている。「映画の偉大な芸術は表情や身体の説明的な動きから成り立ってはいない。それはある種の強烈な孤立のなかで伝達される思考と魂の動きのなかに存している」

ここで失礼しようと立ち上がると、ルイズはプレゼントをくれた。瀟洒な大きな本で「ルイズ・ブルックス――あるアンチ・スターの肖像」と表題がついている。一九七七年、パリで出版されたものだ。中を見ると彼女の経歴を豊富な写真で追ったもの、エッセイ、評論、彼女の美と才能に捧げられた詩などで構成されている。ルイズは私に献呈の署名をしたあと、その署名の下にこう書いた――「私は手元にとどめたいと願わずに人にものを贈ったためしはなく、人に贈りたいと願わずにものを手元にとどめたためしはない」(自らの文章の一節の引用である)。この本にはまたルイズが家族について綴った文章も含まれていて、私は立ったままそれを読み通した。その文章の最後の段落を以下に掲げる――

長いあいだ貧困と孤立に苛まれたため、母が私の心に植えつけてくれていた自由は実現不能なもの、妄想なのだと信じるようになっていた。そして（……）私はロチェスターという見知らぬ都市のこの小さなアパートのなかで閉じこもって生きるようになった（……）まわりには同じ境遇の何百万の老人がいて、ひとりぼっちで話し相手もいない、と迷子の子犬のようにピーピー泣いていた。みな口をきく温もりのある肉体との関係なしでは生きられなくなっていたのだ。それを思えば、私は自由だった！　母自身、一九四四年にもはや温もりのある肉体ではなくなっていたけれど、私を見捨ててはいなかった。私の読む本のひとつひとつが母からの慰めなのだ。本を読むたびに、私は五歳にかえり、「不思議の国のアリス」を声に出して読む母を目の前に見、その肩にもたれて文字の読み方を学びとっているのだから。

私がとめるのもきかず、ルイズはベッドを降りて玄関まで見送りに出てきた。その前私たちはプルーストを話題にしていて、未来は決して過去からは予言できないという彼の格言を彼女は引き合いに出していた。彼女の過去から、と私はふと思った、その奇想天外な過去から、彼女がどのような未来を発明するか誰が知り得ようか。「プルーストじゃもうひとつあるわ」杖に体をもたせかけて彼女はいった。「社交上の仮面と衣装でどのように自分を着飾っても、裸の姿はつねに見破られる」ルイズが映画で見せてくれた演技がまさにそのことを教えてくれている、と私は胸の内で独り言をいった。

私は彼女にお別れのキスをし、コートのボタンをかけて外見を整えた——夜になって空気が冷たくなってもいたからだ——そしてロチェスターの通りに出、着飾って歩く人々の群れに加わった。

ルイズ・ブルックス　フィルモグラフィー

項目は順に邦題（日本未公開作は通用している題名か直訳で表記）、原題、製作会社名、上映時間、封切日、スタッフ名、出演者名。作品紹介はバリー・パリス著 *Louise Brooks*（一九八九）所収のフィルモグラフィーを参考にした。

或る乞食の話　*The Street of Forgotten Men*　フェイマス・プレイヤーズ＝ラスキー（のちのパラマウント）　七六分　一九二五年八月二四日封切〔日本公開＝二六年一〇月二八日〕

監督＝ハーバート・ブレノン　脚本＝ポール・ショーフィールド、ジョン・ラッセル（ジョージ・キビー・ターナーの原作による）　撮影＝ハル・ロッソン　美術＝フレデリック・A・フォード

出演＝パーシー・マーモント（イージー・マネー・チャーリー）、メアリー・ブライアン（メアリー）、ニール・ハミルトン（フィリップ）、ジョン・ハリングトン（ブリッジポート・ホワイトアイ）、ジュリエット・ブレノン（ポートランド）、ルイズ・ブルックス（情婦）

＊バワリー街に巣くう乞食集団を描いたオー・ヘンリー風暗黒街ロマンス。

美女競艶　*The American Venus*　フェイマス・プレイヤーズ＝ラスキー　八〇分　一九二六年一月二五日封切［日本公開＝二六年九月一〇日］

監督＝フランク・タトル　脚本＝フレデリック・スタウアーズ（タウンゼンド・マーティンの原案による）　撮影＝J・ロイ・ハント（テクニカラーのシーンを含む）　美術＝ラリー・ヒット

出演＝エスター・ラルストン（メアリー・グレイ）、フェイ・ランフィア（ミス・アラバマ）、ローレンス・グレイ（チップ・アームストロング）、フォード・スターリング（ヒューゴー・ナイルズ）、ルイズ・ブルックス（ミス・ベイポート）、エドナ・メイ・オリヴァー（ナイルズ夫人）、ケネス・マッケンナ（ホレース・ナイルズ）、アーネスト・トーレンス（キング・ネプチューン）、ダグラス・フェアバンクス・ジュニア（ネプチューンの息子トライトン）

＊一九二五年のアトランティックシティでのミス・アメリカ・コンテストを舞台にした絢爛豪華なコメディ。プリントは存在しない。

三日伯爵　*A Social Celebrity*　フェイマス・プレイヤーズ＝ラスキー　七〇分　一九二六年三月二九日封切［日本公開＝二七年一月七日］

監督＝マルコム・セント・クレア　脚本＝ピエール・コリングス（モンテ・M・カタジョンの「今夜また会おう」を原案とする）　字幕＝ロバート・ベンチリー　撮影＝リー・ガームス

出演＝アドルフ・マンジュー（マックス・ヘイバー）、ルイズ・ブルックス（キティ・ラヴァーン）、チェスター・コンクリン（ジョハン・ヘイバー）、エルジー・ローソン（エイプリル・キング）、ロジャー・デイヴィス（テニー）、ジョゼフィン・ドレイク（ジャクソン＝グリア夫人）

＊田舎床屋の息子がニューヨーク上流社交界に打って出ようとするコメディ。プリントは存在しな

い。

チョビ髯大将　*It's the Old Army Game*　フェイマス・プレイヤーズ＝ラスキー　七〇分　一九二六年五月二四日封切［日本公開＝二六年一二月三一日］
監督＝エドワード・サザランド　脚本＝トーマス・J・ゲラーティ、J・クラークソン・ミラー（J・P・マキヴォイの原案による）　字幕＝ラルフ・スペンス　撮影＝アルヴィン・ワイコフ
出演＝W・C・フィールズ（エルマー・プリティウィリー）、ルイズ・ブルックス（マリリン・シエルダン）、ブランチ・リング（テシー・ギルチ）、ウィリアム・ギャクストン（ウィリアム・パーカー）、メアリー・フォイ（サラ・パンコースト）、ミッキー・ベネット（ミッキー）
＊不動産詐欺に巻きこまれたドラッグストア店主をめぐる狂騒的コメディ。

駄法螺大当り　*The Show-Off*　フェイマス・プレイヤーズ＝ラスキー　八二分　一九二六年八月一六日封切［日本公開＝二六年一二月三一日］
監督＝マルコム・セント・クレア　脚本＝ピエール・コリングス（ジョージ・ケリーのブロードウェイ劇を脚色）　撮影＝リー・ガームス　編集＝ラルフ・ブロック
出演＝フォード・スターリング（オーブリー・パイパー）、ロイス・ウィルソン（エイミー・フィッシャー）、ルイズ・ブルックス（クララ・フィッシャー）、ジョージ・ケリー（ジョー・フィッシャー）、クレア・マクドウェル（フィッシャー夫人）、C・W・グッドリッチ（フィッシャー氏）、ジョゼフ・スマイリー（鉄道会社重役）
＊許嫁一家を破滅寸前まで追い詰めてしまう口から出任せ男の諷刺喜劇。

ジャスト・アナザー・ブロンド［未］ *Just Another Blonde*　ファースト・ナショナル　六〇分　一九二六年一二月一三日封切
監督＝アルフレッド・サンテル　脚本＝ポール・ショーフィールド（ジェラルド・ボーモントの短篇「スティーヴンでさえ」を脚色）　字幕＝ジョージ・マリオン　撮影＝アーサー・エディソン
編集＝ヒュー・ベネット
出演＝ドロシー・マッケイル（ジーン・キャヴァナー）、ジャック・マルホール（ジミー・オコナー）、ルイズ・ブルックス（ダイアナ・オサリヴァン）、ウィリアム・コリア・ジュニア（キッド・スコティ）
＊コニーアイランドを舞台に二人のギャンブラーと二人の若い娘の恋愛模様を絡めたアクション・ドラマ。空中シーンもある。プリントは存在しない。

百貨店　*Love 'Em And Leave 'Em*　フェイマス・プレイヤーズ＝ラスキー　七六分　一九二六年一二月六日封切［日本公開＝二七年七月二二日］
監督＝フランク・タトル　脚本＝タウンゼンド・マーティン（ジョン・V・A・ウィーヴァーとジョージ・アボットの舞台劇を脚色）　撮影＝ジョージ・ウェバー　編集＝ジュリアン・ジョンソン
衣装＝トラヴィス・バントン
出演＝エヴリン・ブレント（メイム・ウォルシュ）、ルイズ・ブルックス（ジェイニー・ウォルシュ）、オズグッド・パーキンス（レム・ウッドラフ）、ローレンス・グレイ（ビル・ビリングスリー）、ジャック・イーガン（カートライト）

＊同じデパートに勤める〝まじめな〟姉と〝フラッパーな〟妹がひとりの男をめぐって鞘当てする。テンポのはやい現代的コメディ。

夜会服 *Evening Clothes*　パラマウント　七〇分　一九二七年三月一九日封切［日本公開＝二七年九月一五日］
監督＝ルーサー・リード　脚本＝ジョン・マックダーモット（アンドレ・ピカードとイヴ・ミランドの戯曲「夜会服の男」を脚色）　字幕＝ジョージ・マリオン　撮影＝ハル・ロッソン
出演＝アドルフ・マンジュー（ルシアン）、ヴァージニア・ヴァリ（ジェルメーヌ）、ノア・ビアリー（ラザール）、ルイズ・ブルックス（フォックス・トロット）、リド・マネッティ（アンリ）
＊農場主がパリに出て洗練された男性に一変、自分をはねつけた新婦を見返すコメディ。プリントは存在しない。

オール持つ手に *Rolled Stockings*　パラマウント　七〇分　一九二七年六月一八日封切［日本公開＝二八年五月四日］
監督＝リチャード・ロッソン　脚本＝パーシー・ヒース（フレデリカ・サゴール・マースの原案を脚色）　撮影＝ヴィクター・ミルナー　字幕・編集＝ジュリアン・ジョンソン　衣装＝トラヴィス・バントン
出演＝ジェイムズ・ホール（ジム・トレッドウェイ）、ルイズ・ブルックス（キャロル・フレミング）、リチャード・アーレン（ラルフ・トレッドウェイ）、ナンシー・フィリップス（毒婦）、エル・ブレンデル（ルドルフ）、デイヴィッド・トーレンス（トレッドウェイ氏）、チャンス・ウォー

ド（監督）
＊郊外の酒場でのひと騒ぎもある、ボート・レースをクライマックスにしたキャンパス・コメディ。プリントは存在しない。

弥次喜多空中の巻　*Now We're in the Air*　パラマウント　六〇分　一九二七年一〇月二二日封切［日本公開＝二七年一二月三一日］
監督＝フランク・ストレイヤー　脚本＝トマス・J・ゲラーティ（モンテ・ブライスとキーン・トンプソンの原案を脚色）　字幕＝ジョージ・マリオン・ジュニア、ラルフ・スペンス　撮影＝ハリー・ペリー　衣装＝トラヴィス・バントン
出演＝ウォーレス・ビアリー（ウォリー）、レイモンド・ハットン（レイ）、ルイズ・ブルックス（グリゼル／グリゼット）、ラッセル・シンプソン（マクタヴィッシュ侯）、デューク・マーティン（軍曹）
＊ビアリー＝ハットンもののスラップスティック・コメディのひとつ。二人はヘボな戦闘機乗り。第一次大戦下のフランスをかきまわす。プリントは存在しない。

狂乱街　*The City Gone Wild*　パラマウント　六〇分　一九二七年一一月一二日封切［日本公開＝二八年八月一〇日］
監督＝ジェイムズ・クルーズ　脚本＝ジュールズ・ファースマン（ジュールズ・ファースマンとチャールズ・ファースマンの原案を脚色）　字幕＝ハーマン・J・マンキウィッツ　撮影＝バート・グレノン

出演＝トマス・ミーアン（ジョン・フィーラン）、マリエッタ・ミルナー（ナーダ・ウィンスロップ）、ルイズ・ブルックス（スナグルズ・ジョイ）、フレッド・コーラー（ガナー・ギャラガー）、デューク・マーティン（レフティ・シュローダー）、ナンシー・フィリップス（レフティの女）、チャールズ・ヒル・メイルズ（ルーサー・ウィンスロップ）

＊刑事専門弁護士が殺された友人の仇を討つ暗黒街もの。プリントは存在しない。

港々に女あり　*A Girl in Every Port*　フォックス　七八分　一九二八年二月二〇日封切［日本公開＝二八年八月三一日］

監督＝ハワード・ホークス　脚本＝シートン・I・ミラー（ハワード・ホークスとJ・K・マックギネスの原案による）　字幕＝マルコム・ステュアート・ボイラン　撮影＝L・ウィリアム・オコネル、R・J・バークイスト　美術＝ウィリアム・S・ダーリング、レオ・K・クーター　編集＝ラルフ・ディクソン

出演＝ヴィクター・マクラグレン（スパイク）、ロバート・アームストロング（ビル）、ルイズ・ブルックス（マドモワゼル・ゴディバ、マルセイユの女）、フランシス・マクドナルド（サーカスの団長）、マリア・アルバ（リオ・デ・ジャネイロの女）、リーラ・ハイアムズ（サンペドロの未亡人）、サリー・ランド（ボンベイの女）、ナタリー・キングストン（南海の女）

＊港々の移り気な女たちを渡り歩く二人の船員の喧嘩と友情の物語。

人生の乞食　*Beggars of Life*　パラマウント　八四分　一九二八年九月二二日封切［日本公開＝二九年一月二四日］

監督＝ウィリアム・ウェルマン　脚本＝ベンジャミン・グレイザー、ジム・タリー（ジム・タリーの原作を脚色）　字幕＝ジュリアン・ジョンソン　撮影＝ヘンリー・ジェラード　編集＝アリソン・シェファー
出演＝ウォーレス・ビアリー（オクラホマ・レッド）、ルイズ・ブルックス（ナンシー）、リチャード・アーレン（ジム）、エドガー・〝ブルー〟・ワシントン（ブラック・モーゼ）、H・A・モーガン（スキニー）、ロスコー・カーンズ（ホッピー）、ロバート・ペリー（アーカンソー・スネイク）、ジャック・チャピン（ユーキー）
＊殺人を犯した娘が男に扮装し、放浪青年の助けを借りながら、ホーボーの群れにまぎれて追っ手から逃れようとする。

カナリヤ殺人事件　*The Canary Murder Case*　パラマウント　八二分　一九二九年二月一六日封切
［日本公開＝二九年四月三日］
監督＝マルコム・セント・クレア、フランク・タトル（トーキー版のシーンのみ）　脚本＝フローレンス・ライアソン／アルバート・シェルビー・レヴィノ（S・S・ヴァン・ダインの探偵小説を脚色）　字幕＝ハーマン・J・マンキウィッツ　撮影＝ハリー・フィッシュベック、クリフォード・ブラックストーン　編集＝ウィリアム・シー　衣装＝トラヴィス・バントン
出演＝ウィリアム・パウエル（ファイロ・ヴァンス）、ルイズ・ブルックス（マーガレット・オデル、〝カナリヤ〟）、ジーン・アーサー（アリス・ラフォス）、ジェイムズ・ホール（ジミー・スポッツウッド）、チャールズ・レイン（チャールズ・スポッツウッド）、ユージン・パレット（アーネスト・ヒース）、グスタフ・フォン・セイファーティッツ（アンブローズ・リンドクイスト医師）

＊ファイロ・ヴァンスもの探偵ミステリーの映画化第一作。脅迫されていたショーガールが殺され、エレガントな容疑者が多数浮かび上がる。

パンドラの箱　*Die Büchse der Pandora*　ネロ・フィルム（ベルリン）　一三三分　一九二九年一月三〇日（ベルリン）封切［日本公開＝三〇年二月二二日］
監督＝G・W・パプスト　脚本＝ラディスラウス・ヴァイダ（フランク・ヴェデキントの二つの戯曲「地霊」「パンドラの箱」を脚色）　撮影＝ギュンター・クランプ　編集＝ヨーゼフ・R・フライスラー　美術＝アンドレイ・アンドレイエフ　衣装＝ゴットリーブ・ヘシュ
出演＝ルイズ・ブルックス（ルル）、フリッツ・コルトナー（ペーター・シェーン）、フランツ・レデラー（アルヴァ・シェーン）、カール・ゲッツ（シゴルヒ）、アリス・ロベール（ゲシュヴィッツ伯爵夫人）、クラフト・ラシク（ロドリゴ）、グスタフ・ディースル（切り裂きジャック）
＊罪悪感の欠如したルルのセクシャルな魅力に欲望の強い男たちが呪縛され、次々と破滅していく。最後にはルルも同じ運命に陥る。

淪落の女の日記　*Das Tagebuch einer Verlorenen*　HOMフィルム（ベルリン）　一一六分　一九二九年一〇月一五日封切［日本公開＝三〇年四月二四日］
監督＝G・W・パプスト　脚本＝ルドルフ・レオンハルト（マルガレーテ・ベーメの小説を脚色）
撮影＝ゼップ・アルガイアー、フリッツ・アルノー・ヴァグナー　美術＝エルノー・メツナー、エミール・ハスラー
出演＝ルイズ・ブルックス（ティミヤーネ）、フリッツ・ラスプ（マイネルト）、アンドルーズ・エ

ンゲルマン（院長）、ヴァレスカ・ゲルト（院長の妻）、エーディット・マインハルト（エリカ）、ヨーゼフ・ロヴェンスキ（ティミヤーネの父）、アンドレ・ローン（オスドルフ伯爵）、シビル・シュミッツ（エリザベス、婦人行政長官）、ヴェラ・パヴロヴァ（フリーダ伯母）、フランツィスカ・キンツ（メータ）、アーノルト・コルフ（老オスドルフ伯爵）

＊美しい娘が男に誘惑されて捨てられ、非情な矯正院に送られるが脱走、娼館で働くことになる。ドイツ・ブルジョワ階層の偽善を暴く道徳寓意劇。

ミス・ヨーロッパ　*Prix de Beauté*　SOFARフィルム（パリ）　九三分　一九三〇年八月一日封切［日本公開＝三三年五月四日］

監督＝アウグスト・ジェニーナ　脚本＝A・ジェニーナ、ルネ・クレール、ベルナルト・ツィンマー、アレッサンドロ・デ・ステファニ（G・W・パプストとルネ・クレールの原案に基づく）　撮影＝ルドルフ・マテ　編集＝フランシス・サラベルト　装置＝ロベルト・ギス　衣装＝ジャン・パトゥ　音楽＝ヴォルフガング・ツェラー

出演＝ルイズ・ブルックス（リュシエンヌ）、ジョルジュ・シャルリア（アンドレ）、ジャン・ブラダン（グラボフスキー大公）、アウグスト・バンディーニ（アントナン）、ガストン・ジャケ（公爵）

＊ルイズ・ブルックス最初のトーキー作品だが、全篇フランス語のため別人の吹き替え。退屈な仕事と嫉妬深い婚約者に悩む娘が美人コンテストに優勝したことから生じる悲劇。労働者階級を描いたネオリアリズムの先駆的作品。

ウィンディ・ライリー聖林に行く［未］　*Windy Riley Goes Hollywood*　エデュケーショナル・ピクチャーズ　一八分　一九三一年八月一二日封切
監督＝ウィリアム・B・グッドリッチ（ロスコー・″ファティ″・アーバックル）　脚本＝アーネスト・パガノ、ジャック・タウンリー（ケン・クリングの漫画のキャラクターから想を得て）　撮影＝ドワイト・ウォーレン
出演＝ジャック・シュータ（ウィンディ・ライリー）、ルイズ・ブルックス（ベティ・グレイ）、ウィリアム・デイヴィッドソン（ラ・ロス）、ウィルバー・マック（スネル）、デル・ヘンダーソン（アレン）、ウォルター・メリル（記者）
＊自信家のウィンディが撮影所宣伝部の改革を策すが大混乱を引き起こしてしまう短篇コメディ。

宣伝の価値あり［未］　*It Pays to Advertise*　パラマウント　六三分　一九三一年二月一九日封切
監督＝フランク・タトル　脚本＝エセル・ドハーティ、アーサー・コーバー（ロイ・クーパー・メグルー、ウォルター・ハケットの舞台劇を脚色）　撮影＝アーチー・J・スタウト
出演＝ノーマン・フォスター（ロドニー・マーティン）、キャロル・ロンバード（メアリー・グレイスン）、スキーツ・ギャラガー（アンブローズ・ピール）、ユージン・パレット（サイラス・マーティン）、ルシアン・リトルフィールド（アダムズ）、ルイズ・ブルックス（セルマ・テンプル）
＊しのぎを削る石鹼メーカー各社とそのうちの一社の役立たずプレイボーイ御曹司をめぐる宣伝広報コメディ。

神から女性への贈り物［未］　*God's Gift to Women*　ワーナー・ブラザース　七二分　一九三一年四

月一五日封切
監督＝マイケル・カーティス　脚本＝ジョゼフ・ジャクスン、レイモンド・グリフィス（ジェイン・ヒントンの舞台劇「悪魔は病気」を翻案）　撮影＝ロバート・カール　編集＝ジェイムズ・ギボン　美術＝ロバート・M・ハース
出演＝フランク・フェイ（トト・デュリエ）、ローラ・ラ・プラント（ダイアン・チャーチル）、チャールズ・ウィニンガー（チャーチル氏）、ルイズ・ブルックス（フロライン）、ジョーン・ブロンデル（フィフィ）、マーガレット・リヴィングストン（タニア）、ヨラ・ダヴリル（ダグマー）、アーサー・E・ケアリュー（デュモン医師）、アラン・モーブレイ（オーギュスト）
＊ヤンキー娘にのぼせ上がったパリジャンがそれまで関係を持った女たちを振りほどくのに四苦八苦するコメディ。

空っぽの鞍［未］ *Empty Saddles*　ユニヴァーサル　六七分　一九三六年一二月二〇日封切
監督＝レスリー・セランダー　脚本＝フランシス・ギーハン（チェリー・ウィルソンの原案による）　撮影＝アレン・トンプソン、ハーバート・カークパトリック　編集＝バーナード・ロフタス
美術＝ラルフ・バーガー
出演＝バック・ジョーンズ（バック・デヴリン）、ハーヴェイ・クラーク（スウォップ・ブーン）、ルイズ・ブルックス（ブーツ・ブーン）、チャールズ・ミドルトン（シム・ホワイト）
＊幽霊が出没すると評判の観光牧場を無法者たちが乗っ取ろうとする支離滅裂な西部劇。

犯罪王　*King of Gamblers*　パラマウント　七八分　一九三七年四月二三日封切［日本公開＝三七

年七月二九日]
監督＝ロバート・フローリー　脚本＝ドリス・アンダーソン（ティファニー・セイヤーの原案による）　撮影＝ハリー・フィッシュベック　編集＝ハーヴェイ・ジョンストン　美術＝ハンス・ドライアー、ロバート・オデル
出演＝クレア・トレヴァー（ディキシー）、ロイド・ノーラン（ジム）、アキム・タミロフ（スティーヴ・カルカス）、ラリー・〝バスター〟・クラビー（エディ）、エヴリン・ブレント（コーラ）、ルイズ・ブルックス（ジョイス・ビートン）
＊スロットマシーン密売に関わる暗黒街もの。正義感の強い記者が犯罪をあばいていく。ブルックスの出番はカットされた。

間奏楽　*When You're in Love*　コロムビア　一一〇分　一九三七年二月一二日封切［日本公開＝三七年四月一四日］
監督＝ロバート・リスキン　脚本＝ロバート・リスキン（エセル・ヒルとセドリック・ワースの原案による）　撮影＝ジョゼフ・ウォーカー　編集＝ジーン・ミルフォード　美術＝スティーヴン・グーソン　衣装＝バーナード・ニューマン　音楽＝アルフレッド・ニューマン　振付＝レオン・レオニドフ
出演＝グレース・ムーア（ルイズ・フラー）、ケーリー・グラント（ジミー・ハドソン）、トマス・ミッチェル（ハンク・ミラー）、ヘンリー・スティーヴンソン（ウォルター・ミッチェル）、ルイズ・ブルックス（バレエダンサー）
＊グレース・ムーア・ミュージカルの一本。アメリカで一大コンサートを打つ歌手がメキシコ出国

に難儀するうち〝貧乏芸術家〟と恋に落ちる。

空の駅馬車強盗団〔未〕 *Overland Stage Raiders* リパブリック・ピクチャーズ 五五分 一九三八年九月二八日封切

監督＝ジョージ・シャーマン 脚本＝ルーシ・ウォード（ウィリアム・コルト・マクドナルドが創造したキャラクターに基づくバーナード・マッコンヴィルとエドモンド・ケルソの原案を脚色）

撮影＝ウィリアム・ノーブルズ 編集＝トニー・マーティネッリ

出演＝ジョン・ウェイン（ストーニー・ブルック）、マックス・ターヒューン（ララバイ・ジョスリン）、レイ・コリガン（トゥーソン・スミス）、ルイズ・ブルックス（ベス・ホイト）、アンソニー・マーシュ（ネッド・ホイト）

＊飛行機で金を輸送する主人公たちに東部のギャングが襲いかかる現代西部劇。

映画雑誌等に発表されたルイズ・ブルックスの主なエッセイ

「ミスター・パプスト」"Mr. Pabst"（「イメージ」五号・一九五六年九月七日）

「ギッシュとガルボ」"Gish and Garbo"（「サイト・アンド・サウンド」一九五八―五九年冬号）

「ザス・ピッツ」"ZaSu Pitts"（「オブジェクティフ」一九六三年八月号）

「パプストとルル」"Pabst and Lulu"（「サイト・アンド・サウンド」一九六五年夏号）

「マレーネ」"Marlene"（「ポジティフ」一九六六年五月号）

「回想のチャーリー・チャップリン」"Charlie Chaplin Remembered"（「フィルム・カルチャー」

一九六六年春号）
「バスター・キートン」“Buster Keaton”（ロディ・マクドウォール編 *Double Exposure*、デラコルテ・プレス、一九六六年）
「ハンフリーとボギー」“Humphrey and Bogey”（「サイト・アンド・サウンド」一九六六―六七年冬号、ロンドン）
「死の銀嶺」“The White Hell of Pitz Palu”（「トロント・フィルム・ソサエティ・プログラム」一九六八年三月二五日）〔『死の銀嶺』（二九）はG・W・パプスト、アーノルト・ファンク共同監督、レニ・リーフェンシュタール主演の山岳映画〕
「ビリー・ウェルマンとのロケ撮影」“On Location with Billy Wellman”（「ロンドン・マガジン」一九六八年五月号）
「W・C・フィールズのもうひとつの顔」“The Other Face of W. C. Fields”（「サイト・アンド・サウンド」一九七一年春号）
「俳優とパプスト精神」“Actors and the Pabst Spirit”（「フォーカス・オン・フィルム」一九七二年二月号）
「マリオン・デイヴィスの姪」“Marion Davies' Niece”（「フィルム・カルチャー」一九七四年一〇月号）
「スターダムとエヴリン・ブレント」“Stardom and Evelyn Brent”（「トロント・フィルム・ソサエティ・プログラム」一九七五年一月一三日）
「王権神授のデューク」“Duke by Divine Right”（アレン・アイルズ著 *Johy Wayne and the Movies* の序文、一九七六年、A・S・バーンズ）

「なぜ私は回想録を書かないのか」"Why I Will Never Write My Memoirs"（「フォーカス・オン・フィルム」一九七八年三月号）

訳者あとがき

「中年になってルイズは、妖艶な映画女優としての自分を過去にうずめ、知識人へと劇的な変貌をとげた。（中略）映画について、その歴史、文化的反響、芸術性について執筆する本格的物書きとなったのだ」（ロディ・マクドウォール編 *Double Exposure*, 一九六六）と、サイレント期以来の脚本家で作家でもあったアニタ・ルースが書いているごとく、サイレント末期、ひと握りの傑作を残して閃光のように消えたルイズ・ブルックスは、消息不明の時期を含む長い沈黙の後、五十歳を超えて文筆家として復活した。『ハリウッドのルル』はその彼女の生前に編まれた唯一のエッセイ集である。

本書の構成について

『ハリウッドのルル』*Lulu in Hollywood* はルイズ・ブルックスが一九五〇年代末から七〇年代にかけて各種映画誌に寄稿したエッセイを集めて一冊にしたもので、初版は一九八二年 Alfred A. Knopf 社の刊行。刊行時には欧米で大いに評判を呼び、その十八年後の二〇〇〇年には University of Minnesota Press から増補版が出されるに至った。初版八二年版の構成は、本書のウィリアム・

ショーンの序文から第七章「パプストとルル」までと同一である。増補版で新たに加わったのは、エピローグ「なぜ私は回想録を書かないのか」、ロッテ・アイスナーによる「私の見たルイズ・ブルックス——目撃者は語る」、そしてケネス・タイナンの「黒ヘルメットの女」の三篇であった。ただし増補版ではタイナンの「黒ヘルメットの女」は序文として冒頭におかれていて、初版にあったW・ショーンの序文は削除されていた。日本版ではショーンの序文をそのままとどめ、ブルックスの半生や映画について詳細に語るタイナンの「黒ヘルメットの女」は絶好の「解説」と判断し、一連のエッセイのあと、巻末に据えることにした（タイナンの「黒ヘルメットの女」には本書に収録されたルイズ・ブルックスのエッセイからの引用が数カ所にあったが、その部分は割愛したことをお断りしておく）。

『ハリウッドのルル』について（以下はバリー・パリスによる綿密細緻な評伝 *Louise Brooks*［一九八九］を主要参考文献としてまとめている）

一九七九年六月「ニューヨーカー」誌上に登場した「黒ヘルメットの女」はじつは八二年刊行の『ハリウッドのルル』の生みの親といってもよかった。というのは、『ハリウッドのルル』は、タイナンの長大なエッセイの好評と大きな反響に力を得た当時の「ニューヨーカー」の編集長ウィリアム・ショーンが、ルイズを粘り強く説得してまとめ上げたものであったからだ。ショーンの希望はルイズに自伝を書いてもらうことだったが、七十五歳の彼女にはもはや自伝を書く気力も体力もなかった。ならばということで、それまでに発表した文章——幸いにも一般人の目にはあまり触れていなかった——のなかからいくつかを精選してエッセイ集として出すことでルイズとの本作りを成就させたのだった。『ハリウッドのルル』初版はショーンが構成、編集を担当、ルイズの求めに応じて序文も書いた。

本書『ハリウッドのルル』を構成するルイズ・ブルックスの八篇のエッセイのうち、第一章を除く七篇の初出誌・発表年月は別掲の「映画雑誌等に発表されたルイズ・ブルックスの主なエッセイ」を参照していただきたい。序文でショーンが「書き下ろし」といっている第一章の「カンザスからニューヨークへ」も厳密には「書き下ろし」ではなく、一九七七年にフランスで出版されたロラン・ジャカール編 *Louise Brooks: Portrait d'une anti-star*（「ルイズ・ブルックス――あるアンチ・スターの肖像」）に寄稿した文章“Une certaine idee de la liberté”（「ある種の自由の概念」）、未発表の「グロリア・スワンソン」（一九五七）、その他一九六〇年代の未発表原稿をつなぎ合わせたものである。エピローグ「なぜ私は回想録を書かないのか」は雑誌に掲載されたルイズの最後の文章となるものだが、これは「アメリカン・フィルム」他いくつかの雑誌から掲載許可が下りなかったという曰く付きの一篇。執筆から一年以上を経てイギリスの映画研究誌上でようやく活字化された。これだけの好エッセイがアメリカ映画協会の機関誌他に拒絶され、のちには本書原著初版においても選からもれたのは、ハリウッドとセックスの関係をあまりにもあっけらかんと書いているところが穏当を欠くと判断されたのかもしれない。

バリー・パリスによると、『ハリウッドのルル』は英米の新聞雑誌からほぼ例外なく絶賛で迎えられたものの（カバー袖の各紙誌の批評抜粋参照）、一部の評者からは映画史的事実が不正確であるとの批判を受けたという。パリス自身もそういった箇所を整理し、評伝 *Louise Brooks* の附録のひとつ“『ハリウッドのルル』正誤表”（同書五五三頁）としてまとめている。それは例えば――

＊（本書二〇頁）テッド・ショーンが創造したダンスのなかに「ポーズ・プラスティーク」というものはない。ここは「アダージョ・プラスティーク」の誤りと思われる。

＊（本書三二頁）『異郷の露』はゼッタ・グーダルの出演作ではない。

＊（本書一五三頁）ビル・ギャグストンは『チョビ髯大将』以降映画には出ていないとしているが、『ベスト・フット・フォワード』（四三）他いくつもの出演作がある。

といったものである。しかし主要な指摘は第六章「ギッシュとガルボ」に集中している。ここで第六章に関する〝正誤表〟の要旨をまとめてみる――

＊リリアン・ギッシュは自らの意志で映画を退いて舞台にもどったのであり、ＭＧＭの上層部から追い出されたのではない。その証拠にギッシュはのちに何本もの映画に出演している。

＊ルイ・Ｂ・メイヤーはガルボの獲得に熱心ではなく、当初は注目すらしていなかった。メイヤーが彼女をＭＧＭに雇い入れたのは、喉から手が出るほど欲しかった監督マウリッツ・スティルレルが、ガルボも一緒に契約するのでなければ自分は契約書にサインしないと強硬に主張したからである。

＊「フォトプレイ」のジェイムズ・Ｒ・クワークはＭＧＭ上層部の〝手先〟などではなかった。クワークは宣伝元からの圧力を気にするような人物ではなく、ＭＧＭの作品や施策をしばしば批判してさえいる（アンソニー・スライドによると、ギッシュに対するクワークの姿勢を確かめるのにルイズは「フォトプレイ」の短評欄に頼っているが、クワークが執筆していたのは主要批評欄であり、彼は短評欄には関わっていなかった）。

＊米国映画批評会議はヘイズ・オフィスの派生物ではない。米国映画批評会議はニューヨークにおいて一九〇九年に創設された。政府検閲を阻止するのを目的とし、その役割はじゅうぶんに果たされた。

このようにルイズの文章には、とくに第六章を中心にして正確さに欠ける記述がまま見られるのだが、当時の批評でも、「映画史家ではないのだから少々の誤りは許されてしかるべきだ」(ウィリアム・K・エヴァーソン、前掲書五一一頁)と鷹揚にとらえる人もいた。おそらくそういう見方が大多数ではなかったかと思われる。パリスもこの「ギッシュとガルボ」について、論旨の短絡や資料の読み違えはあるとはいえ、「女性が力を持ったときそれがどれだけ権力者たちへの脅威となるか」というルイズが提示するテーマに関しては、彼女の分析は鋭く、洞察は深いと認めている(前掲書二六三頁)。そしてまた「誇張した書きぶりは彼女のつねであり、それによって攻撃されることを意に介してはいないところも彼女らしい」(同二六四頁)とも言い添えている。

もともとは「スター俳優に対するハリウッド経営陣の宣戦布告」と題されていた「ギッシュとガルボ」は、本書のなかではやや異色のエッセイであり、ルイズの文章の妙味は、それ以外のエッセイのほうでより堪能できるように思われる。それらのエッセイにおいては、彼女が仕事あるいはプライベートで親交を持ったさまざまな人物が描かれ、そのなかで彼女自身の姿や人生もまた浮かび上がってくる。ルイズの人を見る目は、憎まれっ子を自認する彼女らしく、おおむね辛口で辛辣であるのだが、それは自身に対しても同様で、はたからは鼻っ柱が強くて身勝手に見えるだろう自らの姿も、それに伴う失敗も隠そうとはしていない。そういう彼女だから、友情や敬意、愛情の対象となる相手を描いても文章は乾いている。マリオン・デイヴィスの姪のペピ、ハンフリー・ボガート、W・C・フィールズ、G・W・パプスト、エドマンド・グールディングら、彼女にとってぜひとも書き残しておきたかった人物たちに対しても、ルイズの感情の多くは文章の奥に隠されているように見える。ルイズの文章は無手勝流に見えながら、じつは巧妙で、それがいずれのエッセイをも深い味わいのあるものとさせているように思う。残念ながら本書には含まれていないが、ルイズには「子どもの頃から私は、バスター・キートンはこの世の誰よりも美しい顔をしていると思っていた」で始まる「バスター・キートン」（ロディ・マクドウォール編 *Double Exposure*）という可憐な短章もあったことをここで付け加えておく。

最晩年のルイズ・ブルックス

「黒ヘルメットの女」は一九七八年春までのルイズ・ブルックスの人生をたどると同時に、その時点における彼女の様子を生き生きと伝えていた。その後七年間、ルイズはロチェスターのアパートの一室で生きていく。その最晩年の彼女の生活ぶりを、ここもバリー・パリスの評伝を参考にして、簡単にお伝えしておこう。

一九七九年八月、ルイズは同じロチェスター市内のジョージ・イーストマン国際写真映画博物館で開かれていたエドワード・スタイケンの写真展に出かける。車の送り迎えがあり、館内は車椅子でまわった。彼女にとっては最後のものとなるこの公の外出は、翌々日の「ニューヨーク・タイムズ」のコラムでも紹介された。

一九八〇年一月、ルイズは家の中で転び、あばら骨を四本折る大けがを負う。このため大嫌いな病院に十一日間入院する羽目となる。

同年七月、ケネス・タイナン死去の報に接する。彼を自分の生と死を託せる若き友人と見なしていたルイズは大きなショックをうける。タイナンの死因は彼女が苦しんでいたのと同じ肺気腫で、享年五十三であった。

八二年五月、『ハリウッドのルル』刊行。各紙誌で絶賛を博す。

同年十一月、映画への長年の功績をたたえるジョージ・イーストマン賞が、往年の大女優たち七名――ジョーン・ベネット、ドロレス・デル・リオ、マーナ・ロイ、モーリン・オサリヴァン、ルイズ・ライナー、シルヴィア・シドニー、そしてルイズ・ブルックスに与えられる。ルイズはデル・リオ、ロイと同様、病気を理由に授賞式を欠席するが、授賞式のあと、ベネット、ライナー、シドニーの三人がロチェスターに住むルイズを表敬訪問した。ライナーとはとくに意気投合し、長く話し込むほどだった。

八〇年代に入ってからのルイズは足腰がさらに弱まり、また肺気腫のため時に呼吸困難に陥るようになっていて、アパートの自室に閉じこもりの日々が続く。ウィリアム・ショーンに世話役として派遣された女性や地元の友人など数名がそれぞれ週一、二回訪れては郵便物や税金の処理、部屋の整頓などを行なった。ごく小食ではあったがきちんと日に三度食事をとるルイズの世話は、同じアパートの上階に住む、友人のマージョリーという女性がみていた。マージョリーはルイズより四歳年上であった。

自室に閉じこもりのルイズの楽しみは読書、手紙、電話であった。読書はロチェスター公共図書館に（本書の献辞の相手であるとともにエピローグのエッセイにも登場する）ビル・クセオという知己がいて、たいていの彼女の注文にはピタリとこたえる本を選んでくれた。手紙は、短期間の知り合いに終わったケネス・タイナンに九十二通の手紙を送っているという一事からもその筆まめぶりは窺えるが、長期にわたってケヴィン・ブラウンロウ、ウィリアム・K・エヴァーソン、ハーマン・G・ワインバーグといった映画研究者たちと文通をしていた。電話は外出をしなくなったルイズにとっての生命線で、ちょっとした電話魔になっていたが、自分からかけるときは必ずコレクトコールにしていた。この時期、友人のロディ・マクドウォールらに説得され、ハリウッドにある映画テレビ関係者用の介護施設に移ろうと考えたさいも、同施設では電話は共同と知らされた途端、その話には耳を貸さなくなった。

時の経過とともに、ルイズはさらなる老いと病魔に襲われる。

八三年七月、彼女をロチェスターに呼び寄せ第二の人生のきっかけを与えてくれた恩人、ジェイムズ・カードと最後の語らいの場をもつ。一時は恋人関係にあった二人だが、その後は疎遠になっていた。ルイズは和解の印に、書き込みを入れた『ハリウッドのルル』をカードに手渡した。

八四年四月、二十年以上文通をつづけていたケヴィン・ブラウンロウに宛てて最後の手紙をしためる——「これが最後になるのを許してちょうだい。この憎たらしい肺気腫のせいなのよ。さようなら。ルイズ」（前掲書、五三五頁）なお、ブラウンロウは著書「サイレント映画の黄金時代」（一九六八）でルイズに一章を割いている。

八五年八月八日、ルイズ・ブルックス、七十八歳で他界。死因は心臓発作だった。二週間後、内輪の者だけ二十数名が集まってロチェスターのカトリック教会で追悼礼拝式が執り行なわれた。ルイズ死すの報は全世界を駆けめぐったが、ヨーロッパ各国が一面で報じたのに対して、アメリカの大方の新聞は通常の死亡欄での報道であった。

この項の締めくくりに、彼女の〝本の虫〟ぶりを伝える関係者の証言をひとつ、評伝から紹介させていただく。ロチェスター公共図書館のビル・クセオの回想である。

「週に五、六冊は読んでいた。楽々とね。どんな映画人のどんな本でも読んでいた。そして大半は嘘と歪曲ばかりだといってこきおろしていた。そして至る所に注を書き込むんだ（……）それをインクでやられるものだから修正液を使って消さないといけない（……）ついには「頼むから、ルイズ、図書館の本は多くの人が読むんだよ！」と泣きついたものだ。彼女は編集者になるべきだったね。貸した本は彼女の直しでいっぱいになる。文法の間違い、人名、日時、事実の誤りを正すだけ

じゃない、索引まで直してしまうのさ！」（同五三四頁）

補足すべきことなど

後年のルイズ・ブルックスの姿を目の当たりにできるもののひとつに、『ベルリンのルル』と題されたインタビュー映像があることを紹介しておきたい。ドキュメンタリー作家リッキー・リーコックが聞き手となり、ルイズが『パンドラの箱』の製作について語るもので、一九七四年撮影、ドイツのテレビ局のために作られた五十分ほどの長さのものである。このルイズがとてもいい。本書の文章に窺われる歯に衣着せぬ率直な気性が、六十八歳の彼女のストレートな語りぶり、明瞭な口跡によくあらわれている。インタビューの場所は彼女のアパート、うっすらとメイクをし、薄緑のキルティングのガウンをはおり、髪は後ろにたばめている。この四年後に実現するケネス・タイナン訪問のさいのルイズは、着ているものこそ少し違え、まさにこのような様子をしていたのだろうと想像させる。

最後に附録について。巻末に付した「ルイズ・ブルックス　フィルモグラフィー」と「映画雑誌等に発表されたルイズ・ブルックスの主なエッセイ」はともに、パリスの評伝にあったものに基づいている。「フィルモグラフィー」は「インターネット・ムービー・データベース」（IMDb）も参考にした。

なお本文で語られる映画の場面説明のなかには現行のＤＶＤなどで見られるものと異なる場合が一部にあるけれど、断りは入れなかった。先にも述べたように、年代など事実関係においても著者の記憶違いと思われる箇所が散見されるが、それも明らかな誤記以外はそのままとした。合わせてご了承願いたい。

本書に人物注は付けなかった。ほとんどの人物についておおよそのことは文章の中からわかるのと、説明注を多く付けるような性格の書物ではないと判断したためである。それに、もし何か調べたいことが出てきたらいまはインターネットがすぐに正確な情報を教えてくれる、ということもある。

そのことばに反するようではあるけれど、G・W・パプストとウォルター・ウェンジャーの二人だけはここで略歴を紹介させていただく。いずれもルイズ・ブルックスにとっても、映画史にとっても重要人物であるとの観点からである。

G・W・パプストは一八八五年、オーストリア゠ハンガリー〔現チェコ〕のラウドニツ生まれの監督。両親はオーストリア人。ヨーロッパ各国とアメリカで演劇活動に携わった後、一九二〇年ベルリンで俳優として映画デビュー。助監督を経て『財宝』（二三）で監督になった。作風はリアリズム志向で、社会主義の傾向が明瞭だった。ドイツ映画の巨匠たちが次々とハリウッドに渡ったなか、パプストは三〇年代初頭までドイツにとどまって注目作を作りつづけた。サイレント期の『喜びなき街』（二五）『懐しの巴里』（二六）『パンドラの箱』『淪落の女の日記』『死の銀嶺』（いずれも二九）、トーキー移行後の『西部戦線一九一八年』（三〇）『三文オペラ』『炭鉱』（共に三一）『ドン・キホーテ』（三三）などが代表作である。三〇年代はハリウッドのワーナー・ブラザースで『今日の男性』（三四）を撮るもそれは失敗、あとは主にフランスで、第二次大戦下の四〇年代前半はナチス政権下のドイツで、それぞれ映画を作りつづけた。戦後オーストリアにもどり、ヴェネチア映画祭監督賞受賞作で反ユダヤ主義を批判した『審判』（四八）、ヒトラーの最期を描いた『最後の幕』（五五）などを撮るも、戦前の輝きは取りもどせなかった。晩年は体調を崩し、ウィーン郊外に隠棲していた。

一九六七年没。

ウォルター・ウェンジャーは一八九四年サンフランシスコ生まれの製作者。ダートマス大学出身の知的エリートで、一九二〇年代初め、演劇界から映画入りし、パラマウント、コロムビア、MGMなどでプロデューサーや製作主任を歴任、その後は独立製作者として数々の異色作、名作を世に送り出した。代表作に『クリスチナ女王』(三三)『暗黒街の弾痕』(三七)『駅馬車』(三九)『海外特派員』『果てなき船路』(共に四〇)『スカーレット・ストリート』(四五)『ボディ・スナッチャー』(五六)『私は死にたくない』(五八)などがあるが、一方『ジャンヌ・ダーク』(四八)『クレオパトラ』(六三)といった大失敗作も手がけている。五一年、妻であった女優ジョーン・ベネットのエージェント、ジェニングス・ラングの鼠径部を銃で撃ち、殺人未遂の罪で四カ月間服役するという大スキャンダルを起こす。さっそうとした青年重役時代から札付きのプレイボーイであったウェンジャーが、妻のただ一度の浮気に逆上したとして、同情はベネットに集まった(このときラングが逢い引きに部下のアパートを使っていたのをヒントに、ビリー・ワイルダーは『アパートの鍵貸します』〔六〇〕の着想を得た)。ウェンジャーもまた、釈放後、獄中の経験を活かして力作『第十一号監房の暴動』(五四)を製作、骨のあるところを見せた。一九六八年没。

日本で出ているルイズ・ブルックス関係の書籍には、大岡昇平著「ルイズ・ブルックスと「ルル」」(中央公論社、一九八四年)、「シネアスト4 宿命の女優」(青土社、一九八六年)などがある。L・ブルックスのエッセイの日本語訳には「ギッシュとガルボ」「パプストとルル」が四方田犬彦氏訳(「ルイズ・ブルックスと「ルル」」所収)で、「私が決して回想録を書かないわけ」が平野京子氏の訳(「イメージフォーラム」一九八二年十一月号)ですでに出ており、今回の翻訳にあたっても四方田、平野両氏の訳業を参考にさせていただいた。
今回の翻訳では、資料のアクセスに関して貴重な助言をいただいた国立映画アーカイブ司書の笹沼真理子氏、フランス語・フランス映画に関してご教示いただいた日本映画大学准教授伊津野知多氏、そして校閲の岩月美帆氏、いつもながら本作りを完璧にプロデュースされただけでなく翻訳にも多くの有益なアドバイスを下さった国書刊行会の樽本周馬氏に感謝いたします（今回の翻訳のきっかけが樽本氏にすすめられてのものだったのか、私が自分から申し出たのか、いまとなっては定かではないけれど、樽本氏と前回手がけた「サイレント映画の黄金時代」の扉をルイズ・ブルックスの四枚の写真が占めていたことが、本書の刊行を運命づけていたように感じられてならない）。

宮本高晴

二〇二三年三月

索　引

（写真頁・フィルモグラフィー頁は除く）

Ⅰ．人名

ナ・ニ

ネ・ノ

ハ

ヒ

フ

II. 映画題名（邦題・原題・公開年・監督名／未＝日本未公開）

著者　ルイズ・ブルックス Louise Brooks
1906年アメリカ・カンザス州生まれ。15歳でデニショーンダンス団でダンサーとして活動を開始、その後ジーグフェルド・フォリーズにも出演。25年『或る乞食の話』で銀幕デビューし、その後ハワード・ホークス監督『港々に女あり』、ウィリアム・ウェルマン監督『人生の乞食』（共に28年）などに出演した後、ドイツへ渡りG・W・パプスト監督『パンドラの箱』『淪落の女の日記』（共に29年）で主演、代表作となる。38年に引退。50年代後半から雑誌にエッセイを発表し、82年本書『ハリウッドのルル』を刊行、ベストセラーとなる。85年逝去。サイレント映画の黄金時代を代表する伝説の女優、ショート・ボブのモダンガールとして今も全世界で人気が高い。

訳者　宮本高晴（みやもと　たかはる）
1952年福井県生まれ。英米映画関係の翻訳にたずさわる。主な訳書に『ワイルダーならどうする？　ビリー・ワイルダーとキャメロン・クロウの対話』（キネマ旬報社）、『王になろうとした男　ジョン・ヒューストン』（清流出版）、『ロバート・アルドリッチ大全』『ルビッチ・タッチ』『ジョージ・キューカー、映画を語る』『サイレント映画の黄金時代』（いずれも国書刊行会）、共訳書に『マスターズ・オブ・ライト［完全版］　アメリカン・シネマの撮影監督たち』（フィルムアート社）などがある。

編集協力　岩月美帆　高崎俊夫
装幀　山田英春

装幀使用図版
カバー（表・裏）、見返し（前）『パンドラの箱』
見返し（後）『人生の乞食』
本扉　パラマウントにて撮影された宣伝写真（1928年）

Grateful acknowledgment is made to Edition Phébus for permission to
reprint a translation of "Un témoin raconte"
by Lotte H. Eisner
from *Louise Brooks, Portrait d'une anti-star.*

This translation published by arrangement with Alfred A. Knopf,
an imprint of The Knopf Doubleday Group,
a division of Penguin Random House, LLC.
through The English Agency (Japan) Ltd.

ハリウッドのルル

2023 年 3 月 25 日初版第 1 刷発行

著者　ルイズ・ブルックス
訳者　宮本高晴
発行者　佐藤今朝夫
発行所　株式会社国書刊行会
〒 174-0056　東京都板橋区志村 1-13-15
電話 03-5970-7421　ファックス 03-5970-7427
https://www.kokusho.co.jp
印刷製本所　中央精版印刷株式会社

ISBN978-4-336-07478-2

ロバート・アルドリッチ大全

A・シルヴァー　J・ウルシーニ／宮本高晴訳
A5判／五七二頁／四六二〇円

『特攻大作戦』『ロンゲスト・ヤード』で知られるアメリカ娯楽映画の巨匠アルドリッチの全貌を明らかにする本邦初の研究書がついに刊行。全作品解説・分析、伝記、インタビュー等を収録。黒沢清監督推薦！

ルビッチ・タッチ

ハーマン・G・ワインバーグ／宮本高晴訳
A5判／五三六頁／四九五〇円

映画史上最も洗練された映画監督、スクリューボール・コメディの神様、エルンスト・ルビッチ。その魔術的魅力を解き明かす古典的名著にトリュフォーによる文章、山田宏一「永遠のエルンスト・ルビッチ」など大幅増補。

ジョージ・キューカー、映画を語る

ギャビン・ランバート著・ロバート・トラクテンバーグ編／宮本高晴訳
A5判／四九六頁／五二八〇円

『マイ・フェア・レディ』『スタア誕生』など正統派ハリウッド映画の名監督にして、数々の女優たちの魅力を引き出す〈女性映画〉の巨匠キューカー。その映画つくりの極意を聞き尽くす名インタビュー本がついに邦訳。

サイレント映画の黄金時代

ケヴィン・ブラウンロウ／宮本高晴訳
A5判／九〇六頁／九六八〇円

映画は無声（サイレント）時代のほうが豊かで豪華で洗練され完成されたものだった……サイレント映画の魅惑と巨大な謎を解き明かす記念碑的名著。巻末附録に〈サイレント期アメリカ映画人名事典〉。山田宏一氏推薦！

10％税込価格・なお価格は改定することがあります